ernst reinhardt

Marcus Damm

„Gar nichts muss ich!“

Mit narzisstischen Schülern kompetent umgehen

Ernst Reinhardt Verlag München

Dr. phil. *Marcus Damm,* Dipl.-Päd., bildet Lehrende aller Schulformen fort. Als Studienrat unterrichtet er außerdem die Fächer Pädagogik, Psychologie und Ethik an der Anna-Freud-Schule in Ludwigshafen.

Bibliografische Information der Deutschen Nationalbibliothek

Die Deutsche Nationalbibliothek verzeichnet diese Publikation in der Deutschen Nationalbibliografie; detaillierte bibliografische Daten sind im Internet über <http://dnb.d-nb.de> abrufbar.

ISBN 978-3-497-02839-9 (Print)
ISBN 978-3-497-61129-4 (PDF-E-Book)
ISBN 978-3-497-61130-0 (EPUB)

Printed in EU
Cover unter Verwendung eines Fotos von © Aaron Amat / Fotolia
Satz: Der Buch*macher*, Arthur Lenner, Windach

Ernst Reinhardt Verlag, Kemnatenstr. 46, D-80639 München
Net: www.reinhardt-verlag.de E-Mail: info@reinhardt-verlag.de

Inhalt

Geleitwort von Wolfgang Schmidbauer **8**

Vorwort **11**

Einleitung – Anforderungen an Lehrkräfte im 21. Jahrhundert **13**

1 Konzept der Persönlichkeitsstörungen und populäre Schülertypen – Abgrenzung zum Narzissmus **17**

1.1 Persönlichkeit, Persönlichkeitsstil, Persönlichkeitsstörung 17
1.2 „Kein Problem, ich mach das für dich!" – Helfertypen 20
1.3 „Drama, Baby!" – Histrionischer Stil 22
1.4 „Ups! Wieso habt ihr eigentlich alle was gegen mich?" – Selbstschädigender Stil 24
1.5 „Der Spast braucht das!" – Sadistischer Stil 26
1.6 „Ich kann das nicht!" – Dependenter Stil 29
1.7 „Ach, das ist mir auch egal!" – Schizoider Stil 32
1.8 „Können Sie jetzt mal mit dem Unterricht anfangen?" – Zwanghafter Stil 34
1.9 „Geben Sie es zu, Sie haben was gegen mich!" – Paranoider Stil 36
1.10 „Entweder Sie hassen oder lieben mich!" – Borderline-Persönlichkeitsstil 38
1.11 „Ich traue mich nicht!" – Ängstlich-vermeidender Stil 41

2 Konzepte zum Umgang mit schwierigen Schülern **45**

2.1 Konfrontative Pädagogik 45
2.2 Der Ansatz von Petermann / Petermann 47
2.3 Das Dreikurs-Konzept 48
2.4 Das Faustlos-Programm 49
2.5 Schemapädagogik 50

3 Psychologie der narzisstischen Schülerpersönlichkeit 53

3.1 Was ist Narzissmus? 54
3.2 Erfolgreiche, gescheiterte und erfolglose Narzissten 57
3.3 Selbst- und Fremdwahrnehmung 60
3.4 Weiblicher und männlicher Narzissmus 61
3.5 Narzisstische Beziehungsgestaltung 63
3.6 Ursachen des Narzissmus 66
3.7 Allgemeine Verhaltensmerkmale im Unterricht: Konkurrenzdenken, Mobbing, VIP-Status 70
3.8 Typische Interaktionsstrategien: Images, Tests, Appelle, Psychospiele 72
3.9 Übertragung und Gegenübertragung 81
3.10 Kollusionen mit anderen Schülertypen 83
3.11 Stärken und Ressourcen 86
3.12 Praktika-, Schullaufbahnberatung, berufliche Perspektiven 88

4 Allgemeine und spezielle Formen des Beziehungsaufbaus im Klassenraum 91

4.1 Pädagogisch-psychologische Grundhaltungen 102
4.2 Authentizität, Transparenz und Metaebene 107
4.3 Unterrichtsimpulse zur Inneren Teile-Arbeit 1.0 110
4.4 Umgang mit narzisstischen Images, Tests, Appellen und Psychospielen 113
4.5 No-Gos – was Lehrkräfte sich sparen können 119

5 Strategien zur Problemklärung 121

5.1 Wir sind keine Psychotherapeuten, aber 121
5.2 Innere Teile-Arbeit im Unterricht 2.0 122
5.3 Empathische und konfrontative Interventionstechniken 126
5.4 Konfrontation mit den Kosten 127
5.5 Konfrontation mit Absichten 132
5.6 Konfrontation mit Spielen und sonstigen Manipulationen im 1:1-Setting 136
5.7 Trojanische Pferde 140
5.8 Umgang mit schwierigen Interaktionssituationen 142

6 Transfer der erarbeiteten Lösungen in den Unterrichtsalltag 144

6.1 Modus-Memo 144
6.2 Der geheime Vertrag 146
6.3 Der Hilfeplan 148
6.4 Reflexionsgespräche 149

7 Der Blick in den Spiegel 150

7.1 Grenzen der Selbsterkenntnis 151
7.2 Die Zeichen der Zeit erkennen und ehrlich zu sich selbst sein können 153
7.3 Feedbackbögen einsetzen 154
7.4 Wer bin ich – und wenn ja: wie viele? 155

Schlussbetrachtungen: Der Mythos des Sisyphos – Einsichten zum Thema 159

Danksagung 161

Literatur 162

Sachregister 166

Geleitwort von Wolfgang Schmidbauer

Vor einigen Jahren traf ich mich mit meinem Enkel und dessen Eltern in deren Garten. Der kleine Aldo war damals zwei Jahre und vier Monate alt. Er hatte perfekt laufen gelernt und sprach mit drolligen grammatikalischen Experimenten. Irgendwann kam Aldo mit einem Gerät aus dem Schuppen, das länger war als er selbst und gefährlich aussah. Es glich einem Spazierstock mit einem Griff wie ein T und drei konzentrischen Spitzen. „Ein Löwenzahnausstecher", sagte Aldos Mutter und zeigte mir die Bedienung. Die drei Spitzen werden um eine Löwenzahnrosette in die Erde gedrückt. Dann wird die Wurzel durch eine Drehbewegung gelockert und aus dem Rasen gezogen. Sie kann jetzt mit Hilfe eines Drückers am Griff ausgeworfen und entsorgt werden.

„Selber machen", sagte Aldo. So verbrachten wir die nächste Viertelstunde damit, Löwenzähne auszustechen. Er konnte weder zielgenau einstechen, noch kräftig genug drehen, noch den Auslöseknopf so bedienen, dass der ausgelöste Löwenzahn herausfiel. Aber er legte größten Wert auf den Eindruck, dass *er* mit dem Gerät arbeitete. Er war eifrig bei der Sache und mahnte mich durch ein blitzschnelles, dank meiner steten und amüsierten Rücksichtnahme nur angedeutetes Protestweinen, dass *er* regierte und *Opa Wolfgang* nur Hilfsdienste leistete, wenn er die Spitzen über der Wurzelrosette positionierte, tief genug einstach, energisch drehte, den Knopf unauffällig mit drückte, weil Aldos Finger nicht stark genug waren, die Kraft der Spiralfeder zu bewältigen.

Wir spielten Arbeit, er „machte" in seiner Dramaturgie alles „Wichtige", deutete aber angesichts des für ihn höchst unhandlichen Instruments seine Aktionen nur spielerisch an, während ich sie nach diesem theatralischen Vollzug wirklich vollziehen durfte. Ich half dem Kind, seinen Eltern zu zeigen, wie groß und geschickt es war. Ich fand dieses Verhalten völlig normal, obwohl ein Kritiker einwenden könnte, dass ich auf diese Weise eine narzisstische Größenfantasie des Zweijährigen förderte. Es machte mir keine Mühe, ich genoss es sogar, Aldos Illusion zu unterstützen, er bewerkstellige aus eigener Kraft etwas, was ihm nur durch meine Hilfe gelang. Dass dies nicht immer gut gelingt und Grenzgängerei ist, zeigte die Schnelligkeit, mit der Aldos Lachen, wenn eine der Aktionen so gelungen war, dass er sich selbst als Täter fühlen konnte, in ein quengelndes Weinen überging, wenn ich ihm entweder zu viel abnahm oder ihn so wenig unterstützte, dass die beabsichtigte Aktion nicht gelang.

Am selben Nachmittag erzählte Aldos Mutter von ihrer Hilflosigkeit angesichts seines ersten großen Trotz- und Weinanfalls; sie habe weder den Anlass verstanden noch die Intensität mildern können. Ich war versucht, aus der Väterkiste zu plaudern und zu sagen, mir sei es mit ihr oft genauso ergangen, beherrschte mich aber.

Warum erzähle ich diese Episode? Weil sie eine narzisstische Urszene ist, eine Art Anti-Ödipus, denn es geht nicht um Rivalität, sondern um Verschmelzung des Selbermachens mit dem Geholfenkriegen. So unterstützend kann die Welt nicht sein, nicht bleiben. Die Schmerzen sind groß, wenn ein Kind das erkennen muss – und die Schule ist der Ort, wo es das nicht nur erkennen, sondern auch verstehen und Strategien einüben kann, diesen Schmerz zu bewältigen.

Das zweijährige Kind hantiert mit Symbolen der Erwachsenen und wird von diesen unterstützt, vorzugeben, es könne diese beherrschen. Der Zusammenbruch des Selbstgefühls, wenn dies nicht gelingt, wirkt auf den Betrachter spaßig. Er ist aber keineswegs immer harmlos, denn die den Familienfrieden bedrohenden Trotzanfälle wurzeln darin, dass die Erwachsenen in ihrer Hilfestellung für einen solchen narzisstischen Entwurf versagen, oft weil sie ihn auch mit gutem Willen nicht verstanden haben.

Wie das Atmen unterscheidet seine Kränkbarkeit den Menschen von einer künstlichen Intelligenz. Eine Maschine wird weder Schmerz noch Angst empfinden. Und sie wird auch die zweite Besonderheit der menschlichen Kränkungsverarbeitung nicht entwickeln: die soziale Bezogenheit. Die Rätsel der Kränkungsverarbeitung lassen sich nicht individuell lösen. Es sind Gruppenprozesse. Besonders bedeutsam sind Paare: Kind und Elternteil auf der einen, in Erotik verbundene Erwachsene auf der anderen Seite, Lehrer und Schüler, Therapeut und Patient sozusagen im beruflich kontrollierten Mittelfeld.

Der Erwachsene in der modernen Gesellschaft kann seine Rolle in Beruf und Liebe nur spielen, wenn es ihm gelingt, Kränkungen standzuhalten. Das ist vom Standpunkt der biologischen Entwicklungslehre eine absolut neuartige Forderung mit tiefgehenden Konsequenzen. In altsteinzeitlichen Kulturen dominieren offene Gruppen; wer beleidigt wird, wechselt den Lagerplatz. Da es nicht mehr Besitz gibt, als Einzelne tragen können, ist das gut möglich. Besitz und Bürokratie erschweren solche Lösungen. Wir lernen, Kränkungen zu verleugnen, was oft auch die Möglichkeiten mindert, sie zu verstehen und zu bewältigen.

Ich erinnere mich gut an die erste Begegnung mit meiner eigenen Kränkbarkeits-Verleugnung. Es war in einer analytischen Gruppe. Ich hatte bisher leidlich erfolgreich als Journalist gearbeitet und wollte die Praxis der Psychotherapie kennenlernen, die ich während des Studiums und der Promotion auf dem Papier erforscht hatte.

Eine Teilnehmerin sagte während eines Konflikts in dieser Gruppe, ich sähe jetzt total beleidigt aus; sie fügte hinzu, wie ein Kind. Ich fand das unerhört und unverschämt – erstens war ich nicht beleidigt, zweitens sah man mir das nicht an, und drittens stand ich weit über solchen Reaktionen! Ich kämpfte mit der Versuchung, die nichtsnutzige Selbsterfahrung ebenso wie die analytische Ausbildung abzubrechen und in den sicheren Hafen der Schriftstellerei zurückzukehren.

Die unverschämte Frau und ich sind später Freunde geworden und haben zusammen die psychoanalytische Ausbildung gemeistert. Die Kränkung über die eigene Kränkbarkeit ist mir im Gedächtnis geblieben. Sie war vielleicht deshalb besonders heftig, weil jede handwerkliche oder künstlerische Tätigkeit vor Kränkungen schützt, solange wir uns auf die Ausübung des Handwerks konzentrieren und uns nicht auf seinen Erfolg fixieren. So war ich es wenig gewohnt, dass sich eine Gruppe von Menschen nicht so leicht ordnen lässt wie Worte für einen Text.

In der Leistungsgesellschaft sollen aus kreativen und expressiven Kindern diszipliniert funktionierende Erwachsene werden. Heranwachsende lernen unter dem Spott ihrer Altersgenossen, ihre Kränkbarkeit zu leugnen oder sie abzuwehren, indem sie andere kränken und diesen antun, was zu erleiden sie fürchten.

Es hat mich sehr gefreut, dass Marcus Damm mich eingeladen hat, diesem Buch ein Geleitwort zu schreiben. Der Lernort, an dem er narzisstische Probleme auf sehr anschauliche Weise untersucht, stellt Weichen. Die Schule bietet Möglichkeiten, eine im Elternhaus mangelhaft entwickelte Kränkungsverarbeitung zu korrigieren – oder aber die angelegte Störung noch zu vertiefen. Denn in großen Klassen und mit überlasteten Lehrern fehlt oft genug das empathische Gegenüber, das über die eigene Schwäche hinweghilft und Mut macht. Je genauer der Lehrer die Störungen in der Kränkungsverarbeitung seiner Schüler wahrnimmt, desto besser sind auch seine Möglichkeiten, sie mit Humor zu neutralisieren und Auswege anzubieten. Mit willigen und aufmerksamen Kindern zu arbeiten ist keine große Kunst. Aber die narzisstisch belasteten, in ihrem Selbstgefühl nachhaltig geschwächten Schüler zu erreichen, das ist eine echte Aufgabe. Ob der Lehrer sie sportlich nehmen und aus seinen unvermeidlichen Fehlern lernen kann oder nicht, das entscheidet über die Freude an seinem Beruf.

Wolfgang Schmidbauer arbeitet als Autor und Psychoanalytiker in München. Der in seinem zuerst 1977 erschienenen Buch „Hilflose Helfer“ geprägte Begriff vom Helfersyndrom ist Teil der Umgangssprache geworden. Sein jüngstes Buch, „Die Geheimnisse der Kränkung und das Rätsel des Narzissmus“ ist 2018 im Klett-Cotta-Verlag erschienen.

Vorwort

Falls Schulpraktikerinnen und -praktiker Interesse am Thema *Umgang mit narzisstischen Schülern* entwickeln und sich literarisch weiterbilden wollen, so merken sie sehr schnell: Es gibt keine adäquaten Veröffentlichungen auf dem Buchmarkt. Dasselbe gilt übrigens tendenziell auch für entsprechende Fort- und Weiterbildungen.

Auf einige gute Werke zum Gegenstand *Narzissmus* kann natürlich zurückgegriffen werden. Monografien, in denen es andererseits ganz allgemein um schwierige bzw. psychologisch auffällige Schülerinnen und Schüler (im Folgenden mit „SuS" abgekürzt) sowie um den professionellen Umgang mit ihnen geht, liegen ebenfalls sehr zahlreich vor.

Allein die Kombination der Begriffe *Narzissmus* und *Schüler* sorgt sowohl für den literarischen als auch fortbildungsspezifischen Missstand. Grund: Es werden zwei Themenbereiche miteinander verknüpft, die grundsätzlich fachwissenschaftlich auf den ersten Blick gar nicht kombinierbar sind: Das Narzissmus-Konzept ist primär verortet im Kontext *Psychotherapie*; und Schüler sind bekanntermaßen Adressaten der *Pädagogik*. Es herrscht also eine klare Trennung zwischen den beiden Begriffen und Praxisfeldern vor.

Diese Gegebenheit leuchtet auch ein: Selten haben Psychotherapeutinnen und Psychotherapeuten einen fundierten Einblick in den didaktisch-methodischen Schulalltag mit seinen Haken und Ösen in Bezug auf das Classroom-Management. Umgekehrt zeigt sich dasselbe Problem: Wie viele Lehrkräfte wissen schon über die Konzepte *narzisstischer Persönlichkeitsstil* bzw. *narzisstische Persönlichkeitsstörung* im klinischen Kontext Bescheid und können sie didaktisch-methodisch in den Schulalltag transferieren, sie etwa in ihre Beziehungsgestaltung einfließen lassen? Nach meiner Einschätzung nur sehr wenige. Es braucht hierfür autodidaktische Kompetenzen und natürlich ein entsprechendes Interesse.

Mit *„Gar nichts muss ich!" Mit narzisstischen Schülern kompetent umgehen* soll die Verknüpfung beider Themen nun theoretisch und praktisch stattfinden und weitestgehend gelingen – Neuland wird also betreten. Im vorliegenden Rahmen werden logische Modelle und praktische Methoden für das Setting Klassenraum vorgestellt, die an der Schnittstelle zwischen Psychotherapie und Schulpädagogik liegen. Die Zeit dafür ist allemal gekommen. – In so gut wie allen Lebensbereichen begegnet uns der Begriff *Narzissmus*. Gerade im Praxisfeld Schule macht eine Behandlung dieses Themas Sinn, da es nachweislich SuS gibt, die narzisstische Tendenzen bzw. Kriterien eines narzisstischen Persönlichkeitsstils offenbaren.

Noch eine Bemerkung zur Anredeform. Im Folgenden wird fast durchgängig die männliche Form der Genderschreibung benutzt. Dies liegt nicht an meiner eigenen narzisstischen Persönlichkeitsfacette, die hin und wieder doch sehr großzügig in die Ausübung meiner Berufsrolle einfließt. Der Grund hierfür liegt schlichtweg in der besseren Lesbarkeit. Wenn also im Folgenden von männlichen Personen gesprochen wird, so sind natürlich immer auch Frauen gemeint.

Ich wünsche Ihnen viel Spaß und Inspiration bei der Lektüre und hoffe, dass Sie Ihren pädagogischen Handwerkskoffer für den Alltagsunterricht ausgiebig mit neuen Erkenntnissen und Methoden füllen können.

Worms, September 2018

Marcus Damm

Einleitung – Anforderungen an Lehrkräfte im 21. Jahrhundert

Lehrkräfte haben zunehmend große Herausforderungen zu bewältigen. Seit den 1990er Jahren haben sich vor dem Hintergrund der bildungspolitischen und gesellschaftlichen Entwicklungen das Arbeitspensum und die Anzahl der alltäglichen „Baustellen“ erhöht. Lehrer sind schon lange keine reinen Wissensvermittler mehr. Der Arbeitsalltag ist komplexer und anspruchsvoller geworden.

Der Lehrer – ein Multitalent auf hohem Niveau: Wir sollen nunmehr inklusiv und kompetenzorientiert unterrichten, dabei zeitgleich zahlreiche Dokumentationen erstellen, die Teamarbeit pflegen, Absprachen treffen, uns organisieren – das alles ist alleine schon mit einem erhöhten Aufwand verbunden. Die Arbeit mit den Eltern – ebenfalls eine Dienstpflicht – ist im Allgemeinen auch nicht gerade als unkompliziert und kurzweilig zu bezeichnen. Sogenannte Helikopter- und Phantom-Eltern (Greiner 2017) verlangen uns einiges ab. Erstere rauben uns durch eine hohe Kontakthäufigkeit inklusive eines ausgiebigen Diskussionsbedarfs viel Zeit und bremsen von zu Hause aus mittels überdimensionaler Entlastungsbestrebungen den Erziehungs- und Bildungsauftrag, letztere sind so gut wie nicht greifbar und können somit auch nicht unterstützend auf ihre Kinder einwirken. Trotzdem müssen wir mit beiden Elterntypen klarkommen und sie bestmöglich in unsere Berufspraxis einbinden! Nicht nur in Bezug auf diese beiden Personengruppen sind sozialpädagogische Kompetenzen gefragt (die nebenbei erwähnt im Lehramtsstudium häufig gar nicht vermittelt werden). Auch die Schülerschaft wird heterogener, wodurch es auch immer schwieriger wird, eine überwiegend lernförderliche Arbeitsatmosphäre im Klassenraum herzustellen. Mit ein Grund dürfte der Anstieg an SuS sein, im Durchschnitt 15 bis 20 Prozent, die betroffen sind von mindestens einer psychischen Störung (Bauer 2008; Schäfer / Mohr 2018; Steinhausen 2006). Depressionen, Angststörungen, Ritzen, Drogenmissbrauch, Verhaltensauffälligkeiten aufgrund familiärer Probleme und Co. – all diese Phänomene können den Erziehungs- und Bildungsauftrag sabotieren bzw. „nur“ das Klassenklima negativ beeinflussen und die Resilienz der Lehrkraft täglich vor große Herausforderungen stellen (Roth 2015). Ironie des Schicksals: *Wir Lehrkräfte sind gar nicht auf solche Fälle vorbereitet, sollen bzw. müssen aber dennoch konstruktiv mit ihnen arbeiten.* Und nicht nur das: Daneben sollte von der Lehrperson auch noch eine Art positiv gefärbte Beziehungsqualität verwirklicht werden, ohne die bekanntlich im Klassenraum in Bezug auf das Lernen im Allgemeinen so gut wie gar nichts geht (Damm 2018; Hattie / Zierer 2018). Das steht zwar in keinem Lehrplan, ist aber dennoch eine Art Binsenweisheit geworden – auch für viele Praktiker, die Hattie und Co. (noch) nicht kennen.

SuS, die narzisstische Tendenzen im Klassenraum kultivieren, offenbaren im Umgang noch ganz andere Schwierigkeiten, die die Lehrkräfte ganzheitlich beanspruchen und sehr viel Zeit des Unterrichts in Anspruch nehmen können (wenn man ihre Strategien nicht als solche durchschaut und mit Nachdruck bzw. Empathie zielgerichtet auflösen kann).

Narzissmus – ein Wort in aller Munde: Durch den *konstruktiven Umgang mit narzisstisch strukturierten SuS* sollen Wege eröffnet werden, mit entsprechenden Charakteren im Klassenraum besser zurechtzukommen. Der Begriff *Narzissmus* ist im Rahmen der Psychologisierung und Psychopathologisierung in unserer Gesellschaft, die seit Jahrzehnten kursiert und zunimmt (Lammers 2015, 239), in der Alltagssprache geläufig. Viele Menschen etikettieren Verhaltensweisen ihres sozialen Umfelds mit psychologischen Begriffen. Schnell heißt es in öffentlichen und privaten Kontexten entsprechend: „Das da ist ein Narzisst – egoistisch, selbstzentriert und unempathisch!“ In nahezu allen Lebensbereichen, so macht es den Eindruck, scheinen Narzissten unterwegs zu sein und zwischenmenschliches Unheil anzurichten. Manche Autoren gehen sogar von narzisstischen *gesamtgesellschaftlichen* Verhältnissen aus, die dem postmodernen Zeitgeist entsprechen würden (Maaz 2014). Andere Veröffentlichungen drehen sich um narzisstische Politiker (Frances 2018), Chefs (Wardetzki 2015), Mütter (McBride 2017), Partner (Merzeder 2015).

Aber was ist an diesem narzisstischen Hype wirklich dran? Gibt es wirklich so viele Egomanen? Nach Haller (2013, 95) und Lammers (2015, 9) weist knapp ein Prozent der Bevölkerung eine narzisstische *Persönlichkeitsstörung* auf. In der Klientel der psychisch Kranken ist sie häufiger vertreten (fünf Prozent). Das „starke“ Geschlecht ist eher betroffen; es herrscht in etwa ein Verhältnis von 2:1 in Bezug auf das weibliche vor.

Statistisch gesehen passiert es also eher selten, dass eine Lehrkraft de facto mit SuS zu tun hat, die eine narzisstische *Persönlichkeitsstörung* aufweisen (die Diagnose wird ohnehin gewöhnlich erst bei Volljährigen gestellt). Häufiger trifft man im Klassenraum auf SuS mit einem herausragenden narzisstischen *Persön-*

lichkeitsanteil bzw. *Persönlichkeitsstil*. Meist sind diese Fälle schon verhaltensauffällig und herausfordernd genug. Dieses Buch soll Sie im Umgang mit diesen SuS fachlich fit machen und entsprechend methodisch coachen.

Aufbau des Buches und allgemeine Bemerkungen: Im **ersten Kapitel** geht es um die Klärung der Grundbegriffe Persönlichkeit, Persönlichkeitsstil und Persönlichkeitsstörung, da diese vielen Lehrkräften doch eher unbekannt bzw. nur vage bekannt sind. Außerdem werden Schülertypen mit herausragenden Persönlichkeitsstilen in Abgrenzung zum narzisstischen Stil vorgestellt (inklusive Fallbeispiel). Das **zweite Kapitel** beinhaltet die Darstellung von fünf populären Konzepten zum Umgang mit herausfordernden SuS. Diese dienen der ersten Orientierung in Hinsicht auf die Frage: Welche Programme können derzeit Lehrkräfte im Praxisalltag unterstützen? Das zentrale **dritte Kapitel** führt als Kernbestandteil des Buches in das Narzissmus-Konzept ein und weist darüber hinaus viele Transferleistungen an der Schnittstelle zwischen Schulpädagogik und Psychotherapie auf, die es in dieser Kombination noch nicht gibt. Erstmals werden etwa typisch herausfordernde bzw. narzisstisch motivierte Verhaltensweisen von SuS anhand von Praxisbeispielen aus psychotherapeutischer Perspektive beleuchtet und entsprechend kategorisiert. Es geht u.a. auch um wechselseitige Wahrnehmungen von Lehrkräften und SuS auf der Beziehungsebene (Übertragung und Gegenübertragung), Interaktionsstrategien wie Tests und Psychospiele, mit denen insbesondere narzisstisch strukturierte Heranwachsende die Lehrkräfte aus dem Konzept bringen und zwischenmenschlich überfordern können. Im **vierten Kapitel** werden konkrete Beziehungsaufbau-Methoden ausgeführt und anhand von Beispielen transparent gemacht. Sie basieren auf Erfahrungen von Psychotherapeuten im 1:1-Setting (Sachse et al. 2011). Ferner wird die Wichtigkeit einer positiv gefärbten Beziehungsebene im Allgemeinen (mit der Klasse) und im Speziellen (mit Einzelnen) herausgestellt. Darauf aufbauend – denn ohne Beziehung geht in vielerlei Hinsicht im Klassenraum nichts – wird in **Kapitel fünf** das Thema eröffnet: *Wie fahre ich nun methodisch in Hinsicht auf die Problembearbeitung fort?* Eine positiv eingefärbte Beziehungsqualität schützt Lehrkräfte aber nicht per se vor Unterrichtsstörungen. Das **sechste Kapitel** gibt für solche Fälle methodische Hilfestellungen in der Arbeit mit problematischen Heranwachsenden in Hinsicht auf den Transfer der erarbeiteten Lösungen in den zukünftigen Schulalltag. Im **siebten Kapitel** geht es in erster Linie um die Persönlichkeit der Lehrkraft, um einen kurzen Blick in den sprichwörtlichen Spiegel. Nicht selten haben Erwachsene auch ihren Anteil an den einzelnen Schülerkonflikten; hier finden Sie Tipps, wie Sie entsprechend vorgehen können, um die Selbsterkenntnis zu fördern. Am Ende des Buches ist ein Abschlussresümee platziert.

Noch ein Hinweis zu den Praxisbeispielen: Die meisten Fallvignetten aus dem Bereich der Berufsbildenden Schulen entstammen meinen eigenen Erfahrungen. Doch es sind auch Fälle eingestreut, die mir von Kolleginnen und Kollegen geschildert wurden, die in anderen Schulformen unterrichten.

1 Konzept der Persönlichkeitsstörungen und populäre Schülertypen – Abgrenzung zum Narzissmus

Es folgt ein Update für Lehrkräfte bezüglich der Bedeutungen von wichtigen Grundbegriffen der Persönlichkeitspsychologie, die im psychotherapeutischen Setting gang und gäbe sind: *Persönlichkeit*, *Persönlichkeitsstil* und *Persönlichkeitsstörung*. Der Transfer des Verständnisses dieser Begrifflichkeiten ermöglicht Lehrkräften schrittweise eine stabile Grundhaltung, wenn sie im Alltag auf problematische SuS treffen bzw. längerfristig mit ihnen zu tun haben.

Der Grundgedanke: Vor diesem wissenschaftlichen Hintergrund offenbart jeder Mensch, ganz allgemein gesagt, einen individuellen Charakter und damit verbundene Persönlichkeitsfacetten bzw. -stile. (Die Begriffe *Charakter* und *Persönlichkeit* werden im Folgenden synonym verwendet.) In Anlehnung an das Thema *Phänomene und Auswirkungen von herausragenden Persönlichkeitsstilen bei SuS* werden diverse Charaktertypen beschrieben und voneinander abgegrenzt. Je Persönlichkeitsstil wird ein passendes Beispiel aus meiner Lehrerbiografie ausgeführt. Außerdem werden allgemeine Tipps zum Beziehungsaufbau und Umgang mit Betreffenden gegeben. **Kapitel 1** ist somit als Einführungskapitel des Buches zu verstehen, in dem vor allem eine pädagogisch-psychologische Wahrnehmungsfähigkeit auf Lehrerseite gefördert werden soll.

1.1 Persönlichkeit, Persönlichkeitsstil, Persönlichkeitsstörung

Es klingt zunächst einfach: Jeder Mensch ist anders und hat entsprechend eine einzigartige Persönlichkeit. Innerpsychisch weitgehend ausgeglichene und selbstreflektierte Charaktere wachsen ein Leben lang, sie sind kreativ, offen für neue Erfahrungen und zeigen eine gewisse Flexibilität im Denken und Verhalten; sie haben darüber hinaus ein breites Reaktionsrepertoire im zwischenmenschlichen Alltag (Lelord / André 2017).

Was ist Persönlichkeit? Eine anerkannte Definition stammt von Fiedler / Herpertz (2016, 22):

DEFINITION

„Jeder Mensch hat seine ganz eigene und unverwechselbare Art und Weise zu denken, zu fühlen, wahrzunehmen und auf die Außenwelt zu reagieren. Die individuellen menschlichen Eigenarten stellen eine einzigartige Konstellation von Gefühlen, Gedanken und Verhaltensweisen dar, die man als **Persönlichkeit** bezeichnet.“

Was ist ein Persönlichkeitsstil? Jede Person offenbart auch Eigenarten, Vorlieben, Abneigungen, anders gesagt unterschiedlich gelagerte und gewichtete Interessen, Bedürfnisse und auch Kommunikationsmuster und Interaktionsstrategien im Alltag.

In der Fachliteratur werden entsprechend verschiedene *persönliche Stile* unterschieden, die z.T. auch in der Alltagssprache geläufig sind (Oldham / Morris 2017). Einige Beispiele:

- *Fürsorglicher Stil*: Die hiervon beeinflusste Person zeigt häufig Empathie und offenbart ein starkes Interesse an der Befindlichkeit anderer.
- *Histrionischer Stil*: Der Betreffende ist extrovertiert, wirkt sozial kompetent, neigt zur Selbstdarstellung und zum emotionalisierten Auftreten.
- *Selbstschädigender Stil*: Es zeigt sich ein Faible für Verhaltensweisen, die dem Betreffenden in psychosozialer Hinsicht schaden (sich „dumm anstellen“, andere vor den Kopf stoßen usw.).
- *Sadistischer Stil*: Der Betreffende zeigt einen Hang zur Fremdschädigung, der sich als sehr professionell und feinfühlig herausstellen kann.
- *Schizoider Stil*: Der Betroffene neigt zum Einzelgängertum und zur emotionalen Distanz im sozialen Kontext.
- *Zwanghafter Stil*: Es zeigt sich eine Neigung zur Gewissenhaftigkeit, Vernunft und stark ausgeprägter Vorsicht sowie ein Hang zur emotionalen Selbst- und Fremdkontrolle.
- *Borderline-Stil*: Diese Persönlichkeitsfacette provoziert emotional-instabile Phänomene (manisch-depressive Phasen, Launenhaftigkeit, Impulsivität). Gefühle der inneren Leere und ein stark ausgeprägtes Bedürfnis nach stimulierenden Erlebnissen / Substanzen können damit einhergehen (bis hin zur Selbstschädigung).
- *Ängstlich-vermeidender Stil*: Diesen Stil zeichnen ausgeprägte Anspannungszustände im Alltag sowie einige Phänomene der Unbeholfenheit und Hilflosigkeit aus. Möglicherweise ist der Betreffende eingeschränkt im sozialen Leben.

Es wird davon ausgegangen, dass jeder Mensch eine bestimmte, variable Kombination aus persönlichen Stilen aufweist, die bereits in der Kindheit ihren Anfang nimmt und sich im Laufe des Lebens in der Regel stärker ausprägt (Kuhl / Kazén 1997).

Was ist eine Persönlichkeitsstörung? Liegt ein persönlicher Stil in extremer Ausprägung vor und führt er irgendwann zu unangemessenen, unflexiblen Verhaltensweisen im Alltag, die das Leben des Betreffenden und / oder das seiner Mitmenschen dauerhaft stark belasten, so können Kriterien einer sogenannten Persönlichkeitsstörung vorliegen.

DEFINITION

„Unter **Persönlichkeitsstörungen** werden vor allem sozial unflexible, wenig angepasste und im Extrem normabweichende Verhaltensauffälligkeiten verstanden. Im Sinne der modernen psychiatrischen Diagnosesysteme dürfen Persönlichkeitsstörungen nur dann als psychische Störungen diagnostiziert werden,

- wenn bei den betreffenden Menschen ein überdauerndes Muster des Denkens, Verhaltens, Wahrnehmens und Fühlens vorliegt, das sich als durchgängig unflexibel und wenig angepasst darstellt; und
- wenn Persönlichkeitsmerkmale wesentliche Beeinträchtigungen der Funktionsfähigkeit verursachen, sei es im privaten oder beruflichen Bereich; und / oder
- wenn die Betreffenden unter ihren Persönlichkeitseigenarten leiden, und das heißt: wenn die eigene Persönlichkeit zu gravierenden subjektiven Beschwerden führt“ (Fiedler / Herpertz 2016, 34).

Eine Persönlichkeitsstörung ist keine Störung der Persönlichkeit! Um gleich einem Missverständnis vorzubeugen: Forschungen kommen seit den 1990er Jahren zu dem Schluss, dass Persönlichkeitsstörungen eines nicht sind: *Persönlichkeits*-Störungen (Sachse 2016, 11). Gestört ist entsprechend nicht der betreffende Charakter, sondern seine *Beziehungsgestaltung* (in Bezug auf sich selbst und / oder andere). Im Kern sind Persönlichkeitsstörungen demnach Beziehungsstörungen (Oldham / Morris 2017).

Weiter wird davon ausgegangen, dass Persönlichkeitsstörungen (ähnlich wie auch bei den persönlichen Stilen der Fall) im Kern schon sehr früh grundgelegt werden und in der Kindheit ihren Anfang nehmen. Ein Erklärungsmodell besagt, dass die jeweils ungünstigen Arten der Beziehungsgestaltung von Betreffenden im Erwachsenenalter aus subjektiver Sicht Strategien sind, Beziehungen bestmöglich zu gestalten. Diese (von außen gesehen) unangebrachten Strategien waren in früher Kindheit einmal sinnvoll. Heute sind sie nicht mehr *up to date*, sie sorgen für Konflikte. Dies wird von den Betreffenden aber nicht so wahrgenommen.

Die folgenden Beispiele von populären Schülertypen verdeutlichen diese Perspektive. Lehrkräfte dürfen sich bei der Darstellung der jeweiligen Tendenz immer mal wieder die Frage stellen: Welche Verhältnisse erlebte Schüler XY möglicherweise früher, damit sich sein persönlicher Stil, der ihn heute dominiert, überhaupt entwickeln konnte bzw. musste?

Literaturtipps

Kuhl, J., Kazén, M. (1997): Persönlichkeits-Stil und Störungs-Inventar (PSSI). Hogrefe, Göttingen

Lelord, F., André, C. (2017): Der ganz normale Wahnsinn. Vom Umgang mit schwierigen Menschen. 17. Aufl. Aufbau, Berlin

Oldham, J., Morris, L.B. (2017): Ihr Persönlichkeitsportrait. 7. Aufl. Westarp, Hohenwarsleben

Riemann, F. (2017): Grundformen der Angst. 42. Aufl. Ernst Reinhardt, München

1.2 „Kein Problem, ich mach das für dich!“ – Helfertypen

BEISPIEL

Die Schülerin **Melina** (12) war in ihrer Klasse anfangs sehr beliebt. Melina unterstütze ihre Mitschülerinnen im Laufe des ersten Halbjahres in vielerlei Hinsicht, etwa bei Hausaufgaben, Referats- und Klausurvorbereitungen. Sie hatte außerdem stets ein offenes Ohr bei auftauchenden Problemen und Konfliktlagen in der Klasse und bot sich als Vermittlerin bzw. Unterstützerin in Bezug auf Win-win-Lösungen an. Natürlich wurde sie nach nur wenigen Wochen zur Klassensprecherin gewählt. Die Funktion führte sie sehr gewissenhaft aus. Doch ihr starkes Interesse am Wohlergehen ihrer Mitmenschen stieß irgendwann nicht mehr nur auf Gegenliebe. Manche SuS in der Klasse fühlten sich später häufig bevormundet und im Umgang mit Melina „behandelt wie kleine Kinder". In manchen Situationen übernahm sie auch Lehrerfunktionen, indem sie etwa regelmäßig für eine ruhige Lernatmosphäre sorgen wollte. Diese Motivation brachte sie in Konflikt mit manchen Lehrkörpern, die ihre Autorität bedroht sahen.

Gerade in Fachschulen für Sozialpädagogik bzw. Heilerziehungspflege treffen Lehrkräfte *vermehrt* auf SuS mit einer stark ausgeprägten fürsorglich-empathischen Persönlichkeitsfacette. Das ist natürlich kein Zufall – die sich daran anschließenden Berufe sind *Beziehungsberufe* und ziehen derartige Charaktere selbstredend vorauseilend an (Breil / Sachse 2018). Natürlich kommen diese SuS aber auch an allen anderen Schulformen vor.

Die betreffenden SuS gestalten nicht nur im Praxisfeld die Beziehungen sehr emotional und persönlich, etwa im Rahmen von Praktika, sondern auch im Klassenraum. Sie wollen in ihrem Fürsorge-Thema außerdem von den anderen grundsätzlich positiv wahrgenommen werden (Damm 2018).

Vorteile dieses Stils: Falls die Helfereigenschaften nicht den Großteil der Persönlichkeit des Schülers dominieren und lediglich in durchschnittlicher Stärke vorliegen, können sich Lehrkräfte über engagierte SuS erfreuen, die das Klassenklima positiv prägen. Helfertypen auf Schülerseite sind in den meisten Fällen der verlängerte Arm des Pädagogen. Sie unterstützen ihn tatkräftig, z. B. bei der Ausübung von Klassenlehreraufgaben (Planung von Wandertagen, Organisation der ersten Schultage, allgemeine Unterrichtsbelange). Die Lehrkraft kann sich in der Regel auf die betreffenden SuS verlassen; außerdem ist eher mit niedrigeren Fehlzeiten zu rechnen.

Mögliche Nachteile: Meistens erwarten derart strukturierte SuS eine mindestens ebenso qualitativ hochwertige Helfer-Mentalität von ihrem Klassenlehrer. Das sorgt in der Regel für Konflikte, da sich eine professionell ausgeübte Lehrerrolle nicht gut mit einem Übermaß an Fürsorge, Empathie und Verständnis verträgt. Darunter würde die Umsetzung des Erziehungs- und Bildungsauftrags leiden.

Ein weiteres Problem kann durch Grenzüberschreitung seitens des betreffenden Schülers entstehen. Rote Linien werden in der Regel dann überschritten, wenn die Beziehung zwischen Schüler und Lehrer zu eng wird. In beschriebener Konstellation kann es passieren, dass die Lehrkraft im Unterricht geduzt und vor versammelter Mannschaft etwa durch das Ausplaudern von Interna bloßgestellt wird. Aber auch die Mitschüler können von solchen Grenzüberschreitungen betroffen sein („Kein Wunder, dass ihr so schlechte Noten schreibt, ihr müsst mehr lernen!").

Erleiden betreffende SuS mit ihren übertriebenen Ambitionen irgendwann einmal Schiffbruch – etwa weil die Klasse gegen das mütterliche Gehabe rebelliert –, so könnte der betreffende Schüler nach der Konfrontation (Motto: „Was wärt ihr/wärst du nur ohne mich?!") in eine depressive Phase schlittern.

TIPP

Im Umgang mit unangemessen engagierten SuS müssen Lehrkräfte bereits zu Beginn der Zusammenarbeit im Vieraugengespräch rasch die unterschiedlichen Vorstellungen und schulischen Rahmenbedingungen (Realitätscheck) kommunizieren. Es muss dem Schüler konkret aufgezeigt werden, wie genau er seine Kompetenzen in geregelten Bahnen im Klassenraum ausleben kann bzw. darf. Am besten spricht man sich davor mit dem gesamten Team im Bildungsgang ab, sodass alle an einem Strang ziehen.

1.3 „Drama, Baby!" – Histrionischer Stil

BEISPIEL

Anastasia (17) war von Anfang an eine schillernde Persönlichkeit. Mit ihrem attraktiven, gepflegten Äußeren sowie ihren fulminanten Small Talk-Kompetenzen gewann sie die Herzen ihrer Mitschüler und Lehrkräfte im Voraus. Anastasia war unterhaltsam und engagiert im Unterricht. Ihre mündlichen und schriftlichen Beiträge fielen innovativ, kreativ und ausführlich aus. In den Schilderungen schwangen in der Regel Emotionen mit und sie konnte die Zuhörerschaft mitreißen. Ihre imposante Außenwirkung traf insbesondere das männliche Geschlecht – auf Schüler- *und* Lehrerseite. Flirtend konnte sie die Männerwelt spielend leicht um den Finger wickeln. Leider war der positive Ersteindruck nur ein Strohfeuer. Nachdem etwa sechs Wochen ins Schuljahr gegangen waren, regten sich erste Widerstände in der Gruppe, und der Klassenlehrer wurde angesprochen. Sie sei (auch) bei den Fachlehrern zu präsent und zeitraubend, andere empfanden sie als nervtötend („Sie ist eine richtige Diva – ätzend!"). Der Pädagoge suchte aufgrund dieser Eindrücke ein Gespräch unter vier Augen mit der Schülerin anlässlich einer Klassenarbeitsbesprechung. In diesem zeigte sie sich völlig uneinsichtig und legte einen hollywoodreifen Auftritt hin: „Wie kann man nur soooooowas über mich sagen?! Also wiiiiirklich!"

Histrionisch strukturierte SuS stellen sich gerne selbst dar und genießen es, im Mittelpunkt der Aufmerksamkeit zu stehen (Lelord/André 2017, 89). In diesem Sinne zeigen sie tendenziell narzisstische Phänomene. Im Unterschied zur Narzissmus-Thematik steht bei histrionischen Motiven aber eher die *geschlechtsspezifische* Selbstdarstellung im Vordergrund. Weibliche Histrioniker imponieren durch typisch feminine Attraktivitätsmerkale, männliche durch entsprechend maskuline (Damm 2012). Auffällig ist des Weiteren eine große Vorliebe für das Ausdrücken von (wechselhaften) Emotionen.

Vorteile dieses Stils: Dieser Persönlichkeitsstil sorgt positiv formuliert dafür, dass es im Klassenraum nicht langweilig wird. Die Stimmung in der Gruppe wird massiv beeinflusst, Histrioniker können sehr gut Atmosphären heraufbeschwören – im Guten wie im Schlechten. Aus diesen Gründen verwundert es nicht, dass sie Mitschüler im Unterricht inspirieren, mitreißen und begeistern können. Gerade in Gruppenarbeitsphasen können histrionisch strukturierte SuS kreative Impulse setzen und ihren Ideenreichtum an den Mann (oder die Frau) bringen. Die anderen Gruppenteilnehmer profitieren auch von dem typisch selbstsicheren und eloquenten Vortragsstil der Betreffenden beim Präsentieren der Ergebnisse (Damm 2012).

Mögliche Nachteile: Stehen Heranwachsende extrem unter dem Einfluss von histrionischen Tendenzen, so strapazieren sie schnell die Nervenkostüme von allen Beteiligten im Klassenraum. Schlecht halten sie Phasen aus, in denen es einmal still ist. Schnell wird es langweilig, wenn man nicht ausreichend beschäftigt wird. Solche unliebsamen Konstellationen werden in der Regel dadurch überwunden, dass die Betreffenden sich selbst ins Rampenlicht rücken und Publikum für ihre spektakulär klingenden Schilderungen ausmachen. Es muss nicht explizit auf die Tatsache eingegangen werden, dass einzelne oder mehrere SuS sich durch ein solches Verhaltensmuster nach wenigen Wochen provoziert fühlen. Die anderen merken im Rahmen dieser Auftritte recht schnell, dass die Hauptakteurin in Hinsicht auf Frustrationstoleranz eine ganz kurze Zündschnur hat, sprich: Man kann sie schnell auf 180 bringen.

TIPP

Es gibt Überschneidungen zwischen histrionisch und narzisstisch strukturierten SuS. Beide Typen stehen gerne im Mittelpunkt und brauchen viel Aufmerksamkeit, Lob und Anerkennung. Im Umgang mit Histrionikern ist es wichtig, sich nicht durch ihr manipulatives Interaktionsverhalten einlullen zu lassen. Ebenfalls sollten Lehrkräfte nicht auf Versuche der Betreffenden eingehen, sich Sonderrechte zu verschaffen („Kann ich während der Klassenarbeit ganz leise Musik hören, biiiiiitte?"). Besser ist es, die Potenziale von Betreffenden in der Schule zu kultivieren (Theater-AG, Klassensprecheramt, Schulsprecher, Gremiumsarbeit usw.). Unter vier Augen, etwa bei Vierteljahresgesprächen, sollte auch klargemacht werden, dass die anderen SuS gleichberechtigt sind und ebenfalls Rechte und Pflichten haben.

1.4 „Ups! Wieso habt ihr eigentlich alle was gegen mich?" – Selbstschädigender Stil

BEISPIEL

Der Schüler **Martin** (16) machte zu Schuljahresbeginn vorauseilend nicht den besten Eindruck auf die anderen Heranwachsenden (und Fachlehrer). Er vernachlässigte nicht nur trotz einiger gut gemeinter Beratungstermine mit dem Klassenlehrer *stur* und *renitent* sein äußeres Erscheinungsbild (etwa durch mangelhafte Körperhygiene und das Tragen von abgetragenen, beschädigten Kleidungsstücken). Er machte darüber hinaus auch keinerlei Anstalten, sich in die Gruppe in positiver Manier zu integrieren. Sein Auftreten hatte im Gegenteil sogar eine irritierende Note. Einmal verpetzte er eine Mitschülerin vor den Augen ihres (muskulös gebauten) Freundes nach der ersten Pause („Du, Steven, die Franzi hat eben in der Raucherecke mit einem Typen aus der Parallelklasse geflirtet, aber so richtig, hihihi!"). Diese Aktion blieb nicht ohne negative Folgen für ihn, wie man sich vorstellen kann. Aber nicht nur aufgrund dieses Vorfalls wollte irgendwann niemand mehr in der Gruppe etwas mit ihm zu tun haben. Er hatte eine große Vorliebe dafür, diejenigen Mitschüler (und Lehrkräfte) vor den Kopf zu stoßen, die eine geringe Frustrationstoleranz, dafür aber ein großes Aggressionspotenzial hatten (Martin aus heiterem Himmel zur hinteren Tischreihe: „Wieso guckt ihr mich eigentlich immer so komisch bzw. saudumm an?"). Es dauerte nicht lange und Martin war das „Opfer". Er wurde gemobbt – und zwar ausgiebig. Die meisten Lehrkräfte, die in der Klasse eingesetzt waren, fühlten zu Beginn des Schuljahres eine starke Empathie und persönliche Betroffenheit für Martin; sie wollten ihn unterstützen. Dies legte sich aber nach einigen Wochen. Man kam gemeinhin zu dem Schluss: „Wir wissen nicht, wie wir ihm helfen können, er sucht und findet anscheinend immer wieder seine gewohnte Rolle in der Klasse. Wir sind mit dem Latein am Ende!"

In vielen Klassen gibt es mindestens einen Martin, oder ein entsprechend weibliches Pendant mit selbstschädigenden Tendenzen (das Geschlecht ist irrelevant). Die von diesem Stil beeinflussten SuS fabrizieren durch infantil bzw. peinlich wirkende oder auch extrem schusselige Aktionen hausgemachten Stress und inszenieren schrittweise eine sehr nachteilige Konstellation in der Klasse. Sie können nicht anders; eine *vorteilhafte* Rolle zu inszenieren, steht nicht auf dem Plan, der in ihrer Biografie grundgelegt wurde (Millon 2004). Der selbstschädigende Persönlichkeitsstil sorgt in der Regel für die (auf den ersten Blick irritierende) Sachlage, dass die Rolle des „Opfers" *regelmäßig* jedes Schuljahr erlebt wird, trotz sich wechselnder Klassenzugehörigkeit und pädagogischer Einflussnahmen bzw. Ratschläge. Dies ist in der Regel kein Zufall! Mithilfe von Selbstsabotage-Aktionen, die für Mitschüler und Lehrkräfte mit sadistischen Tendenzen (**Kap. 1.5**) wahre Steilvorlagen sind, generieren betroffene Heranwachsende eine sehr spezielle Beziehungsgestaltung, mit dem schlechteren Ende für sich. So kommen sie z. B. regelmäßig zu spät und haben dubiose Ausreden auf Lager, die die anderen stark irritieren oder bestenfalls nur Lachanfälle auslösen. Oder aber die betreffenden SuS geben peinliche Antworten im Unterricht, stellen seltsame Fragen usw. Gleichzeitig sind die betreffenden SuS immun gegen jegliche Hilfsangebote vonseiten derjenigen Lehrkräfte, die es gut mit ihnen meinen, und es entsteht der Eindruck: „Macht der das vielleicht mit Absicht? So doof kann man doch nicht sein! Das geschieht ihm eigentlich recht!" Und so erwächst eventuell ein sadistischer Impuls, mit dem man professionell umgehen muss.

Vorteile dieses Stils: SuS mit selbstschädigenden Tendenzen erleben die Opfer-Konstellation in der Klasse nicht zwangsläufig per se als negativ. Vielmehr fühlen sich die aktuellen Erfahrungen im Klassenraum für viele betroffene Heranwachsende *gewohnt* an (Mummendey 2000), wobei dies natürlich nicht für alle gilt. Oft heißt es im 1:1-Setting dann sinngemäß: „Ach, wissen Sie, das ist im Prinzip gar nicht so schlimm, hihi! Eigentlich war ich schon immer der Depp für alle!" Wenn man also an dieser Stelle von Vorteilen sprechen möchte, die mit dem selbstschädigenden Persönlichkeitsstil zusammenhängen, so lässt sich aus tiefenpsychologischer Perspektive konstatieren: Die oder der Betreffende verwirklicht lediglich eine *bekannte* Konstellation – gleichzeitig bindet sie oder er regelmäßig die volle Aufmerksamkeit des Klassenlehrers, der ja aufgrund der entstehenden Konflikte agieren *muss*. Dadurch wird sekundär das Bedürfnis nach Aufmerksamkeit befriedigt (Oldham/Morris 2017).

Mögliche Nachteile: Obwohl sich die Opferrolle für Betreffende angemessen anfühlt, weil sie etwa in der Ursprungsfamilie oder in anderen Bildungseinrichtungen früher über Jahre hinweg erlernt wurde – sie macht de facto keinen Spaß, einfach gesagt. Die negativen Auswirkungen des Mobbing in Hinsicht auf psychische und psychische Beeinträchtigungen sind wohlbekannt und treffen auch bzw. insbesondere SuS mit selbstschädigenden Tendenzen (Jannan 2008).

TIPP

Selbstschädigende Tendenzen sind zu Beginn des Schuljahres i.d.R. nur sehr schwer als solche diagnostizierbar. Denn die betreffenden SuS halten sich zunächst zurück und wirken unscheinbar, kindlich bis harmlos. Häufig ist zu beobachten, dass sie ein starkes Interesse an einem Beziehungsaufbau mit Lehrkräften haben und entsprechende Angebote machen. SuS mit dem hier beschriebenen Stil haben eine große Motivation, mit den körperlich stärkeren Kontrahenten in der Klasse aneinanderzugeraten, was häufig zu Problemen führt. Lehrkräfte sollten ihre Gefühlslage im Auge behalten, wenn sie mit derart strukturierten SuS zu tun haben. Regt sich nach einigen Wochen oder Monaten des pädagogischen Bemühens ein sadistischer Impuls, so liegen die Chancen ganz gut, dass man mit seinem Anfangsverdacht richtig lag. Natürlich gibt man dem letztgenannten Antrieb nach bestem Wissen und Gewissen nicht nach.

1.5 „Der Spast braucht das!“ – Sadistischer Stil

BEISPIEL

Steven (17) war mit Ansage das Quoten-Alphatier in seiner Klasse. Den Eindruck vermittelte er in aller Ruhe und ganz standesgemäß bereits am ersten Schultag; sowohl in extrovertierter Art verbal („Ein Gruß an alle Anwesenden: Ich setze mich mal in die letzte Reihe, dann sehe ich euch von da aus am besten!“) als auch nonverbal: Groß gewachsen und mithilfe von regelmäßigen Besuchen im Fitnessstudio bestens gestählt, nahm er ungefragt und quasi in Zeitlupe den Thron im Klassenraum ein.

Steven war im Unterricht präsent. In Ethik offenbarte er ein starkes Interesse an morbiden Themen wie Todesstrafe, Folter, Kriege. Nach einigen Wochen sprach er den Klassenlehrer in der Pause an – grinsend auf sein Handy äugend: „Herr Damm, schauen Sie mal: Da wird so ein kleiner Spast von seinen Kollegen dazu gezwungen, Rohrreiniger zu trinken. Heißer Shit! Ganz großes Kino! *Schauen Sie mal*! Wie der gleich abkotzt! Hier! Das ist echt krasser Scheiß!"

Er bekam die attraktivste Schülerin in der Klasse ab, in die er sich sehr verliebte. Eines Tages war es dann soweit – und er brauchte von da ab keine Handyvideos mehr mit sadistischen Inhalten zu konsumieren. Die Realität bot ihm eine große Chance, die er bereitwillig ergriff. Es war die 3. Stunde und die Pause war gerade vorbei, da drehte sich Martin (erste Reihe) um. Martin war in der Klasse von Anfang an nicht sehr beliebt. Er vernachlässigte stark sein Erscheinungsbild und benahm sich seltsam. Jedenfalls, Martin sagte wortwörtlich: „Du, Steven, die Franzi hat eben in der Raucherecke mit einem krassen Typen aus der Parallelklasse geflirtet, aber so richtig, hihihi!" Daraufhin erwiderte der Angesprochene in aller Seelenruhe wie beiläufig: „Martin, wir werden in der nächsten Zeit noch viel Spaß miteinander haben." Steven hatte da *nicht ganz* recht: Es gab nur einen, der an dem Spaß hatte, was dann folgte, und das war Steven. Die üblichen pädagogischen Maßnahmen wurden mit Steven durchexerziert: Verweis, temporärer Schulausschluss. Wirklich sichtbare Erfolge ergaben sich daraufhin nur wenige.

Dem gesunden Menschenverstand mag folgende Tatsache nicht gefallen bzw. für Irritation sorgen: Sadistisch strukturierte Personen haben ein starkes Interesse sowie ein großes Vergnügen daran, bestimmte Charaktere in ihrem sozialen Umfeld aktiv zu quälen, d. h. leiden zu lassen (Oldham / Morris 2017).

Im Allgemeinen fällt auf, dass Betreffende in Beziehungen meistens die Rolle des dominanten Parts innehaben. Hierzu muss sich der andere entsprechend unterordnen, in extremeren Konstellationen sogar regelrecht unterwerfen. Es geht dem aktiven Part um nichts anderes als Kontrolle und Macht.

Im Praxisfeld Schule können folgende Auffälligkeiten gleichwohl Indizien für die Existenz eines sadistischen Persönlichkeitsstils sein: Neigung zum Bestrafen von Mitschülern, Sanktionierungstendenz bei Fehlverhaltensweisen, Mobbingtendenzen, Lustgewinn durch das Angsterleben des Opfers, Interesse an Tierquälerei- und sog. Fail-Compilation-Videos im Internet (Zusammenschnitte von real gefilmten Unfällen und anderen Sequenzen inkl. Körperverletzungen, Tierquälerei oder gar Tötungen).

Von diesem Persönlichkeitsstil ist tendenziell eher das männliche Geschlecht betroffen (Lelord/André 2017).

Vorteile dieses Stils: Es liegt auf der Hand, dass vor allem derjenige, der dieses Thema aktiv auslebt und entsprechend am längeren Hebel sitzt, den maximalen Nutzen an einem entsprechenden Zusammenspiel mit einem Opfer hat, auch in der Klasse. Vor allem dann, wenn er eine Führungsrolle innehat – er ist und bleibt unangreifbar. Spannungen, Neugier und sadistische Impulse können aus Sicht des Täters jederzeit am Objekt auf Abruf im Schulalltag ausgelebt werden (Jannan 2008). Der Interaktionspartner steht im Prinzip jederzeit mehr oder weniger parat, da er das Thema häufig aus biografischen Gründen mitbringt, etwa in Form von jahrelangen Opfererfahrungen im sozialen Umfeld. Wenn die Lehrkraft die Konflikte nicht bemerkt, kann der Täter schalten und walten, wie er will.

Falls der sadistische Persönlichkeitsstil beim betreffenden Schüler nicht allzu stark ausgeprägt ist, offenbart er sich nur in einem offensichtlichen Kontrollbestreben. Der Betreffende nimmt infolgedessen etwa den Klassenthron ein und verbreitet Struktur und Organisation – weshalb man in so einem Fall auch von flankierenden narzisstischen Tendenzen sprechen kann (Lelord/André 2017). Hieraus kann paradoxerweise eine recht stabile Systemstruktur bzw. eine Hierarchie entstehen.

Mögliche Nachteile: Als Lehrkraft sollte man klipp und klar die empathische „Ich verstehe dich“-Brille absetzen und klar Stellung beziehen! Sadistische Tendenzen im Klassenraum sind aus moralischer Sicht hochgradig verwerflich, auf das Schärfste zu verurteilen und niemals zu tolerieren! Wo ein Täter ist, da ist immer auch ein Opfer – auch wenn das Opfer das Thema aus biografischer Perspektive mitbringen und einen eigenen Anteil an der Konstellation haben sollte.

Es gilt die Faustformel: Je stärker der sadistische Persönlichkeitsstil vorliegt, desto größer ist der Schaden, der in psychischer und physischer Sicht angerichtet wird (Fiedler/Herpertz 2016).

TIPP

Es ist für Lehrkräfte nicht immer einfach, sadistische Impulse im Klassenraum als solche zu diagnostizieren. Manche SuS sind dahingehend erschreckend einfallsreich, heimtückisch und hochprofessionell. Sie können im Umgang mit der Lehrkraft sogar einen harmlosen bis charmanten Eindruck hinterlassen. Falls man zu einem Anfangsverdacht kommt, lohnt der Austausch mit dem Team. Verdichten sich die Hinweise, tut man gut daran, konfrontative Methoden (**Kap. 2.1**) zu beschließen, die umgehend in die Tat umgesetzt werden sollten. Natürlich sollte auch das potenzielle bzw. reale Opfer bei der Sichtung der Lage miteinbezogen werden.

1.6 „Ich kann das nicht!" – Dependenter Stil

BEISPIEL

Bibiana (17) war in den ersten Schulwochen so gut wie unsichtbar, wirkte auf ihre Mitschüler und auch auf Lehrkräfte wie ein zartes Pflänzchen, leicht zerbrechlich. Man nahm allgemein Rücksicht auf sie, etwa in Hinsicht auf die Einforderung der Mitarbeit. Irgendein Wehwehchen fand sie immer, um aufkommenden Wind direkt aus den Segeln zu nehmen. Bibiana fühlte sich im Unterricht oft überfordert und benötigte i. d. R. allumfassende Hilfe: bei Gruppenarbeiten, Präsentationen und allgemein bei Arbeitsaufträgen. Nach und nach gestaltete sich der Umgang aus der Lehrerperspektive etwas anstrengend: Sie fragte (zu) viel nach und stellte sich häufig infantil, altersunangebracht bzw. dumm an. Dieses Auftreten verfehlte seine Wirkung nicht. Ihr wurde es vonseiten der Schüler- und Lehrerschaft im Nachhinein betrachtet etwas zu leicht gemacht. Sie nahm gewissermaßen einen Sonderstatus ein.

Mit minimalem Aufwand schaffte sie das Klassenziel – trotz exorbitanter Fehlzeiten aufgrund von Krankheit. Extrem unterstützt wurde sie dabei von ihrem Freund Manuel, mit dem sie bereits nach vier Schulwochen zusammenkam. Er erwuchs schnell zu ihrem Felsen in der Brandung. Er war Beschützer, Mentor, Krankenpfleger, Coach und Retter in einer Person. Einmal suchte er vor Unterrichtsbeginn das Gespräch mit dem Klassenlehrer und verkündete mithilfe von dramatisierenden Gesten: „Sie dürfen heute die Bibiana nichts fragen, aber rein gar nichts – ihr geht es nicht so gut!" Beim Abschlussgespräch mit dem Klassenlehrer zu Schuljahresende war es Bibiana nicht möglich, ihre Außenwirkung, geschweige denn ihre Interaktionsstrategien zu reflektieren: „Ich weiß nicht, was sie mit Psychospielen meinen! Ich bin halt so, wie ich bin!"

SuS brauchen hin und wieder Tipps, Hinweise bei Arbeitsaufträgen, aber auch ausführlichere fachliche Unterstützung. Diese Tatsache gehört selbstredend zum Tagesgeschäft in unserem Praxisfeld. Wir Lehrkräfte haben einen Bildungsauftrag, den wir auch in sehr heterogenen Lerngruppen bestmöglich umsetzen sollen. Dass vermehrt Rück- und Verständnisfragen bei kniffligen Themen auftauchen können bzw. müssen, ist selbstverständlich. Insbesondere SuS mit dependenten Tendenzen nutzen diese Möglichkeit jedoch in extremer Form. Sie geben sich gewissermaßen *ad hoc* einem automatisierten Blackout-Reflex in denjenigen Unterrichtssituationen hin, in denen ganz allgemein etwas von ihnen eingefordert wird. Auslöser dieses Reflexes sind charakteristischerweise etwa (auch) einfache Lehrer-Fragen, Einzel- und Gruppenarbeitsaufträge, Arbeitsblätter usw. Die möglichen Reaktionen klingen dann z. B. so:

- „Das kann ich nicht!"
- „Woher soll ich das wissen?"
- „Herr Da-aaaaaamm, wieso klappt das nicht?"
- „Wie soll ich das machen!"
- „Mach du das für mich!"
- „Och – *menno!*"

Wer jetzt glaubt, die Betreffenden hätten aus guten Gründen Verständnis, Nachsicht oder gar Mitleid verdient, der ist auf das Erscheinungsbild dieses Stils hereingefallen (Sachse et al. 2013). Viele Lehrkräfte sehen nicht auf Anhieb das große Manipulationspotenzial, das hinter der harmlos-infantil wirkenden Fassade waltet und schaltet. Im Klartext: Dependente sind keine „Macher". Das müssen sie auch gar nicht sein, *sie lassen andere für sich machen* (Greiner 2017). Und wie! Sie sind Meister darin, ihr soziales Umfeld für ihre eigenen Interessen einzuspannen, damit ein bestimmtes Ziel erreicht wird. Es lautet sinngemäß im Kontext Schule: Mit dem geringst möglichen Aufwand das Klassenziel erreichen.

Vorteile dieses Stils: Die scheinbare Schwäche von SuS mit dem hier thematisierten Stil ist genau deren Stärke. Dependent strukturierte Personen schlängeln sich geschickt durch die Ansprüche der Schule (Sachse et al. 2013, 20). Sie finden in der Schülerrolle im Klassenverband mindestens einen, in der Regel aber gleich mehrere Mitstreiter, die sie betüdeln, unterstützen, entlasten – nicht selten auch mindestens eine Lehrkraft im eingesetzten Team.

Hierin liegen also maßgebliche Vorteile dieses Stils. Aber die Inszenierung von Interaktionsstrategien (**Kap. 3.8**), die bestimmte Bedürfnisse verwirklichen sollen, verläuft i. d. R. auf Dauer nicht reibungslos. Man kann sich leicht vorstellen, wie dependente Teenager nach mehreren Schulwochen und -monaten auf Gleichaltrige und Lehrkräfte wirken, die die hohen Kosten in Hinsicht auf den alltäglichen Umgang tragen müssen. Anfangs wirken sie charmant bis harmlos, irgendwann lösen sie Irritationen und Stress aus.

Mögliche Nachteile: Dependent strukturierte SuS sorgen in manchen Klassen für eine extreme Verstimmung, sie können auch ganze Gruppen spalten. Auf der einen Seite stehen die Verbündeten, d. h. diejenigen, die Rücksicht nehmen, unterstützen, sich steuern lassen. Auf der anderen Seite versammeln sich die Genervten, die die Sonderrolle der Betreffenden nicht (mehr) akzeptieren bzw. die Psychospielchen durchschauen.

Lehrkräfte müssen sich bewusstmachen, dass dependente Heranwachsende nicht wissen, dass sie im Falle von Konflikten mit anderen auch Teil des Problems sind. Sie haben im Laufe ihrer Kindheit über Jahre hinweg gelernt, dass ganzheitliches Hilflos-Sein sowie die Ausprägung von Körpersymptomen für prosoziale Reaktionen seitens des sozialen Umfelds sorgen. Sie wurden infolgedessen wahrgenommen, umsorgt, ernstgenommen usw. Hieraus erwuchs aber gleichzeitig eine mangelhaft ausgeprägte Personalkompetenz, die gewissermaßen zur zweiten Natur geworden ist (Sachse 2016, 123). In Hinsicht auf Selbsteinsicht und Verhaltensänderung ist also im Schulalltag die Erfolgsquote sehr gering.

TIPP

SuS mit dependenter Persönlichkeitsstruktur machen zu Beginn der Zusammenarbeit einen harmlosen und unscheinbaren Eindruck. Tröpfchenweise bringen sie ihren Stil zur Geltung, i.d.R. fordern sie schrittweise entgegenkommende Reaktionen von Mitschülern sowie der Lehrkraft ein. Diese sollte wachsam in Hinsicht auf die weitere Entwicklung sein. Werden Krankheitszustände zum Thema gemacht und dieses Thema in seiner Intensität gesteigert, um eine Art Sonderstatus zu erlangen, so liegen oftmals Indizien vor, die auf den hier beschriebenen Stil schließen lassen. Sorgen Sie dann bestmöglich für inneren Abstand und führen Sie die Lehrerrolle sachlich(er) aus.

1.7 „Ach, das ist mir auch egal!" – Schizoider Stil

BEISPIEL

Die Schülerin **Elli** (22) der Fachschule für Erzieher absolvierte vor der Ausbildung mehrere Tierpflegepraktika. Die obligatorischen Blockpraktika in der schulischen Ausbildung wurden alle mit „noch erfolgreich" (entspricht der Note 4-) abgeschlossen. Sie war erkennbar in keine einzige Schülergruppe ihrer Klasse integriert, was überwiegend an ihr lag. Sie bevorzugte stets Einzel- statt Gruppenarbeiten. Im Berufspraktikum wurde der Schule durch die Praxisanleitung ihrer Kita von massiven Problemen berichtet. Elli habe fast eine Art „Wahrnehmungsstörung". Sie säße z.B. zwei Stunden lang, ohne ihre Position zu verändern, alleine am Brettspieltisch. Der Beziehungsaufbau mit den Kindern (eigentlich eine erforderliche Kernkompetenz von angehenden Erzieherinnen) gelänge ihr kaum. Ferner stelle die Durchführung eines einfachen Angebots eine große Hürde für sie dar. Elli kommunizierte in Vieraugen-Gesprächen mit dem Klassenlehrer nur in kurzen monotonen Sätzen, wirkte im Beratungsgespräch in der Schule lethargisch und unbeteiligt. Auf die geschilderte Problematik in der Fachpraxis angesprochen, wirkte sie desinteressiert bis leidenschaftslos. Es kamen mehrfach Sätze wie: „Ich weiß nicht" oder „Kann ich nichts zu sagen". Nachdem ihr niedrigschwellige Tipps für den Beziehungsaufbau mit den Kindern aufgezeigt wurden, waren leichte positive Veränderungen (aber in Quantität und Qualität zu wenig) laut Anleitung erkennbar. Die Prüfung bestand sie nach einer Verlängerung mit der Gesamtnote „ausreichend" und erklärte bei der Notenbekanntgabe: „Ich mache jetzt erst mal ein FSJ im Tierheim."

Dieser Persönlichkeitsstil generiert ein ausgeprägtes Streben nach emotionaler Distanz – in Bezug auf sich selbst sowie auf den Umgang mit anderen. Es hat den Anschein, als seien Gefühle und Emotionen den Betreffenden fremd (Sachse/Sachse 2017, 13ff.). Derart strukturierte SuS sind i.d.R. Einzelgänger. Sie wirken manchmal eigen, spleenig bzw. kauzig und haben wenig bis kein Interesse an sozialen Kontakten. In Gesprächen wirken sie unbeteiligt und desinteressiert, auch wenn es um emotional aufgeladene Inhalte geht. Kritik bzw. Lob perlt an ihnen ab, was Interaktionspartner wenn überhaupt nur sehr schwer nachvollziehen können. Es springt einfach kein Funke über.

Diese Eigenarten sorgen meistens dafür, dass die Betreffenden mehr oder weniger unbewusst das soziale Umfeld effizient irritieren und schrittweise für eine eher negative bzw. ablehnende Grundstimmung ihnen selbst gegenüber sorgen (Dammann/Kernberg 2018). D.h., die Betreffenden werden nach wenigen Schulwochen zunächst tendenziell und im Laufe der Zeit stark ausgegrenzt.

Vorteile dieses Stils: SuS mit schizoider Struktur kreisen um sich selbst. Sie benötigen meistens keine Resonanz von Gleichaltrigen bzw. vonseiten der Lehrkraft. Durch ihr Auftreten sorgen sie i.d.R. dafür, dass sie nach und nach die Außenseiter- bzw. Einzelgängerposition in der Klasse einnehmen.

Liegen intellektuelle Potenziale vor sowie eine entsprechende Lernmotivation, können schizoid strukturierte SuS sehr gute mündliche wie schriftliche Leistungen produzieren. Ihre Stärken finden sich entsprechend bei folgenden Themen: Mathematik, Logik, Physik, Chemie und Philosophie.

Mögliche Nachteile: Da die Betreffenden nicht dazugehören wollen bzw. wenig Interesse an Beziehungen zu anderen haben, werden sie irgendwann kollektiv gemieden. Dies mag zwar auf dem ersten Blick dem entsprechen, was derart strukturierte SuS beabsichtigen, doch der vorschnelle Beobachter übersieht meistens einen ganz bestimmten Aspekt: Auch Schizoide haben hin und wieder das Bedürfnis nach emotionalem Austausch und zwischenmenschlicher Nähe. Schließlich sind wir Menschen von Geburt an auf sozialen Kontakt „programmiert" (Bauer 2006). Ein schizoider Persönlichkeitsstil vermag diese Tatsache nicht gänzlich aufzuheben (Sachse/Sachse 2017, 28ff.). Solche Phasen verlaufen dann meistens sehr nachteilig für betreffende SuS, da das Umfeld bereits vorher zu dem Eindruck kam, dass gar kein Interesse an partnerschaftlicher Kommunikation besteht. Diese Erwartungshaltung zementiert sich irgendwann selbst, und dann ist es sehr schwer für betreffende Heranwachsende, daran etwas zu ändern.

TIPP

Schizoid strukturierte SuS lösen in Lehrkräften unterschiedliche Motivationen aus. Rationale Lehrertypen, die mehr auf der Sachebene beheimatet sind, verspüren oft eine gewisse Grundsympathie aufgrund der charakterlichen Gleichartigkeit. Fürsorgliche, empathische Erwachsene andererseits fühlen sich schnell dazu berufen, den betreffenden Schüler unter die Fittiche zu nehmen und ihn zu emotionalisieren. Sie merken dann aber schnell, dass das nicht funktioniert. Man sollte nicht den Fehler machen und glauben, dass man dem Betroffenen hilft, wenn man ihn sozial in der Klasse vernetzt. Meistens ist dies gar nicht erwünscht. Sollten es die Rahmenbedingungen hergeben, kann man es natürlich auch einmal versuchen.

1.8 „Können Sie jetzt mal mit dem Unterricht anfangen?“ – Zwanghafter Stil

BEISPIEL

Der Fachschüler **Andreas** (19) nahm zum ersten Mal mit mir Kontakt im Rahmen meiner Vertrauenslehrer-Sprechstunde auf, als alle seine Bewerbungsversuche auf einen Platz für das Berufspraktikum zu scheitern drohten. Ich kannte ihn vorher nicht. Doch sein Ruf eilte ihm voraus; er sei sehr rational strukturiert und etwas eigen. Im Laufe des Erstgesprächs zog er eine ausgedruckte Excel-Liste aus seinem Aktenkoffer, auf der er sämtliche Bewerbungen inklusive ihrer jeweiligen Verläufe akkurat dokumentiert hatte. Im Rückblick war diese Eigeninitiative natürlich positiv zu bewerten – die Tücken zeigten sich erst im Beratungsgespräch. Der Schüler handhabte das Bewerbungsverfahren wie eine Art Buchhalter. Er las mir eine ältere Notiz vor; auf dieser stand, mit welchen Methoden er das Projekt Praktikumsplatzsuche angehen wollte: „Mein Plan: Ich verschicke immer genau fünf Bewerbungen, damit ich den Überblick nicht verliere, dann warte ich auf Vorstellungsgespräche oder Hospitationseinladungen. Falls dann alle fünf nicht von Erfolg gekrönt sind, schicke ich wieder fünf raus.“ Wie schon erwähnt, war das nicht der beste Plan. Im weiteren Gespräch wurde diskutiert. Dabei zeigte sich, dass er sich selbst gegenüber sehr streng war („Man muss eben funktionieren, nicht?“). Eine gewisse Starrheit im Denken und Handeln schwang mit. Zwar realisierte er, dass sein bisheriges Vorgehen nicht funktionierte, sah aber keine Alternativen. Meine Frage, ob er schon daran gedacht hätte, seinen Radius zu erweitern, fand er unerhört. Es kam in seiner Gedankenwelt einfach nicht vor, dass man trotz großer Bemühungen auch Pech haben kann. Er meinte: „Ich mache doch alles richtig, da muss ich doch eine Stelle bekommen!“ Weiter äußerte er Folgendes: „Bezüglich der Stelle habe ich ganz klare Vorstellungen; von denen kann und werde ich keinen Millimeter abweichen.“ Angesprochen auf die bisherigen Blockpraktika-Beurteilungen (alle mit der Note „befriedigend“ bewertet) erwiderte er: „Man sagt, ich sei zu leise, kopflastig, engstirnig, wenig spontan!“ Schlussendlich fand er dann quasi auf den letzten Drücker einen Platz für das Berufspraktikum, erhielt aber in der Probezeit die Kündigung. Bei der Suche nach einer neuen Stelle setzte er wieder den von ihm konzipierten Plan um.

Über den zwanghaften Persönlichkeitsstil bzw. die zwanghafte Persönlichkeitsstörung wurde schon viel veröffentlicht und geforscht. Schon Sigmund Freud ging auf entsprechende Phänomene ein (Hoffmann/Hofman 2010). Personen mit zwanghaften Tendenzen machen auf die soziale Umwelt einen seriösen, angepassten und rationalen Eindruck. Sie möchten im Alltag ganz viel richtig und so wenig wie möglich falsch machen. Ebenfalls prägen Motivation und Leistungsorientierung das Gesamtbild. In durchschnittlich starker Ausprägung sorgen zwanghafte Charakterzüge für eine schätzenswerte Alltagsbewältigung. Es gibt wenige unwillkommene Überraschungen, da die Betreffenden auf Struktur im Leben achten.

Vorteile dieses Stils: SuS mit den hier beschriebenen Tendenzen bringen ihre Charaktereigenschaften sehr gewinnbringend ein. Sie haben im Schulalltag dementsprechend kein Problem mit Pünktlichkeit, Mitarbeit und anderen Verpflichtungen. Sie agieren im Sinne der Lehrkraft. Rationales Denken und „Pflichterfüllung“ stehen hoch im Kurs (Sachse et al. 2015). Auf die Befolgung der Hausordnung muss die Lehrkraft bei Betreffenden nie pochen. Ärztliche Entschuldigungen etwa liegen stets im Zeitrahmen auf dem Lehrerpult. Die Mitarbeit im Unterricht liegt meistens im oberen Leistungsbereich. Mit dem Lernen haben die Betreffenden kein Problem, gehen akribisch Schulaufgaben an. Zwanghaft strukturierte SuS streben an, das Klassenziel zu erreichen und ein gutes bis sehr gutes Zeugnis ausgestellt zu bekommen.

Wie man sieht, gehen viele Vorteile mit zwanghaften Tendenzen einher, aber nur dann, wenn es sich um durchschnittlich stark ausgeprägte Persönlichkeitsanteile handelt.

Mögliche Nachteile: Schwerwiegende Probleme andererseits ergeben sich bereits offenkundig zu Schuljahresbeginn im Fall von mindestens mittelstark ausgeprägten zwanghaften Neigungen.

Je ausgeprägter der Stil, desto unflexibler, starrer und verbissener fällt die Einforderung der Grundbedürfnisse nach Sicherheit, Struktur und Ordnung aus (Fiedler/Herpertz 2016). Die SuS sorgen dann für ein sehr hohes Stressniveau auf allen Seiten. Lehrkräfte werden in ihrer Fachkompetenz kritisiert, Aussagen infrage gestellt oder gleich berichtigt – es wird über Lernmethoden diskutiert, über Tafelbilder, Arbeitsblätter, die Sinnhaftigkeit bzw. Sinnlosigkeit von didaktisch-methodisch geplanten Unterrichtsphasen usw. (Damm 2010). Liegen Kriterien einer zwanghaften Persönlichkeitsstörung vor, so offenbaren die Jugendlichen wahre Klugscheißer- und Besserwissereigenschaften. Humor, Ironie und Selbstreflexionen sind dann nicht existent. Es geht nur noch um Leistungsorientierung und Noten, Noten, Noten.

TIPP

Der Umgang mit SuS mit zwanghaften Persönlichkeitsfacetten erfordert eine hohe pädagogische Kompetenz sowie höchste Aufmerksamkeit. Die Betreffenden imponieren zu Beginn des Schuljahres i.d.R. durch ein hohes Engagement, Leistungsorientierung und sozial erwünschtes Verhalten im Klassenraum. Lehrkräfte sollten SuS mit zwanghaften Tendenzen vor allem aber „einfangen" können, sollten jene ihre Potenziale allzu sehr kultivieren wollen. In Beratungsgesprächen, etwa im Rahmen von Klassenleiterstunden, kann bzw. sollte die Lehrer- bzw. Schülerrolle transparent gemacht werden.

1.9 „Geben Sie es zu, Sie haben was gegen mich!" – Paranoider Stil

BEISPIEL

Die Schülerin **Katharina** (17) wiederholt im aktuellen Schuljahr das Berufspraktikum. Der erste Versuch scheiterte aus unbekannten Gründen. Sie wollte oder konnte nicht darüber reden, sagte aber, andere bräuchten über die Gründe auch gar nichts zu wissen. Nun läuft der zweite Versuch, der ebenfalls auf des Messers Schneide steht. Im Beratungsgespräch reflektierte sie akribisch mögliche Ursachen für den im Raum stehenden Misserfolg (Mobbing seitens der Kinder, unverschämte intrigante Eltern, die „unfähige" Anleitung, falscher Dienstplan zu ihren Ungunsten usw.). Im weiteren Verlauf redete sie auffällig viel, beharrte stets auf ihre Rechte und zeigte sich dabei völlig kompromisslos. Sie sah nur Schwarz und Weiß und hatte kein Gespür für Grautöne. Direkt oder latent sei sie ständig im Streit/Ärger mit anderen bzw. immer über irgendetwas verärgert. Die anderen seien (natürlich) allein daran schuld. Weiter erzählte sie (für Außenstehende schwer annehmbar) von Verschwörungstheorien: „Ich habe eine Abmahnung wegen der Störung des Betriebsfriedens erhalten, das dürfen die doch gar nicht! Die sagen, ich hätte Gerüchte über Arbeitskolleginnen in die Welt gesetzt. Außerdem würde ich mich konstruktiven Gesprächen mit der Anleiterin verweigern und diesbezüglich dann wieder Nachreden streuen. Dabei weiß ich ganz genau: Meine Anleiterin nimmt Drogen und mobbt mich, weil sie ahnt, dass ich es herausgefunden habe."

Auch das Beratungsgespräch konnte die Situation für die Schülerin nicht verbessern, da sie eine ausgeprägte Beratungsresistenz an den Tag legte. Nach einer weiteren Abmahnung durch die Praxiseinrichtung kündigte sie das Ausbildungsverhältnis. Es folgte ein stationärer Klinikaufenthalt. Sie wechselte danach den Wohnort und wollte sich zum Abschluss der Ausbildung eine andere Fachschule suchen.

Paranoid strukturierte Persönlichkeiten zeichnen sich durch ein stark ausgeprägtes Misstrauen ihren Mitmenschen gegenüber aus. Im Klassenraum werden häufig Verdächtigungen und Unterstellungen kommuniziert, die Betreffenden fühlen sich darüber hinaus sehr schnell angegriffen. Soziale Kompetenzen sind nicht sehr stark ausgeprägt (Sachse / Sachse 2017, 108ff.); sie sind vielmehr auf Krawall aus.

Es leuchtet schnell ein, dass dieser Persönlichkeitsstil regelmäßig für Konflikte und Unstimmigkeiten im Klassenraum sorgt. Derart veranlagte Jugendliche reiben sich mit SuS und i. d. R. auch mit Lehrkräften – sie können nicht anders. Sie glauben oft, eindeutige Beweise für ihr extremes Misstrauen zu haben. Schon Kleinigkeiten reichen aus, um diesen Stil von jetzt auf gleich zu aktivieren, also zu triggern (Damm 2010).

Ich erinnere mich in diesem Zusammenhang an einen Schüler, auf den die bis hierhin beschriebenen Eigenarten fast komplett zutrafen. Er beschwerte sich bereits nach wenigen Tagen darüber, dass ich ihn *immer so komisch* ansehen würde. Daraufhin schaute ich ihn bewusst nicht an. Am nächsten Tag wurde ich dann konfrontiert mit dem Vorwurf: „Wieso schauen Sie mich eigentlich nie an? Wollen Sie mich etwa ignorieren und dadurch bei der Notengebung benachteiligen?“

Vorteile dieses Stils: SuS mit paranoider Struktur inszenieren im Klassenraum Stresssituationen, die einen sehr starken Bezug zu ihrer Biografie haben. Sie erlebten häufig psychische und / oder physische Grenzverletzungen und sind im Prinzip vergleichbar mit gebrannten Kindern, die das Feuer fürchten. Das dadurch entstandene kompensatorische Motto *Angriff ist die beste Verteidigung* sorgt dafür, dass die Betreffenden zu Außenseitern werden, die man besser in Ruhe lässt (Fiedler / Herpertz 2016). Dies sorgt aufseiten der Betroffenen temporär für das Gefühl von Sicherheit. Insofern kann man also ansatzweise von Vorteilen für paranoid strukturierte SuS sprechen, die mit diesem Stil einhergehen.

Mögliche Nachteile: Die negativen Auswirkungen liegen auf der Hand. Solche Charaktere stören massiv den Schulfrieden. Sie brauchen die Reibungen, die vom Zaun gebrochenen Diskussionen um feindliche Absichten, die vermeintlich von ihren Interaktionspartnern ausgehen. Sie gehen zwanghaft davon aus, dass sie diskreditiert und benachteiligt werden (Sachse 2016, 102), etwa allgemein im Unterricht oder speziell bei Leistungsnachweisen. Die Mitschüler werden regelmäßig der üblen Nachrede oder auch mal wegen eines vermeintlichen Diebstahls beschuldigt („In der Pause war jemand an meinen Sachen, ich weiß es genau! Da fehlt was!").

Zusammengefasst sorgt der paranoide Persönlichkeitsstil für Stress im Klassenraum, und zwar häufig über das ganze Schuljahr hinweg.

TIPP

Lehrkräfte brauchen im Umgang mit paranoid strukturierten SuS starke Nerven. Man wird u.U. jede Unterrichtsstunde provoziert bzw. einer bösen Tat bezichtigt und gerät so schnell in eine nachteilige Ich-muss-mich-jetzt-erklären-Position. Tatsächlich dürfte der Reflex, sich zu rechtfertigen, sehr weit bei Lehrkräften im Umgang mit solchen Schülern verbreitet sein. Es kann im Umgang mit solchen Persönlichkeiten hilfreich sein, die ausgewählten Methoden und Kriterien der Leistungsmessung im Unterricht transparent zu machen. Dennoch lässt es sich nie ganz vermeiden, dass paranoid strukturierte Schüler immer wieder sticheln und den jeweiligen Gesprächspartner aus der Fassung bringen wollen. Zu tief in die Persönlichkeit eingesenkt sind unliebsame zwischenmenschliche Situationen, die man im Hier und Jetzt wieder inszeniert und mithilfe des Mottos „Angriff ist die beste Verteidigung" kontrollieren will. Es hilft auch die Einsicht, dass man als Lehrkraft gar nicht persönlich in Hinsicht auf die Angriffe gemeint ist. Wir Lehrkräfte sind gerade für paranoid strukturierte SuS Projektionsflächen; und in diesem Fall werden wir (eventuell) regelmäßig als Täter bzw. Aggressor wahrgenommen.

1.10 „Entweder Sie hassen oder lieben mich!" – Borderline-Persönlichkeitsstil

BEISPIEL

Ariane (17) schloss das Schuljahr erfolgreich mit gutem Notendurchschnitt ab. Nachdem sie mich zu Beginn der Zusammenarbeit im August im Schulflur einmal sehr übel beschimpfte (kurz nach einem heftigen Streit mit einer Mitschülerin, wie mir im Nachhinein versichert wurde), habe ich sie am nächsten Tag in meiner Funktion als Vertrauenslehrer während der ersten Pause auf den Vorfall angesprochen. Ich habe ihr erklärt, dass ich den Ausraster ihrer schwierigen Situation zuvor zuordne und sie sich daher nicht entschuldigen müsse. Ich beendete die Unterhaltung mit einer Formulierung meiner Erwartung, dass dies in Zukunft nicht mehr vorkommen sollte. Am nächsten Tag legte sie mir unaufgefordert ein Facharztattest mit der Diagnose Borderline-Persönlichkeitsstörung sowie eine „Unbedenklichkeits-Bescheinigung" bzgl. der zu erbringenden Pflichtpraktika vor; ferner eine Bestätigung über den erfolgreichen Abschluss einer mehrjährigen ambulanten Therapie (Schwerpunkt: Dialektisch-behaviorale Methode (DBT) nach M. Linehan).

Der Schulbesuch war im Rückblick dennoch gekennzeichnet durch extreme emotionale Tiefen und Höhen ihrerseits, irrationale Ängste, erhöhte Reizbarkeit sowie unberechenbarer Impulsivität inklusive autoaggressiven Verhaltens – nicht gerade einfach zu handhaben für die anderen SuS sowie die Lehrkräfte, die in ihrer Klasse eingesetzt waren. Es galt in Vertrauenslehrerstunden, redeschwallartige Monologe empathisch zu ertragen. Diese Wortkaskaden hatten verschiedene Titel – mit den entsprechenden Inhalten. Einige Titel-Beispiele: „Ich möchte normal sein!", „Ich habe große Angst vor dem, was nach der Schule kommt!", „Was meinen Sie: Werde ich die Prüfungen überhaupt schaffen?", „Warum verhalte ich mich nicht wie andere Borderlinerinnen, die sich nur um ihre Krankheit kümmern?", „Ich habe in Borderline-Foren Folgendes gelesen [...], und das macht mich betroffen!", „Medikamente sind keine Lösung, das weiß ich, ich will es in Zukunft ohne sie schaffen!", „Wollen Sie noch mehr wissen?", „Interessiert Sie überhaupt, was ich sage?", „Ich habe mich verbrüht!", „Mein Freund hat Schluss gemacht!"

Anfangs war ich voller Sorge und Gedanken um die Schülerin, stellte aber nach und nach fest, dass sie kurz nach diesen Monologen wie ausgewechselt war, innerlich befreit bis hin zu lachend mit Mitschülerinnen über den Flur schlendernd, so als sei rein gar nichts passiert.

Das Phänomen Borderline ist sehr facettenreich, erscheint je nach Sachlage nie gleich und ist schlichtweg wissenschaftlich nicht grundsätzlich abtrennbar von ähnlich gelagerten psychischen Auffälligkeiten wie etwa Narzissmus, manisch-depressiven Zuständen, Selbstschädigung, histrionischer und auch paranoider Stil (Damm 2019). So gut wie universell ist aber ein mit diesem Persönlichkeitsstil einhergehendes Bedürfnis nach zwischenmenschlicher, psychischer und physischer Reiz-Stimulation. Die Betreffenden wollen sich im Alltag „spüren" und brauchen hierzu stärkere Reize als dies bei anderen Menschen der Fall ist (Kreismann/Straus 2012). Borderliner offenbaren Eigenschaften, die über den Normbereich des Sich-Ausprobierens hinausgehen und das Umfeld i.d.R. emotional aktivieren, triggern. Die betreffenden SuS gestalten im Klassenraum die Beziehungen sehr emotional und persönlich, im positiven wie negativen Sinn (Damm 2012).

In Krisenzeiten spielt häufig das typische Schwarz-Weiß-Denken eine Rolle, das etwa in zwischenmenschlichen Konflikten keine Grautöne zulässt. Die oder der Betreffende ist das Opfer, andere Außerwählte, etwa Mitschüler oder Lehrkräfte, die Täter. Man bekommt als Außenstehender in solchen aufgeladenen Momenten schnell den Eindruck: Person XY braucht den Konflikt jetzt gerade – und er muss eskalieren, sonst fehlt etwas.

Manisch-depressive Zustände können dem Klassenklima ebenfalls zusetzen. Am einen Tag ist alles gut, die Schülerin sprüht vor Freude und steckt alle Anwesenden an, ist motiviert; am nächsten Morgen ist alles schlecht und ruckzuck heißt es: „Kuck mich ja nicht so blöd an, Alter, sonst knallts hier, aber richtig!" Man sollte als Lehrkraft nach der Eingewöhnungszeit auf alles gefasst sein. SuS mit Borderline-Tendenzen nehmen alle Beteiligten, bildlich gesprochen, hin und wieder mit auf die „abenteuerliche Reise", und gemeinsam fährt man emotionale Achterbahnfahrten im Klassenraum (Damm 2019).

Vorteile dieses Stils: Die Charaktere bringen häufig sehr stark ausgeprägte Ich- und soziale Kompetenzen mit. Mal sind künstlerisch-kreative oder auch musische Potenziale vorhanden, die genutzt werden können; ein anderes Mal vielleicht schauspielerisches und lyrisch geprägtes Können. Viele können sich sprachlich und schriftlich sehr gut ausdrücken.

Häufig machen Jugendliche mit diesen Tendenzen vor allem zu Beginn einen sehr charismatischen Eindruck auf die soziale Umwelt, sie können Einzelne regelrecht in ihren Bann ziehen (auch Lehrkräfte).

Mögliche Nachteile: Das hauptsächliche Manko liegt in der Übermacht der emotionalen Potenziale. Nicht umsonst sprechen Fachleute auch von emotional-instabilen innerpsychischen Verhältnissen. SuS mit Borderline-Tendenzen lassen sich sehr schnell gefühlsspezifisch aufwühlen, auch wenn man das gar nicht im Sinn hat. Ein Lob seitens der Lehrkraft etwa kann in Krisenzeiten als Provokation aufgefasst werden. Nicht selten sind Lehrkräfte Aggressionsventile für die Betreffenden, was immerhin besser ist, als wenn bestimmte Mitschüler in diese Rolle geraten (was ebenfalls passieren kann).

Ich sehe das größte Problem darin, dass manche Borderline-Kandidatinnen und -Kandidaten hin und wieder unbewusst einen schrittweisen Spannungsaufbau in Form eines sogenannten Psychospiels (**Kap. 4.4**) inszenieren, der unweigerlich extrem eskaliert, fatalerweise unbewusst. Danach ist zwar alles wieder gut für die jeweilige Initiatorin. Aber so eine Sequenz geht zulasten des Nervenkostüms aller anderen Anwesenden, die gewissermaßen durch die Akteurin zum Mitspielen gezwungen werden (Breil / Sachse 2018).

TIPP

In erster Linie sollten Lehrkräfte im Umgang mit SuS mit Borderline-Tendenzen den Blick auf die Potenziale lenken und diese bestmöglich in den Unterricht (und wenn machbar in den Schulbetrieb insgesamt) einbauen. Dabei sollte man darauf achten, dass die oder der betreffende Schüler nicht zu viel Raum bekommt. Ohnehin ist es ein No-Go, dass einzelne Heranwachsende zu sehr im Alltag im Fokus stehen, darunter leidet nicht nur der Unterricht, sondern auch die Gruppe als solche. In schwierigen Zeiten ist angeraten, nicht auf mögliche Diskreditierungen seitens der jungen Person emotional einzugehen, sondern innerlich gefestigt auf der Sachebene zu bleiben und seine Rolle und Haltung strikt zu erklären. Machen Sie Ihr konsequentes Verhalten nach einer Eskalation transparent (Konsequenz bleibt Konsequenz und ist nicht verhandelbar). Weiterhin wird empfohlen, mit dem kompletten Lehrerteam zusammenzuarbeiten sowie mit dem Vertrauenslehrer, der Schulsozialarbeit und dem schulpsychologischen Dienst, sollte man den Verdacht haben, dass Borderline-Tendenzen vorliegen. Liegt hingegen sogar ein Attest vor, das eine Borderline-Störung bestätigt, sollte noch enger kooperiert werden. Die Betreffenden verstehen es nämlich i. d. R., ganze Gruppen zu steuern und zu sprengen.

1.11 „Ich traue mich nicht!" – Ängstlich-vermeidender Stil

BEISPIEL

Die Schülerin **Tabea** (20) bat um einen Beratungstermin aufgrund einer angestrebten Wiederaufnahme des Berufspraktikums. Beim ersten misslungenen Versuch kündigte sie selbst das Ausbildungsverhältnis. Warum sie diesen Schritt gegangen ist, wurde von ihr mit: „Ich weiß nicht", „Keine Ahnung!", „Kann ich jetzt nichts dazu sagen" beantwortet. Vermutlich zur Selbstberuhigung nestelte sie während des Gesprächs permanent an ihren Pulloverärmeln herum. Der Austausch erwies sich als großes Problem. Bereits zu Beginn kullerten die ersten Tränen, obwohl meine Fragen sehr niedrigschwellig und weitestgehend neutral ausfielen

(„Wie ist es dir in den letzten Monaten ergangen?“, „Was lief gut, was nicht so gut?“). Antworten erfolgten (falls überhaupt) nur als Reaktionen auf meine Fragen oder Impulsen mit extremer Zeitverzögerung und stets einsilbig; oder sie fielen lediglich nonverbal aus (z. B. durch wackeldackelartiges Nicken).

Um das Eis zu brechen, wurde von mir ein von ihr gehaltener gelungener Plakatvortrag vor externen Besuchern der Fachschule vor einem halben Jahr erwähnt. Darauf erwiderte sie – was mich fast erschrecken ließ – aus heiterem Himmel selbstsicher und mit lauter und vor allem glasklarer Stimme: „Mir war klar, dass ich die alle nie wiedersehen würde! Es machte mir deshalb gar nichts aus!“ Ich war regelrecht perplex und kam so spontan auf die Idee, nun ebenfalls die eine oder andere Zeitverzögerung in Bezug auf meine Reaktion einzubauen. Diese Aktion verpuffte wirkungslos, die erhoffte Irritation blieb gänzlich aus. Nach dem Gespräch erwähnte sie, dass sie seit einigen Monaten eine Kognitive Verhaltenstherapie in ambulanter Form absolvieren und der Therapeutin erlauben würde, mich im Bedarfsfall bzgl. etwaiger Fragen zum Wiedereinstieg in die Ausbildung kontaktieren zu können.

Wenn SuS von diesem Persönlichkeitsstil beeinflusst werden, so hat dies massive Auswirkungen auf ihr Sozialverhalten, und zwar negative. Ähnlich wie schizoid strukturierte Heranwachsende auch, möchten Ängstlich-Vermeidende in der Klasse bestmöglich untertauchen, sprich unsichtbar sein. Beim ängstlich-vermeidenden Stil gehen allerdings höhere emotionale Aktivierungen mit diesem Bedürfnis einher; vor allem solche, die als unangenehm empfunden werden, etwa in Form von Angst oder Schamgefühlen. Dies führt zu einem vergleichsweise hohen Leidensdruck, den Schizoide i. d. R. gar nicht empfinden, weil das emotionale Erleben tendenziell abgedämpft bzw. innerpsychisch abgespalten ist (Wagner et al. 2016, 49ff.).

Die unmittelbar auftretenden Ängste, drehen sich sinngemäß um Fragen wie: „Bin ich okay?“, „Bin ich sozial akzeptabel?“, „Bin ich attraktiv genug?“ Es gehört zum Kern dieses Stils, dass hiervon Betroffene solche Fragen eher zu ihrem Nachteil beantworten.

Vorteile dieses Stils: Die Betreffenden sind nicht einfach nur schüchtern. Sie neigen darüber hinaus meistens dazu, sich selbst negativ einzuschätzen, d. h. abzuwerten. Der Leidensdruck ist oft universell und zeitlich nicht begrenzt. Es versteht sich von selbst, dass sich aufgrund dieser innerpsychischen Voraussetzungen keinerlei Vorteile in Bezug auf das zwischenmenschliche Zusammensein in der Schulklasse formulieren lassen. Die Betreffenden wollen zwar positive soziale Kontakte erleben, stehen sich aber gewissermaßen selbst im Weg.

Mögliche Nachteile: Die häufig vorliegende zementierte Vermeidung von Kontakten im Klassenraum aufgrund der zahlreichen negativen Selbsteinschätzungen führt geradewegs zu sich selbsterfüllenden Prophezeiungen (Sachse et al. 2014). D.h., die Betreffenden werden von der Klasse ignoriert, isoliert, nicht (mehr) in soziale Aktivitäten und/oder Gruppenarbeiten eingebunden. Am Anfang des Schuljahres fallen SuS mit ängstlich-vermeidenden Tendenzen noch gar nicht mit ihrem Thema auf. Sie sind im Klassenverband wie unsichtbar, halten sich zurück und gehen sozusagen den Weg des geringsten Widerstandes.

Die Probleme entstehen meistens dann, wenn der normale Schulalltag strukturiert an- und abläuft. In Situationen, in denen die Betreffenden Gefahr laufen, aus ihrer Komfortzone herausgeholt zu werden, zeigen sich sofort diejenigen innerpsychischen Konflikte, die für diesen Stil bezeichnend sind. Im Prinzip lösen solche Unterrichtssituationen Ängste und Hemmungen aus, die implizieren, dass der Betreffende vor der Gruppe etwas formulieren, präsentieren, darstellen soll.

Zu Beginn der Zusammenarbeit sind die restlichen Anwesenden noch nachsichtig, tolerant, respektvoll, entgegenkommend. Im Laufe der Zeit aber kommt man im Allgemeinen zu dem Schluss: Es ändert sich dennoch nichts beim Betreffenden. Grund: Der ängstlich-vermeidende Stil dominiert zu stark die innerpsychische Struktur des betreffenden Schülers.

TIPP

SuS mit ängstlich-vermeidenden Tendenzen haben auf manche Lehrkräfte zu Beginn des Schuljahres eine geradezu magnetische Wirkung. Sie fühlen sich dazu berufen, dem schüchternen Heranwachsenden XY zu helfen, ihm unter die Arme zu greifen und ihn zu retten. Gerade bezüglich derartiger Tendenzen sollte man sich Folgendes bewusst machen: Das haben viele Kolleginnen und Kollegen in den letzten Schuljahren mit an Sicherheit grenzender Wahrscheinlichkeit auch schon versucht. An diesem Punkt kann man sich weiterhin die Frage stellen: Wieso hatten sie keinen Erfolg? Um es auf den Punkt zu bringen: Der ängstlich-vermeidendende Persönlichkeitsstil ist geradezu resistent gegenüber pädagogischen Interventionen. Da wir Lehrkräfte aber keine Psychotherapeuten sind und Diagnosen aufstellen können, sollten wir uns gerade bei entsprechenden Eindrücken nicht von dem Irrglauben leiten lassen, dass in so einem Fall nichts unternommen werden kann. Fördern Sie kleinschrittig diejenigen SuS, die auf sie einen ängstlich-vermeidenden Eindruck machen. Über die Beziehung geht sehr viel. Wenn Sie Vertrauen und Sympathie aufbauen können, so gelingt die Förderung der Ich-Kompetenz seitens der Betreffenden sicherlich ein Stück weit.

Lehrkräfte sollten sich in Sachen Menschenkenntnis auch auf wissenschaftlicher Basis fit machen. Das Wissen von Psychotherapeuten ist viel zu wichtig, als dass man es ihnen überlassen dürfte. Die folgenden Veröffentlichungen sind auch für Laien verständlich geschrieben und geben einen guten Überblick zu den Themen Persönlichkeitsstile bzw. -störungen:

Fiedler, P., Herpertz, S. (2016): Persönlichkeitsstörungen. 7. Aufl. Beltz, Weinheim

Lelord, F., André, C. (2017): Der ganz normale Wahnsinn. Vom Umgang mit schwierigen Menschen. 17. Aufl. Aufbau, Berlin

Oldham, J., Morris, L.B. (2017): Ihr Persönlichkeitsportrait. 7. Aufl. Westarp, Hohenwarsleben

Sachse, R. (2016): Persönlichkeitsstörungen verstehen. Zum Umgang mit schwierigen Klienten. 10. Aufl. Psychiatrie Verlag, Köln

2 Konzepte zum Umgang mit schwierigen Schülern

Gibt man auf google.de die Begriffe *Lehrer*, *schwierige* und *Schüler* ein, so ergibt die darauffolgende Suche nicht weniger als 3.312.000 Treffer (13.09.2018). Das ist ordentlich, und es lässt tief blicken. Noch interessanter wird es, wenn man eingibt: *Gewalt gegen Lehrer*. Da erscheint dann eine ungleich höhere Trefferzahl von 6.130.000 (14.09.2018).

Viele Lehrkräfte nutzen Fort- und Weiterbildungen sowie Sach- und Fachbücher, um diesem Thema professionell zu begegnen bzw. um ihre Kompetenzen zu erweitern und Konzepte zum Umgang mit schwierigen SuS kennenzulernen. Das Angebot an Maßnahmen ist sehr groß. Im Folgenden werden fünf Konzepte skizziert, die sich des Themenkomplexes annehmen und positive Effekte in Bezug auf das Classroom-Management generieren wollen. Die Auswahl basiert auf meiner eigenen theoretischen und praktischen Auseinandersetzung mit den Ansätzen. Außerdem besteht kein Anspruch auf Vollständigkeit.

Anzumerken ist, dass ich bei der Auswahl darauf geachtet habe, dass das jeweilige Konzept die Kriterien eines ganzheitlichen Ansatzes erfüllt, sprich die am Unterrichtsprozess Beteiligten als kognitiv-emotionale Personen begreift. Diese Ausgangslage entspricht gleichsam dem integrativen neurowissenschaftlichen Menschenbild (Roth 2015).

2.1 Konfrontative Pädagogik

„Verstehen, aber nicht einverstanden sein – gerade Linie mit Herz!" – so lautet das Credo der Konfrontativen Pädagogik (Weidner 2010). Sie versteht sich in sozialpädagogischen Praxisfeldern als Ultima Ratio, ist geradezu *der* Gegenentwurf zur sogenannten „Kuschelpädagogik des reinen Verstehen-Wollens" und richtet sich vorwiegend an aggressive und stark auffällige Jugendliche (u.a. in der Straffälligenhilfe).

Ohne Beziehung keine Resozialisierung: Obwohl der Begriff *Konfrontative Pädagogik* recht eindeutig in eine bestimmte Richtung weist, so wird doch von den Konzept-Vertretern der Tatsache Rechnung getragen, dass eine reine konfrontativ-provokante Methodik in Hinsicht auf Lern- und Veränderungsprozesse bei den verhaltensauffälligen Jugendlichen mittel- bis langfristig nichts bringt (Roth 2015). Man orientiert sich daher im Allgemeinen an dem Leitsatz: 80% Empathie, 20% Konfrontation (Kilb et al. 2013).

Zwei spezielle Methoden, die auch im Rahmen des Jugendstrafrechts als letzte Chancen bezüglich der Vermeidung eines Strafvollzugs häufig Berücksichtigung finden, sollen dabei helfen, aufseiten der Klienten Veränderungsprozesse auf der Denk- und Verhaltensebene anzustoßen: Das sogenannte Anti-Aggressivitäts-Training (AAT) und das Coolness-Training (CT).

Der „heiße Stuhl“: Das AAT richtet sich an etwa acht Teilnehmer und wird von ausgebildeten Trainern durchgeführt. Das AAT wird häufig richterlich angeordnet, oder aber es findet als klassische Resozialisierungsmaßnahme statt. Es besteht aus einem durchstrukturierten Training, das etwa fünf bis sechs Monate dauert – inklusive einer mehrstündigen Sitzung pro Woche. Die Teilnehmer durchlaufen eine Kennenlernphase mit Vertrauensübungen, praktizieren Biografiearbeit, Einzelgespräche, Rollenspiele und werden schrittweise mit ihrer jeweiligen Tat vor der Gruppe konfrontiert. Der sogenannte „heiße Stuhl“ ist im Rollenspiel ein Kernelement. Bei dieser Methode steht der Klient im Fokus der Aufmerksamkeit der gesamten Gruppe. Nach einer Vorbereitungsphase wird die Tat transparent gemacht, etwa durch das Vorlesen der Gerichtsakte. Empathisch-konfrontativ muss sich der Klient mit der Tat auseinandersetzen. Die Außenstehenden bohren nach, lassen keine Ausflüchte zu und bleiben hartnäckig. Durch dieses Vorgehen wird Druck aufgebaut, der zu Erkenntnisprozessen auf Klientenseite führen soll, die konstruktiv und zielorientiert sind.

Ziel des AATs ist es, die Jugendlichen mithilfe einer vertrauensvollen professionellen Beziehung konsequent und ohne Kompromisse mit ihrer Aggressionstat zu konfrontieren, das Opferleid entsprechend bewusst zu machen und gemeinsam zukünftige Lösungsstrategien zu entwickeln, die in späteren ähnlichen Situationen eine (prosoziale) Verhaltensalternative ermöglichen sollen.

Konfrontative Pädagogik in der Schule: Der Transfer der konfrontativen Methodik in den Bildungskontext erfolgte bereits (Kilb et al. 2013).

Das CT, quasi das Kernelement des Transfers, ist als Ergänzung zum AAT zu verstehen (Weidner/Kilb 2011). Es basiert auf einer konfrontativ-prophylaktischen Grundlage und wird in Jugendhilfeeinrichtungen und vor allem an Bildungseinrichtungen durchgeführt.

Für teilnehmende SuS ist es sehr gewinnbringend, dass das CT nicht nur potenzielle oder auch schon in Erscheinung getretene Täter fokussiert, sondern auch entsprechend strukturierte Opfer und auch scheinbar unbeteiligte Beobachter. In Rollenspielen und Diskussionsrunden werden Ursachen von Gewalt sowie typische Auslöser gemeinsam reflektiert und auf den Prüfstand gestellt (Weidner/Kilb 2011). Weitere Methoden sind Visualisierungstechniken, körperbetonte Spiele, konfrontative Feedback-Runden (adressiert an Täter), Entspannungs- und Vertrauensübungen sowie die Entwicklung von Opfer-Perspektiven.

Ziel des Trainings ist es, zukünftige Situationen, die Täter-Opfer-Konstellationen beinhalten, zu minimieren.

TIPP

In Bezug auf den Umgang mit narzisstischen SuS ist das Konzept der Konfrontativen Pädagogik sicherlich ein Ansatz, der sich zielführend in Schulklassen einsetzen lässt, sei es in präventiver oder auch konfrontativer (Nachbearbeitungs-)Form. Einige Elemente des AATs und des CTs erinnern didaktisch-methodisch an ausgewählte Interventionen, die im Umgang mit narzisstischen SuS im vorliegenden Rahmen empfohlen werden und die in **Kap. 5.4ff.** beschrieben werden.

2.2 Der Ansatz von Petermann/Petermann

Franz Petermann und seine Frau Ulrike Petermann sind Professoren für Klinische Psychologie an der Universität Bremen. Gemeinsam haben sie ein Gewaltpräventionsprogramm für Kinder (2012) wie auch für Jugendliche (2017) entwickelt; die beiden Konzepte weisen zahlreiche Parallelen auf. Das letztgenannte Training richtet sich u.a. auch an SuS zwischen 13 und 20 Jahren, die aggressiv-dissoziales Verhalten an den Tag legen und/oder Arbeits- und Motivationslosigkeit offenbaren.

Kernbereiche des Trainings: Im Fokus der Didaktik und Methodik stehen u.a. Selbstbeobachtung, Lebenseinstellungen und Gefühle. Mithilfe von Übungen und Arbeitsmaterialien lernen die Jugendlichen schrittweise die Metaebene kennen; sie werden gewissermaßen psychologisch gecoacht. Die Lehrkräfte, die das Training inszenieren, führen auch Einzelinterviews durch und verwenden Fragebögen zur Selbsteinschätzung. Während des Gruppentrainings erwerben die Teilnehmerinnen und Teilnehmer auch Kompetenzen im Umgang mit Frustrationen und Kritik. Dieser Kompetenzerwerb soll ihnen später im Schul- und insbesondere im Berufsalltag hilfreich sein.

Ziele: Weitere Ziele können wie folgt benannt werden:

- verbesserte Selbst- und Fremdwahrnehmung
- Stärkung der Selbstkontrolle und Ausdauer
- vernünftiger Umgang mit dem eigenen Körper und den eigenen Gefühlen
- Förderung der Selbstsicherheit und des Selbstbildes sowie des Einfühlungsvermögens

TIPP

Der Ansatz von Petermann/Petermann passt sehr gut in die Arbeit mit narzisstisch strukturierten SuS. Gerade die angestrebte Förderung der Selbst- und Fremdwahrnehmung kann durchaus zur Verringerung des typisch narzisstischen Größenselbst beitragen. Zudem werden mit der Förderung des Einfühlungsvermögens und der Frustrationstoleranz narzisstische Phänomene wie z.B. Abwertungstendenzen bearbeitet.

2.3 Das Dreikurs-Konzept

Der Psychologe Rudolf Dreikurs (2009) war einer der ersten Wissenschaftler, die damit begonnen haben, (tiefen-)psychologische Erkenntnisse in das Praxisfeld Schule zu übertragen. Der 1972 in Chicago verstorbene Autor von *Psychologie im Klassenzimmer* zeigte ein starkes Interesse an den Prozessen auf der Beziehungsebene zwischen Lehrkräften und Schülern. Das Buch besticht durch seine Praxisrelevanz. 64 konkrete (problematische) Schulsituationen werden mitsamt tiefenpsychologischen Erklärungsansätzen und praxisbezogenen Handlungsempfehlungen beschrieben. U.a. geht es um demotivierte, vernachlässigte, aggressive oder auch um durch übertriebene elterliche Verwöhnung überforderte Kinder und Jugendliche.

Was steckt hinter Unterrichtsstörungen? Die theoretische Grundlage seiner Ausführungen bzw. Deutungen ist die Individualpsychologie Alfred Adlers (Tymister 2003). Der Tiefenpsychologe suchte als Seelenarzt in der Arbeit mit Klienten die wahren Ursachen von Neurosen. Ähnlich wie auch Dreikurs, der Adlers Diagnostik anhand von sehr klugen Ausführungen für Lehrkräfte fruchtbar machte. Er interessierte sich im Falle von problematischen bzw. herausfordernden Verhaltensweisen im Klassenraum für folgende Kernfrage: „Was will Schüler XY mit seinem Verhalten bezwecken – was ist das *Ziel*?“ Das Verhalten des betreffenden Heranwachsenden steht also im Mittelpunkt.

Diese Perspektive ist auch in unserem Kontext sehr gewinnbringend. Denn i.d.R. geht es um Frustabbau, negative Gefühlslagen bzw. um frustrierte Grundbedürfnisse, die sich als Suche nach Anerkennung und Aufmerksamkeit anbahnen können.

Aus Konsequenzen lernen: Lehrer sollten nach Dreikurs von üblichen Bestrafungs- und Belohnungsstrategien Abstand nehmen. Wichtiger ist es demnach, dass die Lehrkraft ein Gespür für die teils unbewussten Ziele der einzelnen Gruppenmitglieder entwickelt. Werden Unterrichtsstörungen im weiteren Verlauf inszeniert, deckt die oder der Professionelle das jeweilige Ziel empathisch auf: „Dir geht es jetzt um …!" Danach wird die Unpässlichkeit des Bedürfnisses dem Unterrichtsziel gegenübergestellt und eine passende Konsequenz praktisch umgesetzt (etwa Platzwechsel, für fünf Minuten nach draußen schicken usw.). Die Verhaltensänderung auf Schülerseite entsteht nach diesem Modell dadurch, dass aus Konsequenzen gelernt wird, die auf nichts anderem als auf dem Realitätsprinzip basieren.

Fazit: Mithilfe von psychologischen und gruppendynamischen Methoden sollen Lehrkräfte befähigt werden, den Erziehungs- und Bildungsauftrag erfolgreich umzusetzen.

TIPP

Die tiefenpsychologische Perspektive bringt Lehrkräften im Umgang mit narzisstisch strukturierten SuS sehr viel. Gerade die betroffenen Heranwachsenden melden häufig ihre gerade aktuellen Bedürfnisse und Ziele an – nur eben auf eine hochgradig manipulative Weise. Sicherlich geht es meistens um Anerkennung, Bewunderung und ums Wahrgenommen-werden-Wollen. Nur wird dies i.d.R. nicht offen, sondern verdeckt kommuniziert. Gerade das Aufdecken des jeweiligen Zieles ist sehr gewinnbringend. Auf die Methode „Entlarvung", die auch im vorliegenden Buch eine große Rolle spielt, wird in **Kap. 5.4ff.** noch ausführlich eingegangen.

2.4 Das Faustlos-Programm

Dieses Präventionskonzept (Cierpka 2011) richtet sich u.a. an Grundschüler sowie an Teenager der Sekundarstufe (7. bis 8. Klasse). Ein Hauptziel des Faustlos-Ansatzes ist die Förderung der sozial-emotionalen Kompetenzen von Kindern und Jugendlichen. Entsprechend werden auch Kompetenzen in den Bereichen Empathie, Impulskontrolle und im Umgang mit Ärger und Wut fokussiert. Gleichzeitig soll dadurch die Neigung zu gewalttätigem Verhalten präventiv didaktisch-methodisch bearbeitet werden.

Sich in andere einfühlen lernen – Empathie-Training: Um die erwähnten Kompetenzen zu fördern, wurden spezielle Materialien entworfen; diese kommen im Unterricht zum Einsatz. So werden etwa typische Problemsituationen exemplarisch zur Diskussion gestellt bzw. mithilfe von Arbeitsblättern didaktisch-methodisch erfasst. Die Fälle, die gemeinsam zum Thema gemacht werden, sind populär und spiegeln die Lebenswirklichkeit der SuS wider. Die Kinder finden im Rahmen der jeweiligen Lektionen weitgehend selbst Lösungen. Rollenspiele und Videosequenzen begleiten die Einheiten und aktivieren naturgemäß Emotionen, was zu einem höheren Lernerfolg führt. Denn nur mit gefühlsspezifischer Begleitung von zwischenmenschlichen Prozessen können Lernprozesse und Verhaltensänderungen erreicht werden. Im Praxisfeld Psychotherapie ist das nicht anders – diesen Zusammenhang hat der Psychotherapie-Forscher Klaus Grawe in einer der aufwändigsten Metastudien Anfang des 21. Jahrhunderts herausgefunden bzw. nachgewiesen (Grawe et al. 2001).

Im Rahmen des Faustlos-Konzepts sollen die Adressaten auch lernen, „die negativen Gefühle zu regulieren, zu tolerieren und auszuhalten" (Cierpka 2011, 91). Im Rahmen dessen werden die Heranwachsenden, ebenfalls wieder durch Arbeitsblätter, befähigt, Anzeichen von Ärger oder Wut schneller zu erkennen und zu benennen. Techniken zur körperlichen Entspannung und Methoden zur Problemlösung werden außerdem angeboten bzw. erlernt.

TIPP

Das Faustlos-Konzept eignet sich ebenfalls sehr gut, um insbesondere SuS mit narzisstischen Tendenzen in Hinsicht auf die sozial-emotionale Entwicklung zu fördern. Gerade in den Lektionen Empathie, Impulskontrolle sowie Umgang mit Wut und Ärger werden typisch narzisstische Defizite aufgegriffen und didaktisch-methodisch bearbeitet.

2.5 Schemapädagogik

Das Schemapädagogik-Konzept liegt an der Schnittstelle zwischen Schulpädagogik und Psychotherapie (Damm 2010; 2012; 2018). In diesem Kontext werden Arbeitsmodelle und Methoden in das Praxisfeld Schule transferiert, die aus den sogenannten schemabasierten Psychotherapien stammen. Namentlich handelt es sich dabei um die Schematherapie (Young et al. 2008) und die Klärungsorientierte Psychotherapie (Sachse 2016).

Vor dem Hintergrund der Schemapädagogik wird davon ausgegangen, dass SuS unbewusst psychosoziale Erwartungen in Bezug auf das soziale Miteinander (sog. Schemata) mit in den Klassenraum bringen und in den Unterrichtsalltag einfließen lassen bzw. hineinprojizieren (auf Lehrkräfte trifft dieser Mechanismus natürlich ebenso zu). Man kann anstelle von Schemata auch den Begriff *Lebensthemen* verwenden.

Solche Themen, die die Beziehungsebene in der Schule prägen, heißen etwa Fürsorge, soziale Isolation, Grandiosität, Perfektionismus, Streben nach Zustimmung und Anerkennung, Misstrauen (Young et al. 2008).

Mithilfe von Fragebögen und Videobeispielen, so die schemapädagogische Methodik, können die SuS eigene Tendenzen und deren typische Auswirkungen auf das Miteinander in der Schulklasse konkret feststellen bzw. sich selbst klarer machen. Im nächsten Schritt werden Situationen thematisiert, die dieses oder jenes Schema gewöhnlich auslösen. Ein weiteres Ziel schemapädagogischer Theorie und Praxis ist es, die Impulskontrolle auf Schülerseite in Hinsicht auf problematisches Verhalten zu fördern. In diesem Kontext arbeiten wir mit dem Modell des „Inneren Teams", das Parallelen zum Konzept von Schulz von Thun (2013) aufweist, aber sich auch auf andere psychotherapeutische Ansätze bezieht (etwa Gestalttherapie). So wird gewöhnlich ein dominanter innerer Teil (z.B. „misstrauischer Kevin"), der in Zusammenhang steht mit einem biografisch bedingten Lebensthema, auf viele Arten wertschätzend veranschaulicht, etwa in Form von Zeichnungen oder Rollenspielen. Daneben greifen auch andere Methoden, wie etwa die Stühlearbeit (**Kap. 5.4**).

Das Schemapädagogik-Konzept beschäftigt sich darüber hinaus didaktisch-methodisch mit denjenigen herausfordernden Interaktionsstrategien, die im entsprechenden „inneren Teil"-XY (sog. Schemamodus) kommuniziert werden und gewöhnlich Unterrichtsstörungen verursachen. Dabei handelt es sich um sog. Images, Tests, Psychospiele und Appelle (Sachse 2016).

In **Kapitel 4, 5 und 6** werden diese Manipulationsstrategien ausführlich beschrieben und darüber hinaus auch Problemlöse-Methoden vorgestellt, die im Rahmen schemapädagogischer Theorie entworfen und praktisch erprobt wurden (Damm 2018). Ein Kernelement der Schemapädagogik ist die Beziehungsgestaltung, auf die auch im vorliegenden Rahmen ein sehr großer Wert gelegt wird (**Kap. 4**).

TIPP

Das Schemapädagogik-Konzept impliziert ein ganzheitliches Menschenbild. Ziel ist die Klärung von Prozessen auf der Beziehungsebene, die i.d.R. weitgehend unbewusst ablaufen. Dabei werden verschiedene Ziele verfolgt. Lehrkräfte müssen über ihre eigenen Lebensthemen, die sie mit in den Klassenraum bringen und kultivieren, Bescheid wissen. Auf der anderen Seite sollten sie einen Blick für die Lebenswirklichkeit und Interessen der Schüler haben. Letztlich geht es darum, mit Manipulationsstrategien klarzukommen, sie empathisch-konfrontativ aufzudecken (**Kap. 2.3 – Dreikurs-Konzept**) und die SuS auf der Beziehungsebene dort abzuholen, wo sie stehen. Gelingt dies der Lehrkraft, reduzieren sich die Unterrichtsstörungen von ganz alleine – und der Erziehungs- und Bildungsauftrag kann weitestgehend umgesetzt werden.

Literaturtipps zu den hier vorgestellten Konzepten:

Konfrontative Pädagogik: Kilb, R., Weidner, J., Gall, R. (2013): Konfrontative Pädagogik in der Schule. Anti-Aggressivitäts- und Coolnesstraining. 3. Aufl. Beltz, Weinheim

Petermann/Petermann: Petermann, U., Petermann, F. (2017): Training mit Jugendlichen. Aufbau von Arbeits- und Sozialverhalten. 10. Aufl. Hogrefe, Göttingen

Dreikurs-Konzept: Dreikurs, R. (2009): Psychologie im Klassenzimmer. 4. Aufl. Klett-Cotta, Stuttgart

Faustlos: Cierpka, M. (2011): Faustlos. Wie Kinder Konflikte gewaltfrei lösen lernen. Herder, Freiburg i.B.

Schemapädagogik: Damm, M. (2018): Guter Unterricht braucht Beziehungen. Schemapädagogik – ein Ansatz zum Umgang mit verhaltensauffälligen Schülern. Kallmeyer, Seelze

3 Psychologie der narzisstischen Schülerpersönlichkeit

Karl-Friedrich Walter (1992) beschreibt in seinem Buch *Narzißmus und Schule* seine Hypothese, dass hinter der allgemeinen Zunahme von aggressiven Verhaltensweisen und Motivationsschwierigkeiten von SuS häufig narzisstische Tendenzen, also Selbstwertprobleme stehen. Und er stellt parallel hierzu die Frage, wie Schule allgemein auf narzisstische Phänomene bestmöglich reagieren könne. Als eine Art Vorschlag dahingehend stellt er seine Formulierung einer sozialwissenschaftlichen Theorie vom „exemplarischen Lehren und Lernen als sozialwissenschaftlich begründete Didaktik" vor.

Im vorliegenden Buch geht es ebenfalls um diese Frage – aber im Unterschied zur Publikation von Walter (1992) aus *psychotherapeutisch-pädagogischer* und vor allem konkreter *didaktisch-methodischer* Sicht.

Im Folgenden soll zunächst der Narzissmus-Begriff behandelt und die Frage beantwortet werden, was sich dahinter konkret aus wissenschaftlicher Sicht verbirgt. Danach folgt die Darstellung einer sehr wichtigen Erweiterung des Narzissmus-Konzepts, die wir Sachse et al. (2011) verdanken. Demnach muss unterschieden werden zwischen *erfolgreichen*, *gescheiterten* und *erfolglosen* Narzissten. Anhand von Fallbeispielen wird diese interessante Differenzierung veranschaulicht. Die Auswirkungen von narzisstischen Tendenzen auf die Selbst- und Fremdwahrnehmung von Betroffenen werden danach erläutert, ebenfalls auch mögliche Ursachen des Gesamtphänomens an sich. Im Anschluss daran werden typische Auffälligkeiten auf der Verhaltensebene von narzisstisch strukturierten SuS beschrieben: Konkurrenzdenken, Mobbing sowie die Inszenierung eines sog. VIP-Status im Klassenraum (Sachse et al. 2011, 47ff.). Ferner werden als wichtig erachtet: häufig auftauchende Interaktionsstrategien mit narzisstischem Hintergrund, Übertragung/Gegenübertragung (relevante praxistaugliche Arbeitsbegriffe aus der Psychoanalyse) und Kollusionen mit anderen Schülertypen. Auch die Ressourcen von narzisstischen Auffälligkeiten im Unterricht und ihre Relevanz für die Schullaufbahnberatung werden miteinbezogen, da gerade diese beiden Angelegenheiten im Umgang mit solchen schwierigen Heranwachsenden Gefahr laufen, von Lehrerseite her ausgeblendet zu werden – aus nachvollziehbaren Gründen. Welche Lehrkraft hat schon ein Interesse an den Ressourcen eines Schülers, der permanent Stress macht, den Unterricht sabotiert, Shows abzieht, interaktionstoxisch ist? Nach einer gewissen Zeit ist so mancher Lehrkörper froh, wenn Ruhe in der Klasse ist, weil Schüler XY mal fehlt.

3.1 Was ist Narzissmus?

Der Begriff *Narzissmus* wird seit dem 19. Jahrhundert in der psychologischen Fachliteratur verwendet. Auch Sigmund Freud gliederte den Begriff in einige seiner Theorien ein, so z. B. in die psychosexuelle Entwicklung des Kindes (1917/2017). Demnach durchlaufen Säuglinge u. a. eine narzisstische, ich-zentrierte Phase, in der sie bestenfalls ihren „Autoerotismus" überwinden und zu einer Art Objektliebe gelangen, mittels derer sie sozialisiert werden und prosoziale Kompetenzen entwickeln können.

Vorläufer des Konzepts: Wenn dies nicht mithilfe des sozialen Umfelds gelingt, so der Schöpfer der Psychoanalyse, kommt es späterhin zu Neurosen und Fixierungen narzisstischer Art (**Kap. 3.6**). Aber Freud deklarierte darüber hinaus in einem anderen Kontext auch einen narzisstischen Charaktertypus (1917/2017), der insbesondere durch Persönlichkeit, Aggressionsfähigkeit und Unabhängigkeit imponiert.

Der umstrittene Psychoanalytiker Wilhelm Reich (1933/2010) beschrieb später den „narzisstischen Charakter". Er lernte ihn in seiner praktischen therapeutischen Arbeit kennen und thematisierte ihn etwa in seinem Werk *Charakteranalyse*. Reich beschrieb diese Struktur als arrogant, selbstsicher bis überheblich und als extrem maskulin (**Kap. 1.3**).

Kernberg (1978) und Kohut (1976) sind als weitere wichtige Vertreter des Narzissmus-Konzepts zu nennen – ihre Ansichten zu den psychodynamischen Prozessen, die Narzissmus bedingen, unterscheiden sich aber maßgeblich (**Kap. 3.6**). Ebenfalls haben Millon (2004), Sachse et al. (2011) und Winterhoff (2009) interessante Theorien zur Entstehung von narzisstischen Tendenzen aufgestellt, die im Folgenden ausführlicher beschrieben und weiter ausgeführt werden.

Aktuell kennzeichnet der Begriff *Narzissmus* in seiner positiven Form eine Person, die eine gesunde Selbstwertschätzung offenbart und gleichzeitig förderliche Beziehungen verwirklichen kann. Im negativen Verständnis tritt das Gegenteil zutage: eine Störung der Beziehungsfähigkeit sowie eine übersteigerte Selbstbezogenheit, die interessanterweise durch eine schwach ausgeprägte Empathie ergänzt wird. Im Extrem spricht man von einer narzisstischen Persönlichkeitsstörung (Fiedler/Herpertz 2016, 390).

ICD-10-Kriterien: Es gibt zwei weltweit anerkannte Klassifikationssysteme, die von ärztlichen und psychologischen Psychotherapeuten eingesetzt werden, um Persönlichkeitsstörungen bei Klienten zu diagnostizieren. Je mehr Merkmale eine Person je nach Manual aufweist, so die Diagnostik und Methodik, desto wahrscheinlicher ist es, dass eine bestimmte Persönlichkeitsstörung vorliegt.

Es herrscht das kategoriale Prinzip vor. D.h., es gibt entsprechend nur zwei Möglichkeiten: 1. Klient XY *hat* eine narzisstische Persönlichkeitsstörung; 2. Er *hat keine*. In der ICD-10 (Internationale Klassifikation der Krankheiten der Weltgesundheitsorganisation, Dilling et al. 2015, 283) wird die narzisstische Persönlichkeitsstörung als „andere spezifische Persönlichkeitsstörung" definiert. Demnach müssen in Bezug auf die Diagnosestellung fünf der folgenden neun Merkmale vorliegen:

1. ein Gefühl von Größe
2. Vorstellungen über unbegrenzten Erfolg im Leben sowie über Macht, Schönheit oder ideale Liebe
3. Gefühl der Einmaligkeit
4. Bedürfnis nach übermäßiger Bewunderung bzw. Bestätigung
5. unbegründete Anspruchs- und Erwartungshaltung
6. Ausnutzung von zwischenmenschlichen Beziehungen
7. Empathiemangel
8. Neidgefühl oder Überzeugung, beneidet zu werden
9. hochmütiges Verhalten

Praktikerinnen und Praktiker versuchen entsprechend, in der Therapie mit Klientinnen und Klienten jeweilige Schwerpunkte herauszufiltern und in weiteren Sitzungen zu verdichten.

DSM-5-Kriterien: Zur Diagnostik der narzisstischen Persönlichkeitsstörung dienen auch die Kriterien eines anderen Manuals, nämlich des DSM-5 (Diagnostisches und Statistisches Manual Psychischer Störungen, APA 2015, 918):

> *„Ein tiefgreifendes Muster von Großartigkeit (in Fantasie oder Verhalten), Bedürfnis nach Bewunderung und Mangel an Empathie. Der Beginn liegt im frühen Erwachsenenalter, und das Muster zeigt sich in verschiedenen Situationen. Mindestens fünf der folgenden Kategorien müssen erfüllt sein:*
>
> 1. *Hat ein grandloses Gefühl der eigenen Wichtigkeit (z.B. übertreibt die eigenen Leistungen und Talente; erwartet, ohne entsprechende Leistungen als überlegen anerkannt zu werden).*
> 2. *Ist stark eingenommen von Fantasien grenzenlosen Erfolgs, Macht, Glanz, Schönheit oder idealer Liebe.*
> 3. *Glaubt von sich, besonders und einzigartig zu sein und nur von anderen besonderen oder angesehenen Personen (oder Institutionen) verstanden zu werden oder nur mit diesen verkehren zu können.*

4. *Verlangt nach übermäßiger Bewunderung.*
5. *Legt ein Anspruchsdenken an den Tag (d.h. übertriebene Erwartungen an eine besonders bevorzugte Behandlung oder automatisches Eingehen auf die eigenen Erwartungen).*
6. *Ist in zwischenmenschlichen Beziehungen ausbeuterisch (d.h. zieht Nutzen aus anderen, um die eigenen Ziele zu erreichen).*
7. *Zeigt einen Mangel an Empathie: Ist nicht willens, die Gefühle und Bedürfnisse anderer zu erkennen oder sich mit ihnen zu identifizieren.*
8. *Ist häufig neidisch auf andere oder glaubt, andere seien neidisch auf ihn/sie.*
9. *Zeigt arrogante, überhebliche Verhaltensweisen oder Haltungen."*

Die beiden beschriebenen Manuale bilden die anerkannten Grundlagen therapeutischer Diagnostik. Eine Mehrheit der Therapeuten sehen allerdings Persönlichkeitsstörungen keinesfalls als „Alles-oder-nichts"-Prinzip (Sachse 2016; Lammers 2015; Fiedler/Herpertz 2016).

Narzissmus als Persönlichkeitsdimension: Wie schon in Kapitel 1 differenzierend erwähnt, wird auch hier die Perspektive vertreten, dass sich Menschen hinsichtlich ihrer *narzisstischen Tendenzen* schlicht und einfach graduell bzw. extrem unterscheiden. Das Konzept der narzisstischen *Persönlichkeitsstörung* andererseits ist ein sog. kategoriales: entweder eine Person hat eine solche Störung oder eben nicht. Um letzteren Aspekt geht es uns Schulpraktikern aus einleuchtenden Gründen weniger. Das ist nicht unser Fachgebiet.

Narzisstische Tendenzen bei SuS: Für uns Lehrkräfte im pädagogischen Setting stellt sich demgegenüber die praktische Frage: Wie stark ist der *Narzissmus* bei Schüler XY ausgeprägt – und wie zeigen sich seine entsprechenden schwierigen Verhaltensweisen, aber auch Ressourcen im normalen Schulalltag? Und natürlich ergibt sich hieraus noch eine weitere Frage: Wie gehe ich als Lehrkraft möglichst kompetent und professionell mit dem betreffenden Schüler um und baue gleichzeitig eine Beziehung auf, um ihn einigermaßen in der Spur zu halten?

SuS mit mittelstark bis stark ausgeprägten narzisstischen Tendenzen zeigen in der Regel u.a. folgende Ambitionen und Verhaltensmerkmale im Unterricht:

- Die Lehrkraft häufig herausfordern und dann bloßstellen wollen,
- schwächere SuS diskreditieren,
- Unterrichtsinhalte mit eigenen Erlebnissen verknüpfen und kommentieren wollen,
- die Rolle des Alphatiers in der Gruppe einnehmen wollen,

- Aufmerksamkeit und Bewunderung generieren wollen,
- andere dominieren und rumkommandieren wollen,
- Lehrerfunktionen übernehmen wollen.

Man sieht schnell, worum es SuS mit narzisstischer Struktur geht: um Anerkennung, Wichtigkeit und Autonomie. Und das Interessante dabei ist: Diese Bedürfnisse müssen den Betreffenden nicht bewusst sein (**Kap. 1**); diese Fälle machen es Lehrkräften noch schwerer in Bezug auf den alltäglichen Umgang.

3.2 Erfolgreiche, gescheiterte und erfolglose Narzissten

Das Psychotherapeuten-Team rund um Sachse et al. (2011, 18) hat sich im entsprechenden 1:1-Setting jahrelang u.a. speziell mit Klienten befasst, die mittelstarke und auch extrem narzisstische Denk- und Verhaltensweisen an den Tag gelegt und dadurch typische Konflikte mit ihrem sozialen Umfeld indiziert haben. Die Professionellen sind vor dem Hintergrund ihrer Erfahrungen zu der Schlussfolgerung gelangt, dass es neben erfolgreichen auch noch andere Typen von Narzissten gibt, nämlich die gescheiterten und erfolglosen. Von dieser differenzierenden Perspektive können auch Lehrkräfte profitieren, die mit narzisstisch veranlagten SuS zu tun haben.

„Mit mir können Sie jederzeit rechnen!" – Erfolgreiche Narzissten

BEISPIEL

Ralf (11) stand direkt hinter mir, als ich am dritten Tag des Schuljahres die Tür zum Klassenraum im Nebengebäude meiner Hauptstelle aufschloss. Ich erinnere mich noch daran, dass er mir in dieser Situation ziemlich nah auf die Pelle rückte. Der selbstbewusste Schüler, der mich daraufhin in der ersten Stunde mit seinen Blicken regelrecht traktierte und durchbohrte, wurde mit 29 anderen Jugendlichen in die Klasse aufgenommen.

Der doch leicht verstörende Eindruck legte sich jedoch recht bald. Ralf zeigte in den nächsten Wochen zahlreiche Persönlichkeitsfacetten, die sich sehr positiv sowohl für ihn als auch auf den Unterricht als Ganzes auswirkten. Er übernahm eine gewisse Führungsrolle in der Gruppe und wurde wahrscheinlich auch deshalb in Rekordzeit zum Klassensprecher gewählt. Diese Funktion führte er gewissenhaft aus. Er offenbarte darüber hinaus eine hohe Leistungsbereitschaft und war in vielerlei Hinsicht fleißig bis perfektionistisch. Aber bestimmte Probleme blieben, wie bei anderen narzisstischen Fällen auch, nicht außen vor. Er hatte eine kleine Vorliebe für das Diskreditieren anderer. Außerdem legte er sich gerne mit Kollegen an, die aus seiner Sicht inkompetent waren.

Erfolgreiche Narzissten haben größtenteils eine positive Sicht auf ihre Kompetenzen, intellektuellen Fähigkeiten und Ressourcen; also gewissermaßen eine recht realistische Selbsteinschätzung (Haller 2013, 11). Sie offenbaren darüber hinaus auch eine hohe Handlungsorientierung und Entscheidungsfreude im Unterricht.

Von allen hier thematisierten Narzissmus-Subtypen gehören die von dieser Charakteristik betroffenen Schüler zu derjenigen Klientel, die sich noch am leichtesten handhaben, steuern bzw. in der Spur halten lässt (**Kap. 4.1**). Lehrkräfte tun gut daran, solche SuS hin und wieder für ihre intellektuellen Fähigkeiten zu loben, um Beziehung aufzubauen, wobei dies am besten unter vier Augen, nicht vor Publikum geschehen sollte.

„Ich bin halt mal an die Wand gefahren!" – Gescheiterte Narzissten

BEISPIEL

Henri (20) saß von Beginn des Schuljahres an in der ersten Reihe neben **Michael** (21) und **Christoph** (20). Alle drei waren sie sogenannte „abgebrochene Quoten-Gymnasiasten". Für Henri war nach der 11. Klasse Schluss, für die anderen beiden jeweils in der 12. Danach landeten sie in der höheren Berufsfachschule, um auf dem 2. Bildungsweg das Abi nachzuholen. Das schafften alle drei übrigens spielend. Sie gehörten in der Sozialassistentengruppe zu den leistungsstärksten Schülern. Mit dem anderen „Fußvolk in der Klasse" (O-Ton von Henri) wollten sie nichts zu tun haben – das Dreierteam war eine eingeschworene Truppe. Sie lästerten darüber hinaus ausgiebig über die schwächeren SuS und zeigten dabei eine gewisse Arroganz und Hochnäsigkeit. Den anderen war das nach einiger Zeit egal.

Offenbaren SuS typische Eigenarten von gescheiterten Narzissten, so haben sie dessen ungeachtet trotzdem sehr hohe Erwartungen an sich selbst (ähnlich wie auch Erfolgreiche). Sie erlebten in der Regel an einer Schule mit einem höheren Bildungsniveau Schiffbruch oder mussten eine Klassenstufe wiederholen, d. h. sie *scheiterten*. Es kann bei diesen Fällen so sein, dass ihre Kompetenzen schlussendlich einfach nicht ausgereicht haben. Die andere Möglichkeit: Der Misserfolg wurde durch eine extreme pubertäre Null-Bock-Phase ausgelöst. Ist letzteres der Fall, wachen betreffende SuS vor dem Hintergrund des schulischen

Misserfolges bzw. Neuanfangs an Institution XY wieder auf und besinnen sich erneut auf ihre Stärken. In vielen Fällen bekommen sie dann noch die Kurve, erreichen also einen guten Abschluss und beginnen danach ein Hochschulstudium, das sie häufig ebenfalls erfolgreich beenden. Dabei gibt es aber auch eine geringe Wahrscheinlichkeit, erneut zu scheitern. Eventuell entwickeln sich solche Persönlichkeiten dann zu *erfolglosen* Narzissten (Lammers 2015,13).

„Ihren Job könnte ich auch locker machen!" – Erfolglose Narzissten

BEISPIEL

Selina (16) hatte bereits die 6. Klasse wiederholt, weshalb sie in der aktuellen Gruppe die Älteste war. In der Vorstellungsrunde wurde bereits deutlich, dass sie klare Vorstellungen von ihrer Zukunft hatte: „Ich möchte mit dem Rappen Weltstar werden. Vielleicht aber werde ich auch nur Psychologin oder Lehrer, so wie Sie!", verkündete sie vollmundig. „Aha, du rappst?!", erwiderte ich. „Noch nicht, ich fange aber bald an", antwortete sie. Im ersten Beratungsgespräch stellte ich ihr ein paar Fragen zu ihrer bisherigen Schullaufbahn. Sie winkte lässig ab: „Viele Lehrer sind saudumm; die haben mich falsch beurteilt und mir viel zu schlechte Noten gegeben. Eigentlich hätte ich die 5. Klasse überspringen können, aber meine Eltern hatten damals vergessen, den Antrag rechtzeitig abzugeben. Tatsächlich hätte ich jetzt eigentlich schon das Abi in der Tasche, verstehen Sie?"

Wie die Erfahrung dann im Rückblick zeigte, deckte sich ihre Selbst- nicht so sehr mit der Fremdwahrnehmung der Lehrkräfte an unserer Schule. Selina nahm den Mund regelmäßig sehr voll – aber ihre Aussagen entsprachen häufig nicht der Realität. Sie beendete zwar das Schuljahr, wurde aber aufgrund ihres schlechten Notendurchschnitts nicht in die nächste Klassenstufe versetzt.

Erfolglose Narzissten offenbaren gut ausgefeilte Größenfantasien. Außerdem empfinden sie sich sogar im Falle von komplett fehlenden Ressourcen und Leistungsnachweisen geradezu grandios. Im Gegensatz zu den anderen beiden Typen, die sich charakteristischerweise als aktiv und handlungsorientiert offenbaren, bleibt es aber in diesem Fall bei den Fantasien. Ansonsten zeigen sie keine Motivation.

Im Schulalltag zeigen sie so gut wie keine Leistungsorientierung. Trotz der üblicherweise schlechten mündlichen und schriftlichen Leistungen erwarten sie eine höchst positive Leistungs*beurteilung* vonseiten der Lehrkraft. Eine schwierige Konstellation!

TIPP

Die Unterscheidung zwischen erfolgreichen, gescheiterten und erfolglosen Narzissten ermöglicht Lehrkräften einen tieferen Einblick in die jeweilige Schülerpersönlichkeit. Darüber hinaus hat die Unterscheidung auch praktische Auswirkungen in Hinsicht auf die pädagogischen Maßnahmen, die Lehrkräfte auswählen können (**Kap. 4.4**).

3.3 Selbst- und Fremdwahrnehmung

Narzisstisch strukturierte SuS erscheinen sehr selbstbewusst und imponieren mit Durchsetzungsfähigkeit; sie können außerdem andere leicht für ihre Zwecke einspannen, steuern (Sachse et al. 2011, 13). Dies führt oft dazu, dass die anderen SuS und auch diverse Lehrkräfte zu dem (vorschnellen) Schluss kommen, die Betreffenden seien im innerpsychischen Kern gefestigt, mit sich selbst im Reinen und durch nichts und niemanden zu erschüttern.

Wo viel Licht ist, da ist auch viel Schatten! Das Gegenteil ist der Fall! Neben dem erwiesenermaßen vorhandenen positiven Selbstkonzept („Ich bin der Beste!"), existiert in der Regel auch ein sehr negatives Selbstbild („Ich bin überhaupt nicht kompetent, ich bin eine Null!").

Befinden sich narzisstisch strukturierte SuS innerpsychisch gesehen in einer positiven Selbstwahrnehmung, so praktizieren sie ihre typischen Selbstdarstellungstendenzen (**Kap. 5.6**); währenddessen ist das negative Schema inaktiv, d. h. für den Betreffenden nicht existent (Sachse 2010). Im entsprechend positiven Modus wird beabsichtigt, das soziale Umfeld zur Anerkennung und zum positiven Feedback zu motivieren. Solche Heranwachsende haben ein starkes Bedürfnis, „als Person positiv gesehen, wertgeschätzt, gemocht und geliebt zu werden" (Sachse 2016, 58). In diesem Modus können sie durchaus eine charismatische Wirkung in der Klasse entfalten, die auch manchmal durch gewisse Führungsqualitäten untermauert wird. Ein weiterer Effekt: Man ist tatsächlich beliebt, hat seine Fans und ist die erste Anlaufstation in der Klasse. Die Betreffenden sind, wie die SuS sagen würden, *fame*.

Doch was oft übersehen wird: solche Heranwachsenden finden sich *nicht* permanent toll, cool, gechillt usw. Sie kompensieren mit ihrem pompösen Auftreten meistens latent bis offensichtlich vorhandene Selbstzweifel und Minderwertigkeitsgefühle. Tatsächlich existiert innerpsychisch eine sehr stark ausgeprägte Schattenseite, sprich: ein *negatives* Selbstkonzept. Dieses wird leicht ausgelöst (getriggert) durch jedwede Art der Kritik, und sei sie auch noch so berechtigt bzw. mit Engelszungen vorgetragen. Eine Lehrerbemerkung wie „Siehst du, du weißt doch nicht alles – also schalte hier mal einen Gang runter“ kann direkt einen impulsiven Wutausbruch auf Schülerseite provozieren. Der Heranwachsende wird wütend, übertreibt es reaktionär maßlos und diskreditiert vielleicht auch letztlich noch die Lehrkraft. Auf Außenstehende können solche Konstellationen extrem verstörend wirken; und dann sinkt eventuell das Ansehen des Betreffenden in der Klasse.

Abseits der Schule kommt es durchaus zu depressiven Phasen, die selten ausbleiben und geprägt sind vom erwähnten negativen Selbstkonzept. Die oder der Betreffende ist dann permanent niedergeschlagen, in sich gekehrt, traut sich nichts mehr zu, hält sich für den größten Verlierer aller Zeiten (ungeachtet aller schulischen Erfolge bis dato) (Sachse 2016, 60). Ein Paradoxon schlechthin, das Außenstehende in der Regel nicht bzw. nur sehr schwer nachvollziehen können.

3.4 Weiblicher und männlicher Narzissmus

BEISPIEL

Helen (14) war im ersten Schulhalbjahr der Sonnenschein der Klasse. Ihre herausragende attraktive Erscheinung und exzellenten Small Talk-Kompetenzen waren sicherlich zwei Gründe dafür, warum sie so beliebt war, aber bei weitem nicht die alleinigen Ursachen. Helen war meistens gut drauf, hilfsbereit, in sich gefestigt. In Hinsicht auf das Leistungsniveau, das sie erbrachte, lässt sich rückblickend nur Positives sagen. Sie imponierte durch eine hohe Motivation und perfektionistisch anmutende Art, Unterrichtsinhalte und Arbeitsaufträge zu bearbeiten. Sie wollte unbedingt die Beste der Klasse sein. Das war sie auch – aber nur bis zum Schulhalbjahr. Danach verpuffte plötzlich ihre Außenwirkung im Stile eines Strohfeuereffekts. Die glänzende Fassade verfiel nach und nach. Ihr zuvor tadelloser Kleidungsstil kehrte sich ins Gegenteil. In Flur- und Pausengesprächen äußerte sie auf einmal starke Selbstzweifel („Ich weiß nicht, ob ich das Schuljahr schaffe!“), auf die ich aufgrund ihrer Irrationalität fast schon einmal mit einem Lachanfall reagiert hätte. Sie lehnte sich außerdem nach einiger Zeit in extremer Weise gewissermaßen optisch selbst ab, fand sich auf einmal unansehnlich und hässlich. Insgesamt machte sie nach dem Schulhalbjahr einen sehr depressiven Eindruck auf mich und ihre Mitschüler. Nach einigen Wochen schlug das Pendel wieder in die andere Richtung aus – und die Sonne schien wieder.

Die Psychotherapeutin Bärbel Wardetzki (2007) entwickelte das Konzept des weiblichen Narzissmus. Grundlage hierfür waren ihre Erfahrungen in der Arbeit mit Bulimikerinnen. Wenn junge Frauen vom weiblichen Narzissmus betroffen sind, so Wardetzki, befindet sich ihre äußere Fassade, die sehr hoch im Kurs steht, nicht im Einklang mit ihrer innerpsychischen Wahrnehmung. Starke Selbstzweifel dominieren; sie werden aber überspielt mithilfe von (erfolgreichen) Bestrebungen, möglichst attraktiv und schlank zu sein. Außerdem greifen die betreffenden Mädchen und Frauen auf ihre beiden typischen Ressourcen Leistungsbereitschaft und Perfektionismusstreben zurück, um wieder Fuß zu fassen und aufzutrumpfen.

BEISPIEL

Niko (9) war ein sehr dominanter Schüler, der seine Klasse von Beginn an fest im Griff hatte. Schnell hatte er seine potenziellen Konkurrenten zu Schuljahresbeginn durch seine offene aggressive Art in die Schranken gewiesen. Sie nahmen daher verständlicherweise Trittbrettfahrer-Rollen an, um im Klassengefüge möglichst stressfrei zu koexistieren; das heißt, sie wurden zu seinen Fans. Für die Lehrkräfte gestaltete sich der Beziehungsaufbau sehr kompliziert. Es gelang keinem einzigen Lehrer, der in dieser Klasse eingesetzt war, auf der Beziehungsebene bei ihm auch nur einen Fuß in die Tür zu bekommen. Niko lehnte sich einfach gerne im Unterricht auf und wertete dabei gleichzeitig die Lehrkraft ab, die gerade im Raum war.

Der Psychiater Raphael M. Bonelli (2016) lehrt und forscht an der Sigmund Freud Universität in Wien. Er kreierte das Konzept des männlichen Narzissmus. Demzufolge kommt Narzissmus beim „starken“ Geschlecht öfter vor als beim „schwachen“. Männlicher Narzissmus zeigt sich demnach insbesondere darin, dass die Betreffenden aggressiv(er) sind und deutlich weniger Einfühlungsvermögen haben (Schmidbauer 2018). Im Gegensatz hierzu zeigt das weibliche Geschlecht eher die Tendenz zum Perfektionismus (Wardetzki 2007).

Nach Bonelli wertet der männliche Narzisst andere ab, idealisiert sich selbst und ist nicht in der Lage, sich selbst zu reflektieren. Weiterhin führt der Psychiater aus, dass jeder Mensch narzisstische Anteile hat, die man im Auge behalten sollte. Dieser Punkt wird uns in **Kapitel 8** noch beschäftigen, wenn es um narzisstisch strukturierte Lehrkräfte geht.

3.5 Narzisstische Beziehungsgestaltung

In **Kap. 1.1** wurde auf den wichtigen Punkt hingewiesen, dass ausgeprägte Persönlichkeitsstile bzw. Persönlichkeitsstörungen im Kern *Beziehungsstörungen* sind. Neurotisch bzw. gestört ist demnach nicht die Person an sich, sondern *nur* ihre Beziehungsgestaltung, konkreter gesagt, ihr Umgang mit sich selbst und anderen. Im Folgenden werden fünf populäre Beziehungsqualitäten beschrieben, die von narzisstisch strukturierten Personen im Alltag unbewusst oder bewusst realisiert werden, wenn sie mit anderen in Kontakt treten.

„Ich, ich, ich!" – Narzisstische Kommunikation

Jeder Mensch erlebt manchmal bis (hoffentlich) häufig einfühlsame Unterhaltungen, die für beide Seiten sehr zufriedenstellend verlaufen. Die Redeanteile sind in solchen Fällen nahezu gerecht aufgeteilt. Man hört einander interessiert zu und lässt den anderen ausreden und zu neuen Gedanken und Erkenntnissen kommen. In solchen Gesprächen gehen die Interaktionspartner empathisch auf ihre aktuellen Gefühle und Bedürfnisse ein. Möglicherweise kommt es auch zu unbewussten Spiegelphänomenen: Mimik und Gestik werden vom anderen zeitversetzt unbewusst imitiert usw. Ein wechselseitiger Prozess entsteht, und die sog. Glücksbotenstoffe werden freigesetzt (Rizzolatti/Sinigaglia 2008), etwa Dopamin, Oxytocin und körpereigene Opioide. Solche Momente sind in zwischenmenschlicher Hinsicht sehr wertvoll und inspirierend. Das hat auch seinen Grund: Im Kern sind wir Menschen vor dem Hintergrund der Evolution auf Kooperation und sozialen Austausch programmiert (Bauer 2006).

Gespräche mit Narzissten verlaufen hingegen ganz anders. Als Interaktionspartner bekommt man schnell oder erst zu spät das Gefühl, dass sich der andere wenig für unsere Person interessiert. Er beansprucht in der Regel auch mehr Redeanteil, fällt uns ins Wort, berichtigt uns usw. Narzisstisch strukturierte Personen reißen das Gespräch gerne an sich und sehen sich als Sender und Initiator, von dem jedwede Interaktion ausgeht. Die Betreffenden können schlecht zuhören, nehmen also gewissermaßen wenig davon auf, was der andere sagt.

Haben es Lehrkräfte mit solchen Charakteren im Klassenraum zu tun, so machen sie meistens ähnliche nachteilige Erfahrungen. Die betreffenden Heranwachsenden beanspruchen zu viel Raum im Unterricht, sei es durch eine übertriebene stark ausgeprägte Diskutierfreude, Unruhe oder auch durch die Neigung zu zeitintensiven Monologen, Provokationen, Psychospielen (**Kap. 3.8**).

Fishing for Compliments – narzisstische Bedürfnisse

Es geht den betreffenden SuS im Alltag meistens um Anerkennung, Wertschätzung und Solidarität (Sachse 2016). Hierzu werden dem sozialen Umfeld in regelmäßigen Abständen wahre Steilvorlagen angeboten. Narzisstisch strukturierte Charaktere beherrschen die große Kunst des „Fishing for Compliments", und zwar sowohl in dezenter, aber auch in brachialer, plumper Ausprägung. Charismatische erfolgreiche Narzissten neigen in der Regel auch im Klassenraum zu der doch eher sanfteren Variante, um die Personen im Umfeld zu wertschätzenden Kommentaren zu animieren. Hierzu wird etwa ausführlich von eigenen Vorzügen, Potenzialen, tagesaktuellen Errungenschaften usw. berichtet. Der oder die Gesprächspartner müssen entsprechend nur interessiert zuhören und mehr oder weniger begeistert sein und sinngemäß Beifall klatschen.

Im Unterricht ist es ein No-Go – weil es selbstredend den Rahmen sprengen würde –, wenn Lehrkräfte empathisch und zeitintensiv auf dieses Gehabe eingehen. Achtung: Gescheiterte und auch erfolglose Narzissten neigen im Unterricht vermehrt zu extrovertierten und konfrontativen Vorgehensweisen – gegenüber Lehrkräften und auch potenziellen Konkurrenten in den eigenen Reihen.

„Ordne dich mir unter, dann ist alles gut!" – Distanzierung, Kontrolle und Dominanz

Wenn SuS gesunde narzisstische Anteile in ihrem Persönlichkeitsinventar beherbergen, gestaltet sich der Umgang mit ihnen (noch) einigermaßen angenehm. Eventuell können Lehrkräfte auch auf prosoziale innerpsychische Schüleranteile zurückgreifen, etwa fürsorglich-empathische (es gibt auch Narzissten mit Einfühlungsvermögen und entsprechenden Helfer-Anteilen).

Interaktionstoxisch wird es in der Klasse aber sicherlich dann, wenn narzisstische Anteile überwiegen bzw. die Persönlichkeit des Schülers regelrecht dominieren. Dann geht es ihm vorwiegend darum, die dominante Position in möglichst *jeder* Interaktionssituation einzunehmen und Kontrolle auszuüben. Eine derart distanziert-arrogante Rolle verträgt sich nicht mit Empathie, Respekt und Rücksichtnahme. Das narzisstische Dreigestirn: Distanzierung, Kontrolle, Dominanz sorgt für eine sehr problematische Außenwirkung. Die Interaktionspartner haben im Prinzip nur die Wahl zwischen Unterordnung und Distanzierung auf der einen und aktiver Gegenwehr auf der anderen Seite.

„Dich fick ich, du Opfer!“ – Abwertung, Ärger und Wut

Falls Lehrkräfte in offene Konkurrenz mit SuS mit stark ausgeprägten narzisstischen Anteilen treten, so entscheiden sie sich, bewusst oder unbewusst, für sichtbare und verdeckte Scharmützel und zeitintensive Grabenkämpfe, die das ganze Schuljahr prägen können. Muss man sich das antun? Nein! Diese Vorgehensweise ist aus psychologischer Sicht absolut nicht zu empfehlen. Man reibt sich auf.

Noch bedenklicher ist aber folgende Tatsache: Schnell wird ein Teufelskreis in Gang gesetzt, wenn die Lehrkraft vor der Klasse (= Publikum) in einem Wortgefecht einen deutlichen Sieg gegen den narzisstisch strukturierten Schüler erringt. Dieser wird dadurch unweigerlich hochgradig gekränkt – und zu zeitnahen Rachefantasien bzw. -aktionen ermuntert. Grund: Sein negatives Selbstschema wurde im Rahmen des Geschehens extrem getriggert. Infolgedessen wird er spätestens in der nächsten Unterrichtsstunde eine Revanche fordern. Das Problem besteht dann für betreffende Lehrkräfte darin, wieder gewinnen zu müssen, ansonsten hätten sie in der Klasse insgesamt mehr oder weniger verloren und würden gleichzeitig dem Triumphator Anlass für weitere Angriffe geben. Sollte der Sieg wieder gelingen, so hat die Lehrkraft zukünftig noch mehr Kämpfe auszufechten, ein Teufelskreis. Doch man muss abwägen: Manche narzisstischen SuS brauchen *einmal* eine richtige Konfrontation inkl. Niederlage, damit sie an ihre Rolle als Schüler erinnert werden. Dabei wäre es aber wichtig, den vorherigen „Kampf“ unter vier Augen nach einer Zeit der Entspannung zu thematisieren und die verdeckten Ziele des Schülers in der betreffenden Situation aufzudecken und empathisch zu reflektieren (**Kap. 5.2**).

„Ist Ihr Mann heute Abend zu Hause?!“ – Sexualisierung von Beziehungen

Viele weibliche Lehrkräfte berichten in Seminaren zum vorliegenden Phänomen immer wieder von gleichartigen Erfahrungen mit männlichen Narzissten im Klassenraum. Manche der betreffenden Schüler würden sozusagen die pädagogische Zusammenarbeit in einer für die Lehrkraft sehr unangenehmen Art und Weise sexualisieren. Da ich als Mann nur meine Perspektive in Bezug auf entsprechende Erfahrungen mit Narzisstinnen darlegen kann (**Kap. 3.4**), möchte ich an dieser Stelle einige O-Töne von Lehrerinnen aus Schemapädagogik-Seminaren zitieren:

- „Schüler XY hat mich im Unterricht vor allen anderen mit einem Macho-Spruch nach meiner Handynummer gefragt und mich dann einfach nur herausfordernd angegrinst."
- „Er fragte mich, ob ich mal einen richtigen Mann im Bett haben möchte!"
- „In der ersten Stunde hat er sich sein T-Shirt über den Kopf gezogen, sich direkt vor das Pult positioniert und mit den Muskeln gespielt!"

Praktikerinnen, die solche oder ähnliche Erfahrungen im Alltag machen, dürfte die therapeutische Erkenntnis beruhigen, dass solche Aktionen nicht wirklich auf sexuellen Impulsen aufseiten des jeweiligen Schülers basieren; sie stehen in der Regel lediglich auf einem fortgesetzten Streben nach Dominanz, Anerkennung und Bewunderung im Klassenraum (Lammers 2015, 124).

Narzissmus beim weiblichen Geschlecht kann sich meiner Erfahrung nach dadurch äußern, dass narzisstisch strukturierte Schülerinnen gekonnt mit ihren Reizen spielen und es spielend leicht schaffen, männliche Pädagogen um den sprichwörtlichen Finger zu wickeln. Dabei geht es meistens um Macht und Kontrolle. Sobald man also zu dem Schluss kommt: „Irgendwas hat Schülerin XY mit mir – und es macht was mit mir!", sollte man inneren Abstand herstellen und das Ganze von neu betrachten und reflektieren können. Mir wurden mehr als einmal recht eindeutige Angebote von betreffenden Schülerinnen vor versammelter Mannschaft im Klassenraum gemacht, die direkt eine konfrontative Vorgehensweise bzw. Grenzsetzung meinerseits erforderten.

3.6 Ursachen des Narzissmus

Es gibt verschiedene Entwicklungsmodelle zum Thema Narzissmus, die vorwiegend Sozialisationsprozesse in den Fokus rücken – wenngleich es signifikante Hinweise dafür gibt, dass Narzissmus auch eine relevante genetische Komponente beinhaltet (Torgersen 2015). Natürlich erklärt allein ein genetischer Faktor nicht die Entwicklung eines narzisstischen Persönlichkeitsstils bzw. einer entsprechenden Störung (Schmidbauer 2018).

Es ist für uns Lehrkräfte wichtig, die bekanntesten Sozialisationstheorien grob zu kennen. Allein schon die Beschäftigung mit den möglichen Narzissmus-Ursachen hat für Erwachsene einen psychoedukativen Effekt, der im Praxisalltag dafür sorgen kann, dass man im Umgang mit Nervensäge XY öfter mal innerlich einen Schritt zurücktreten und in die „beruhigende" Metaebene switchen kann. Die Kompetenz, den möglichen Eskalationszirkel zu durchbrechen, gräbt so mancher brisanten Alltagssituationen das Stressniveau ab und wirkt sich schlussendlich deeskalierend aus.

„Kinder werden zu Narzissten erzogen!" – Frühkindliche Beziehungsstörungen

In seinem Buch *Warum unsere Kinder Tyrannen werden* beschreibt der Psychiater Michael Winterhoff (2009) drei Beziehungsstörungen, die von zahlreichen Eltern unbewusst inszeniert werden und die dazu führen, dass Kinder schon sehr früh narzisstische Tendenzen ausprägen. Im Rahmen dieser Beziehungsarrangements, die er in seiner Praxis auffällig oft kennenlernte, darf das Kind überdimensional viele Ansprüche an die Erwachsenen stellen, über sie de facto bestimmen und entsprechend großzügig in die Gestaltung des Familienalltags eingreifen. Die Eltern werden schrittweise zu steuerbaren Objekten, die die Bedürfnisse des Kindes permanent erfüllen (sollen).

Eine dieser Beziehungsstörungen im Sinne von Winterhoff heißt *Symbiose*. Im Rahmen der Symbiose verschmilzt gewissermaßen die Psyche des Erwachsenen mit der des Kindes. Das bedeutet, die Bindung ist viel zu eng und wird geradezu über-empathisch inszeniert. Man denkt und fühlt für das Kind, es herrscht keine gesunde Distanz vor. Das Kind agiert, der Erwachsene reagiert intuitiv zu häufig und irgendwann automatisch auf jedwede Gefühlsäußerung. Im Rahmen der Symbiose werden Fehlverhaltensweisen gar nicht (objektiv) als störend wahrgenommen. In einer solchen Konstellation zu Hause lernt der Heranwachsende, dass Interaktionspartner jederzeit auf die eigenen Belange reagieren. Hieraus entwickelt sich eine hochgradig narzisstische Erwartungshaltung an zukünftige Beziehungspartner, die niemand auf Dauer erfüllen kann. Die aus dieser Erwartungshaltung resultierenden Frustrationen werden dann dem Umfeld zugeschrieben.

Die Symbiose ist eingebettet in eine andere Beziehungsstörung, die Winterhoff als *Partnerschaftlichkeit* betitelt. Er beschreibt damit ein Verhältnis zwischen Eltern und Kind auf Augenhöhe. Der Heranwachsende wird sozusagen als gleichberechtigter Gesprächspartner mit denselben Rechten und Pflichten wahrgenommen, die in der Regel erst Erwachsenen zugebilligt werden (unrealistisches Freundschaftskonzept). Entsprechend wird in diesen Fällen etwa die Wochenplanung zugunsten des Heranwachsenden regelmäßig gemeinsam besprochen und organisiert; die Zusammenstellung des Mittag- und Abendessens sowie die Planung der Familienfreizeit, des TV-Programms und Familienurlaubs obliegt letztlich dem Gutdünken des jüngsten Familienmitgliedes. Das Kind wird nicht als Kind gesehen, sondern als gleichberechtigtes Mitglied. Es hat zu viel Mitspracherecht.

Die dritte Beziehungsstörung bezeichnet der Psychiater als *Projektion*. Sind Eltern von diesem Mechanismus betroffen, verlagern sie ihre Wünsche nach Wertschätzung und Anerkennung in das Kind. D. h., der Erzieher will vom

Interaktionspartner geliebt werden. Demzufolge darf man das Kind wenig bis gar nicht frustrieren. Der Erwachsene hält negative Gemütszustände des Sprösslings nicht lange aus. So wird das Kind zwar nach einer frechen Bemerkung auf das Zimmer geschickt – doch zwei Minuten später stehen Mama oder Papa in der Tür und rechtfertigen sich reumütig für die pädagogische Maßnahme, diskutieren ein bisschen – und nach fünf Minuten sitzt man wieder in vertrauter Runde gemeinsam am Tisch, lacht und spricht über angenehme Dinge. Die Verfehlung spielt keine Rolle mehr, sie wird innerpsychisch einfach kollektiv abgespalten und als „nicht so schlimm" verworfen.

Man kann sich leicht vorstellen, welche narzisstischen Erwartungshaltungen vor dem Hintergrund dieser drei Beziehungsstörungen aufseiten betroffener Kinder entstehen! Diese sind im späteren Leben von keinem Interaktionspartner zufriedenstellend zu befriedigen!

„Du bist ein Verlierer und Versager!" – Frühkindliche Diskreditierungen

Ein anderes Modell zur Entstehung von Narzissmus geht in die gegensätzliche Richtung (Kernberg 1978; Sachse et al. 2011). Die Therapeutinnen und Therapeuten, die ihrer Arbeit dieses Modell zugrunde legen, haben in der Kooperation mit narzisstisch Strukturierten häufig geschildert bekommen, dass diese in kalten, strengen und auch ablehnenden Elternhäusern herangewachsen sind. Dort haben Kinder nichts zu sagen, werden als dumm angesehen und häufig abgewertet. Infolgedessen entstehen narzisstische Tendenzen aufseiten des Kindes als *Abwehrreaktionen*. Entsprechend wird Narzissmus als Kompensationsversuch verstanden, der dazu dient, das frustrierte Selbstwertgefühl des Betreffenden innerpsychisch auszugleichen (Schmidbauer 2018); hierzu bedarf es aber eines extrovertierten Temperaments, das fähig zu dieser Kompensationsleistung ist. Es versteht sich vor diesem Hintergrund von selbst, dass die Eltern vom Kind gar nicht idealisiert und entsprechend nicht als Vorbilder psychisch verinnerlicht werden können. Da dieses Korrektiv fehlt, kann sich ein weit überzogener Narzissmus entwickeln und schließlich Bahn brechen, der das ganze spätere Leben maßgeblich beeinflussen kann.

Infantiles Größenselbst vs. Realitätsschock – Frühkindliche Fixierungen

In psychoanalytischen Kreisen bezieht man sich bei der Betrachtung des Narzissmus-Phänomens häufig auf die wissenschaftlich untersuchte These, dass jedes Kind eine narzisstische Phase (etwa 8. bis 16. Lebensmonat) erlebt. Aus dieser Perspektive wurde eine weitere Narzissmus-Theorie begründet. Nach Kohut (1976) entwickeln Heranwachsende im besagten Zeitabschnitt ein grandioses Selbst mit entsprechend flankierenden Ansprüchen und Bedürfnissen sowie auch eine ausgeprägte Idealisierung der Eltern. Die Phase wird erfolgreich überwunden, wenn sich die erwähnten Phänomene durch eine Anpassung an die Realität weitgehend auflösen (Resch/Möhler 2015). D. h., das Kind lernt demnach auf der einen Seite durch Alltagserfahrungen mit Gleichaltrigen in der Kita und in anderen Kontexten, dass seine hohen Ansprüche und überzogenen Bedürfnisse nicht im sozialen Miteinander funktionieren. Auf der anderen Seite erlebt es auch bestenfalls, dass die Eltern Teil eines größeren Ganzen, d. h. der Gesellschaft sind und sich selbst anpassen müssen, realistische Rechte und Pflichten haben usw.

Das Fazit lautet vor dem Hintergrund dieser Theorie zusammengefasst: Ein pathologischer Narzissmus im Jugend- bzw. Erwachsenenalter ist eine Folge einer nicht vorhandenen Auflösung eines normalen (entwicklungsbedingten) Narzissmus.

Lob! Lob! Lob! – Elterliche Überschätzung

Eine andere Entstehungstheorie rückt das Thema *Verwöhnung und Idealisierung* in den Vordergrund; sie steht damit der Auffassung von Winterhoff (2009) sehr nahe. Nach Bonelli (2016) und Millon (2004) entsteht ein überzogener, also pathologischer Narzissmus auf Kinderseite dann, wenn die Bezugspersonen dem Sprössling gegenüber eine uneingeschränkte Bewunderung offenbaren und dabei starke Verwöhnungstendenzen zeigen. Da dadurch sinnvolle Bedürfnisfrustrationen, die für eine förderliche Persönlichkeitsentwicklung mitverantwortlich wären, nahezu unterbunden werden, kann das Kind keine ausreichende Personalkompetenz inkl. Frustrationstoleranz ausprägen. Außerdem fokussiert sich die Wahrnehmung des Betreffenden auf die eigenen Bedürfnisse, was dazu führen kann, dass die natürlich angelegte Empathiefähigkeit neuronal versiegt bzw. gar nicht aufgebaut werden kann. Ergo: Das Interesse am Innenleben der sozialen Umwelt verkümmert. Man muss hier klar konstatieren, dass die Eltern dem Kind ermöglichen, zu Hause narzisstische Eigenschaften zu entwickeln (Anspruchshaltung, Grandiositätsempfinden). Eine entsprechende Abschirmung vor einer möglicherweise korrigierenden sozialen und persönlichen Realität rächt sich spätestens dann, wenn der Heranwachsende in die Welt der Sozialisations- und Bildungsinstanzen entlassen wird. Sodann entstehen die typischen narzisstischen Konflikte mit Erziehern und Lehrern – und die Eltern treten aufseiten des Kindes in den Krieg als Verbündete ein. Man kennt solche Bezugspersonen, die auch als Helikopter-Eltern bezeichnet werden. Solche Bezugspersonen suchen und finden für sämtliche Misserfolge und Probleme ihrer Premium-Kinder (Greiner 2017) in Kita, Grundschule, Verein und Freizeit die „wahren" Schuldigen – und das sind natürlich *immer* die anderen (Kinder, Erzieher, Lehrer).

3.7 Allgemeine Verhaltensmerkmale im Unterricht: Konkurrenzdenken, Mobbing, VIP-Status

BEISPIEL

Bereits im Rahmen seiner Bewerbung auf einen Schulplatz für die Erzieherausbildung an meiner Institution machte **Nils** (19) einen besonderen Eindruck. Nils stellte flankierend zum offiziellen 4-Seiten-Aufnahmeantrag einige Sonderanträge mit folgenden Überschriften: Verkürzung der Ausbildungsdauer, Befreiung von einzelnen Lernmodulen, Erlass der obligatorischen Pflichtpraktika sowie Splittung bzw. Teilerlass des Berufspraktikums. Die genannten Schriftstücke wurden jeweils individuell sehr hochtrabend und intellektuell formuliert und durch zusätzliche Belege (Referenzen, Zeugnisse, Zertifikate) fulminant untermauert. Alles in allem umfasste diese Bewerbung im Gegensatz zu allen anderen, die mir bis dato vorgelegt wurden, mehrere Dutzend Seiten Papier.

Nils hatte also schon *vor* seinem ersten Schultag seine Duftnote gesetzt. Nach eingehender und vor allem zeitintensiver Prüfung der eingereichten Unterlagen zeigte sich aber, dass die Schriftstücke größtenteils auf einer eher *unbegründeten* Anspruchs- und Erwartungshaltung basierten (seine letztlich eher durchschnittlichen Kompetenzen und Leistungsnachweise überschätzte er maßlos).

Dessen ungeachtet strapazierte er, wenn ich seine Schulkarriere rückblickend bewerten würde, die Nervenkostüme aller Beteiligten im Klassenraum über zwei Jahre hinweg. Lehrkräfte wie Mitschüler wurden, wann immer möglich, fachlich verbessert bzw. wegen ihrer Unvollkommenheiten und Fehler kritisiert; Beiträge im Unterricht wurden hin und wieder als dumm bzw. infantil diffamiert. Die meisten Mitschüler fühlten sich bereits nach wenigen Schulwochen sehr unwohl in der Klasse und trauten sich irgendwann überhaupt nicht mehr, sich im Unterricht in irgendeiner Art zu äußern.

Narzisstisch strukturierte SuS stellen Lehrkräfte vor sehr große Herausforderungen – ein Hauptthema dieses Buches. Aber i. d. R. sind auch die Mitschüler vor typischen stressauslösenden Manipulationstechniken aller Art nicht sicher (**Kap. 3.8**).

Die narzisstischen Interaktionsstrategien sind ganz im Sinne des jeweiligen Urhebers und sollen u. a. seine Großartigkeit unterstreichen (Attraktivität, Intellekt, Verdienste, Lebensstil, Leistungen o. Ä.). Letztlich geht es auch um die Einnahme des höheren Status in Gesprächen, ein andermal einfach um Anerkennung bzw. nur darum, dass die anderen den Betreffenden bewundern sollen, und zwar nach dem Prinzip „Fishing for Compliments".

„Ich bin schlauer, intellektueller, besser als du!" Selbstdarsteller möchten möglichst viele Interaktionspartner dominieren und im Umgang mit ihnen einen tollen Eindruck hinterlassen. Hierzu muss der andere, mehr oder weniger gekonnt, in die jeweils devote Position des Beifallspenders hineinmanövriert werden (**Kap. 3.8**). Gerade darin liegt gewöhnlich die Kernkompetenz von betreffenden SuS.

Zu Beginn des Schuljahres wird entsprechend vorgefühlt, da man i. d. R. nicht gleich mit der Tür ins Haus fallen kann. Lassen sich die anderen durch erste ironische bis diskreditierende Bemerkungen oder extrovertierte Star-Allüren beeindrucken oder wenigstens schrittweise mundtot machen? Um diese zugespitzte Frage geht es sehr häufig, wobei es sich hier um einen weitgehend unbewussten Prozess handelt.

Es gibt im Unterricht zahlreiche Möglichkeiten, die Mitschüler in narzisstischer Manier in die schon erwähnte unterwürfige Position hineinzumanövrieren. Entsprechende Situationen realisieren sich ganz automatisch, etwa anlässlich von Gruppenarbeiten („Leute! Ich werde später die Ergebnisse präsentieren, dann habt ihr auch was davon!"). Aber auch mündliche Beiträge von Mitschülern in Einzelarbeitsphasen (etwa Redeketten, im Rahmen derer nacheinander einzelne SuS zu Wort kommen) geben potenziell Anlass zu einer unhöflichen Unterbrechung wie: „Jetzt rede doch mal lauter, Digga, dich versteht ja niemand!"

Die Lehrkräfte andererseits sind ebenso unsicher in ihrer vermeintlichen Komfortzone. Schnell werden sie von den narzisstisch strukturierten SuS unfreiwillig herauskatapultiert. Lehrkräfte werden ausgiebig getestet und in sogenannte Psychospiele unfreiwilligerweise hineingezogen (**Kap. 3.8**), die schlichtweg auf das umgangssprachliche Eis führen. Und gerade diese Location ist doch bekanntermaßen sehr rutschig.

„Du Spast, du Opfer!" – Narzissmus und Mobbing-Tendenzen

In allen Bildungsgängen, in den narzisstische Heranwachsende eingebunden sind, kann es zu entsprechenden diskreditierenden, psychisch und/oder physisch schädigenden Aktionen seitens der Betreffenden kommen. Es gilt die (tendenzielle) Faustformel: Je höher der Bildungsgang, desto intellektueller und einfallsreicher fallen diese Verhaltensweisen aus.

Mobbing ist meistens ein bevorzugtes Hobby von betreffenden SuS – werden doch im Rahmen dessen die Bedürfnisse nach Macht und der Abreaktion von Aggressionen bzw. Frustrationen mithilfe von Beteiligten des sozialen Umfeldes befriedigt (Jannan 2008).

„I am the king!" – VIP-Status

Sehr anstrengend für alle Beteiligten im Klassenraum (inkl. Lehrkraft) wird es meistens nach Ablauf der ersten Schulwochen. Sollten nämlich die narzisstischen Abtastversuche (Tests, Psychospiele) seitens des betreffenden Heranwachsenden fruchten, so etabliert sich unvermeidlicherweise ein ganz typisches Setting im Klassenraum. Es konstruiert sich, inszeniert von diesem einen Schüler, ein hierarchisches System. Aus systemischer Perspektive (Lemme/Körner 2018) ist das schon eine Leistung, die auf Kompetenzen, also Stärken schließen lässt – nur eben im falschen Kontext. Denn die angenehmste Rolle im Gruppengeschehen nimmt nunmehr der narzisstische Schüler ein. Er ist der King, *und er lässt die Spiele beginnen. Seine* Spiele. Alle anderen müssen mitspielen und nach seiner Pfeife tanzen. Das macht sicherlich Spaß, aber häufig nur ihm. Alle anderen Mitspieler sind Trittbrettfahrer bzw. eingeschüchtert, sie werden instrumentalisiert vom König der Klasse. Sie müssen gewissermaßen dienen. Vor allem aber müssen sie alle schweigen, wenn der König spricht. Denn alles, was er sagt, ist gehaltvoll, wichtig, grandios und darf niemals infrage gestellt werden.

Doch Lehrkräfte sind in der Pflicht, diese Entwicklung rasch zu Schuljahresbeginn zu erkennen und schnellstmöglich im Keim zu ersticken. Hierzu muss man Bescheid wissen über die entsprechenden, geradezu populären narzisstischen Strategien, die von betreffenden SuS i. d. R. inszeniert werden.

3.8 Typische Interaktionsstrategien: Images, Tests, Appelle, Psychospiele

In diesem Abschnitt geht es um gängige narzisstische Kommunikationsmuster von SuS, die dem jeweiligen Sender dabei behilflich sind, spezielle interaktionelle Grundbedürfnisse (**Kap. 3.6**) mithilfe des sozialen Umfeldes zu befriedigen. Die anderen SuS und Lehrkräfte würden ohne diese manipulativen Aktionen gar nicht an dem jeweiligen situativen Projekt teilnehmen. Sie werden gewissermaßen dazu animiert, manchmal auch regelrecht gezwungen – weshalb man, wertungsfrei gesprochen, von sogenannten Manipulationsstrategien ausgeht.

Einen sehr guten Beitrag im Rahmen seiner Konzeption der Klärungsorientierten Psychotherapie hat Sachse (2016) zum Thema Manipulation im Zwischenmenschlichen verfasst. Er selbst möchte (ebenso wie auch im vorliegenden Rahmen der Fall) den Begriff nicht mit negativer Konnotation verstanden wissen, sondern eher empathisch-ironisch bzw. verstehend-entwaffnend; schließlich manipuliert jeder gewissermaßen.

Er unterscheidet zwischen sogenannten *Images*, *Tests*, *Appellen* und *Psychospielen*. Dies wird u. a. auch im Rahmen der schon erwähnten Schemapädagogik (**Kap. 2.5**) so gehandhabt und hat sich als sehr gewinnbringend für Lehrkräfte herausgestellt, die mit diesem Konzept in Kontakt kommen und dafür Interesse entwickeln (Damm 2018). Es ist wichtig zu bemerken, dass (a) die Interaktionspraktiken in seltenen Fällen nicht ganz trennscharf abzugrenzen sind (was aber nicht stark ins Gewicht fällt), und dass sie (b) überwiegend unbewusst praktiziert werden. Der Grund: Sie entstanden schon sehr früh in der Biografie von SuS durch Versuch und Irrtum und basieren mittlerweile i. d. R. auf zementierten innerpsychischen Mechanismen; sie entwickelten sich über Jahre und wurden perfektioniert (Sachse 2014, 17ff.). Ein Ziel ist die Durchsetzung von Grundbedürfnissen inkl. ihrer zwischenmenschlichen Befriedigung.

„Was ich von mir preisgebe, soll deinen Eindruck mir gegenüber beeinflussen, zu meinen Gunsten!" – Images

Narzisstische SuS sind i. d. R. extrovertiert und möchten bereits bei Erstkontakten mit Mitschülern und Lehrkräften großzügig ihre Duftmarke setzen. Diese Vorgehensweise ist geradezu charakteristisch. Die Betreffenden können in den meisten Fällen gar nicht anders, sie müssen agieren. Rücksichtnahme und Empathie sind generell nicht ihre Stärken.

Heranwachsende mit einem übergroßen Ego wollen im Rahmen der Kennenlernphase ein Bild/Image von sich ihrer gerade aktuellen Umwelt kommunizieren und somit den oder die Interaktionspartner schnell in die erwünschte Stellung bringen (Damm 2018, 178ff.). D. h., der Schuljahresbeginn, die ersten paar Tage und Wochen Alltagsunterricht, werden entsprechend genutzt. In dieser Einführungsphase sollten Lehrkräfte ganz besonders aufmerksam bezüglich etwaiger narzisstischer Images sein, um sich schnell einen passenden Eindruck von Schüler XY machen zu können (je schneller man infolgedessen imstande ist, entsprechend professionell zu reagieren, desto besser).

Da es sich im vorliegenden Abschnitt um Interaktionsstrategien dreht, die ein mittelstark bis hochgradiges Manipulationspotenzial offenbaren, ist die folgende Aufzählung von O-Tönen von narzisstischen Schülern, die ich kennengelernt habe, nur als richtungsweisend zu verstehen; gewissermaßen als Orientierung für die Leserin bzw. den Leser gemeint. Die Aussagen von SuS in der Kennenlernphase waren, im Nachhinein betrachtet, vorauseilende narzisstische Erkennungsmerkmale. Dabei offenbarten sich in Bezug auf die Bildungsgänge, in denen ich bisher unterrichtete, signifikante Unterschiede, die nunmehr berücksichtigt werden:

- „Tach, du Spast, ich war schon mal im Knast!“ (Berufsvorbereitungsjahr)
- „Ich boxe seit Jahren regelmäßig im Verein, Sie haben wahrscheinlich noch nie Sport gemacht, oder?“ (Realschule)
- „Ich werde später mal eine tolle Psychologin, ich kann gut Menschen durchschauen!“ (Berufsfachschule)
- „Ich hasse eigentlich Kinder – ich mach den Scheiß hier eigentlich nur pro forma!“ (Höhere Berufsfachschule für Sozialassistenz)
- „Ich habe eine schönere Schrift als Sie, dafür habe ich auch jahrelang geübt!“ (Fachschule für Erzieher)
- „Ich hatte im letzten Zeugnis einen Notendurchschnitt von 1,0!“ (Berufliches Gymnasium)
- „Mir sieht man an, dass ich Sport mache, was man von Ihnen nicht gerade behaupten kann.“ (Hauptschule)

Die interaktionellen Ziele, die der jeweilige Sender mit derartigen Aussagen (Images) verfolgt, sind klar: Der Empfänger soll zu einem passenden Ersteindruck kommen, baff und beeindruckt sein bzw. spontan Interesse zeigen, nachfragen usw.

TIPP

Man kann nicht nicht kommunizieren – so lautet ein bekanntes Grundaxiom des Psychotherapeuten Paul Watzlawick (2016). Narzisstisch strukturierte SuS würden mit diesem Axiom wahrscheinlich wenig anfangen können: denn gerade sie wollen sich ja mitteilen! Extrovertiertes Auftreten zu Schuljahresbeginn kann daher ein entsprechendes Erkennungsmerkmal für narzisstische Tendenzen sein. Achten Sie auf Images, die darauf abzielen, Anerkennung und Bewunderung von anderen zu provozieren.

„Gar nix muss ich!" – Typisch narzisstische Tests

Es ist eine universelle menschliche Motivation mit evolutionärem Ursprung, möglichst schnell herauszufinden, ob der gerade aktuelle bzw. zukünftige Interaktionspartner niederträchtige, neutrale oder friedlich-entgegenkommende Impulse verspürt. Dahinter stecken archaische Mechanismen, die in Urzeiten dem individuellen bzw. kollektiven Überleben in einer eher feindlichen Umwelt dienlich waren; natürlich macht dieser Reflex auch heute noch Sinn (Buss 2004).

In Bezug auf narzisstische SuS lässt sich dieser Automatismus noch weiter spezifizieren. Gerade beim Erstkontakt möchten die Betreffenden rasch Gewissheit auf der Beziehungsebene. Die hauptsächliche Frage lautet: „Ist mein Interaktionspartner ein potenzieller Konkurrent oder einer, der sich mir unterordnet und meine Interessen bedient?"

Die schon erwähnten Images bahnen den sogenannten Tests den Weg, um die es ja an dieser Stelle geht. Narzisstische Tests erkennen Lehrkräfte vor allem daran, dass sie ein höheres Stressniveau als etwa Images oder Apelle auslösen sowie eine Reaktion erzwingen: Denn der betreffende Schüler „kratzt" in Situation XY direkt und unverblümt an der Autorität des Professionellen, testet konfrontativ die Grenzen aus (Damm 2018, 100). In solchen Situationen sind alle Anwesenden im Klassenraum wie auf Knopfdruck wach, immens achtsam und hochkonzentriert, voll da! Die Augen richten sich auf die beiden Protagonisten! Eine Entscheidung steht an, was wird passieren? Knickt die Lehrkraft ein? Oder setzt sie sich vielleicht gleich souverän durch? Oder aber lässt sie sich in ein Psychospiel verwickeln, welches sie letzten Endes nur verlieren kann? Diese Situationen könnten etwa wie folgt beginnen:

- „Meine Basecap ist angewachsen, Bro, die kann ich leider, leider, leider nicht abnehmen!"
- „Gar nix muss ich, ich bleibe hier auf dem Tisch sitzen!"
- „Das juckt mich doch nicht, ob es jemanden stört, wenn ich Musik im Unterricht höre!"
- „Können Sie mal weggehen, ihre Glatze spiegelt die Sonne derart, dass ich nichts mehr sehen kann!"
- „Können Sie jetzt endlich mal mit dem Unterricht anfangen!"
- „Sie dürfen mich gar nicht rauswerfen, ich kenne meine Rechte als Schüler!"

TIPP

Lehrkräfte werden zu Schuljahresbeginn ausgiebig getestet (und auch über das ganze Schuljahr hinweg, wobei aber die Test-Häufigkeit nach einigen Wochen abnimmt). Daran führt kein Weg vorbei, darauf dürfen bzw. müssen Sie sich einstellen. Die SuS möchten herausfinden, welche Charaktereigenschaften die Hauptperson im Klassenraum hat; mit ihr müssen sie mindestens ein ganzes Schuljahr verbringen.

„I want more!" – Appelle

Im Vergleich zu den bis hierhin beschriebenen Interaktionsstrategien von SuS sind die sogenannten Appelle geradezu harmlos (Sachse 2014). Appelle sollen das Gegenüber dazu animieren, Formen der positiven Zuwendung, sogenannte „strokes" (Streicheleinheiten), dem Sender gegenüber zu offenbaren (Rautenberg/Rogoll 2001). (Es gibt auch andere Ziele, die mit Appellen verfolgt werden, in unserem Kontext beschränken wir uns aber auf die eben formulierte zwischenmenschliche Intention.) Ganz allgemein lässt sich feststellen: Jeder Mensch hat grundsätzlich das Bedürfnis nach positivem Feedback und sozialer Anerkennung, das gehört zu unserem evolutionären Erbe; schon Säuglinge und Kinder im Krippenalter zeigen dieses Bedürfnis (Bauer 2006).

Im Schulalltag schwingen Appelle auch mit, und zwar sowohl in Schüler-Schüler-, aber auch in Lehrer-Schüler-Konstellationen. In Peergroups etwa gehört der Austausch von „strokes" naturgemäß dazu, er ist gewissermaßen ein Qualitätsmerkmal dafür, dass die Gruppenmitglieder einander loyal gegenüberstehen und dass sie sich als Gruppe definieren. Aber SuS kommunizieren auch Appelle regelmäßig an die Lehrkraft, mal mehr, mal weniger authentisch. Da es in diesem Buch vorrangig um narzisstisch strukturierte SuS gehen soll, möchte ich an dieser Stelle wieder ein paar O-Töne platzieren, die als Appelle bezeichnet werden können. Sie werden merken, dass manche *offensichtlich* den Appell-Charakter offenbaren, andere muss man erst als solche *erkennen*; letztere entsprechen eher dem Prinzip „Fishing for Compliments", d.h. sie implizieren eine ganz bestimmte Erwartung an die Lehrkraft:

- „Herr Da-aaam! Ich war gestern beim Friseur, der hat mir die Haare total beschissen geschnitten!"
- „Wissen Sie, was es kostet, wenn man jemandem zwei Zähne ausschlägt? Das hab ich gestern hingekriegt!"
- „Ach, Herr Damm, alles scheiße heute!"

- „Herr Damm, ich habe im letzten Spiel am Wochenende beim Fußball nen Hattrick geschafft!“
- „Wir können ja mal alle zusammen in eine Shisha-Bar gehen!“
- „Mal ganz unter uns gefragt: Kennen Sie ein gutes Buch über Depressionen?! Nicht für mich natürlich, ich frage für nen guten Freund!“
- „Das bleibt aber unter uns hier im Raum: Ich weiß nicht, wie ich mich für die Schule noch motivieren kann! Hier laufen nur Arschlöcher rum!“

TIPP

Appelle können Beziehungsangebote sein! Achten Sie auf verdeckte und offene Appelle und „füttern“ sie bewusst und vor allem gut dosiert diejenigen SuS, die Ihnen Appelle kommunizieren; insbesondere die narzisstisch strukturierten Heranwachsenden. Dadurch bauen sie Beziehung auf: Die Grundlage für erfolgreiche pädagogische Interventionen sowie für die Umsetzung des Erziehungs- und Bildungsauftrages. Sie müssen aber gleichzeitig aufpassen, dass die Beziehung nicht zu eng wird; außerdem ist es unratsam und vor allem unprofessionell, sich für irgendein Projekt vor den Karren spannen zu lassen.

„Das letzte Wort hier habe ich, Herr Lehrer!“ – Psychospiele

Die wohl stärkste Manipulationskraft geht von sog. Psychospielen aus. Sie sind die Königsdisziplin der Manipulation. Wenn die Lehrkraft die vorausgehenden Zeichen (narzisstische Images, Tests) nicht erkennt und zeitnah empathische und auch konfrontative Klärungsprozesse auf der Beziehungsebene anstößt, dann wird sie unweigerlich vom betreffenden Schüler regelmäßig mit stressintensiven Psychospielen konfrontiert, die über kurz oder lang die (Lehrer-) Gesundheit angreifen (Berne 2002).

Psychospiele führen Lehrer aufs Glatteis, manche fangen ganz harmlos an und enden dennoch im Fiasko – aus Sicht der Lehrkraft. Andere Strategien fallen mit der Tür ins Haus und können den Erwachsenen sofort schachmatt setzen.

Im Folgenden werden populäre (narzisstische) Schüler-Psychospiele beschrieben (Damm 2010; Rautenberg/Rogoll 2001; Sachse 2014):

- **Mords-Molly:** Diese extrovertierte Strategie hat einen sehr herausfordernden Charakter. Der Spieler nimmt eine dominante Rolle ein und provoziert die Lehrkraft auf unterschiedliche Arten und Weisen (etwa Regeln aus der

Hausordnung brechen, offensichtlich mit dem Handy spielen, rülpsen, Oberkörper entblößen, dumme Sprüche von sich geben usw.). Es geht darum, die Autorität des Erwachsenen nicht nur infrage zu stellen, sondern regelrecht zu zerstören. Der Schüler spielt den Boss und startet einen Angriff nach dem anderen – und die Lehrkraft *muss* reagieren. Die Krux: Es ist manchmal egal, *wie* der Erwachsene kontert, denn in diesen Fällen lässt sich das Spiel fast nicht mehr stoppen; und dann wird die Lehrkraft vor Publikum vorgeführt. Ein solches Szenario vergessen alle Beteiligten und Unbeteiligten über das ganze Schuljahr hinweg nicht mehr. Natürlich macht es auch an der Schule die Runde. Dann hat es die Lehrkraft auch in anderen Klassen tendenziell schwer. Denn es gibt bekanntlich genug Nachahmer und Trittbrettfahrer.

- **Versetz mir eins:** Diese Strategie bahnt sich im Gegensatz zur vorherigen nur langsam ihren Weg und dauert in einer Art professionellen Praxisversion gewöhnlich mehrere Minuten bis zu einer Doppelstunde an. Hinter diesem Muster verbirgt sich i.d.R. das Bedürfnis nach Aufmerksamkeit; aus Sicht der Lehrkraft müsste man konkretisieren: nach *negativer* Aufmerksamkeit. Um diese Methode einzuleiten, praktiziert der Initiator zunächst niedrigwellige Aktionen, die den Unterricht stören. Das Projekt wird meistens mit einer Lappalie eröffnet; möglicherweise initiiert der Spieler *aus Versehen* Geräusche (Getränkedose so öffnen, dass alle gestört werden; der Ordner fällt vom Tisch; die verschnupfte Nase wird geräuschvoll geputzt; der Schüler kippt beim Schaukeln mit dem Stuhl um usw.). Der Fantasie sind bei der Spiel-Eröffnung keinerlei Grenzen gesetzt. Lehrkräfte reagieren i.d.R. mit einem Kommentar, der den Spieler disziplinieren soll. Wird dieses Spiel wirklich gespielt, so geht der Schüler nach einer Maßregelung erst einmal auf sie ein und gelobt Besserung; vielleicht entschuldigt er sich sogar. Doch natürlich geht das Spiel nach einer kurzen Pause weiter. Der Unterricht wird wenig später wieder gestört, nun mit etwas mehr Kreativität. Wieder muss der Erwachsene reagieren. Infolgedessen erwidert der Spieler, dass er sich nun *wirklich* zusammenreißen werde. Der unangenehme Interaktionsprozess schreitet voran, wobei das Stressniveau auf Lehrerseite zunimmt. Auf der Gegenseite ist das Gegenteil der Fall: der Spaßfaktor steigt an. Letzten Endes wird der Schüler aus dem Raum gebeten. In Zeitlupe und nicht ohne die anerkennende Rückmeldung Einzelner, verlässt der Gewinner der Stunde den Ort des Geschehens. In der Regel erkennt die Lehrkraft am Ende des Spiels, dass sie den Kürzeren gezogen hat.
- **Regel-Setzer:** Der Titel dieser Masche spricht für sich. Der Spieler schreibt dem Interaktionspartner vor, was er zu tun bzw. zu lassen hat. Auf den ersten Blick mag der Gedanke etwas irritierend klingen, dass SuS ein solches

Arrangement nicht nur mit Mitschülern, sondern auch mit Lehrkräften inszenieren. Narzisstisch strukturierte Heranwachsende versuchen häufig, dieses Spiel zu praktizieren, falls die „Beziehung“ zur Lehrkraft (noch) nicht geklärt ist. Das Spiel beinhaltet i.d.R. Floskeln wie „Sie müssen [...]!“, „Sie sollten [...]!“, „Es ist Ihre Aufgabe als Lehrer [...]!“ Sofort kommt die Lehrkraft, die mitspielt, in eine unangenehme Situation. Sie fühlt sich dazu berufen, sich zu rechtfertigen. Tut sie das, steigt sie geradewegs ins Spiel ein. Die Lehrkräfte, die mitspielen, merken währenddessen in den meisten Fällen nicht, dass es gar nicht um die Klärung des jeweiligen Sachverhaltes geht, sondern um einen Wettbewerb um die Frage: Wer von uns beiden hat hier das Sagen?

- **Unterhaltsam sein:** Auch diese Strategie kann viel Zeit im Unterricht in Anspruch nehmen und den geplanten Ablauf sabotieren. Dem Spieler geht es darum, andere Personen mithilfe von reißerischen Erzählungen in den Bann zu ziehen, Aufmerksamkeit zu binden, Komplimente und Bewunderung zu erhalten. Thematisiert werden etwa aktuelle Ereignisse aus der Tagespresse oder, falls narzisstische Tendenzen am Werk sind, Alltagserfahrungen des Urhebers. Das Spiel kann jederzeit mit dem Nachbarn, der Tischgruppe, der Klasse als solche sowie auch mit der Lehrkraft praktiziert werden. Was bei der Praxis dieser Strategie auffällt, ist die emotionale „Unterfütterung“ der Ausführungen. Alles Geschilderte ist geradezu „nice“, „total abgefahren“ und „haste noch nicht gesehen“. Dieses Spiel hat im Vergleich zum „Regel-Setzer“ weniger ein offensives bzw. aggressives Potenzial. Es ist aus Sicht der Lehrkraft einfach „nur“ anstrengend – ganz im Gegensatz zur nächsten Masche.
- **Das letzte Wort gehört mir:** Manche SuS diskutieren gerne, andere bleiben lieber im Hintergrund. Es gibt nachweislich Lehrkräfte, die legen auf Diskutierfreudigkeit sogar großen Wert. Gerade etwa im Ethik-Unterricht, wenn es um die sogenannten moralischen Dilemma-Diskussionen und den damit verbundenen kognitiven Zuwachs an Selbst-Kompetenz geht, sind Diskussionen erwünscht. Das Psychospiel *Das letzte Wort gehört mir* hingegen hat mit moralischer Selbsterkenntnis recht wenig zu tun. Es geht gar nicht um den Inhalt dessen, *worüber* diskutiert wird. Hauptsache, es wird disputiert! Der Inhalt kann völlig belanglos sein. Vielleicht geht es um den Punkt auf dem Buchstaben „i“, den die Lehrkraft vergessen hat. SuS, die das erwähnte Spiel anregen wollen, finden im Unterricht *immer* eine Steilvorlage. Irgendwann wird vom Schüler ein zunächst fast belangloser Kommentar ausgesprochen, der eine Reaktion nach sich zieht („Ja, den Punkt habe ich vergessen, stimmt, danke!“). Mit dieser Reaktion ist der Spieler natürlich nicht zufrieden, ansonsten wäre das Psychospiel auch schon beendet; was

nicht im Sinne des Initiators ist. Nun ist der Schüler wieder an der Reihe: „Sie haben schön öfter Punkte und Striche über den Buchstaben vergessen!" Lehrkräfte, die sich auf eine solche Kommunikation einlassen, reagieren nun erneut: „Ja, ich bin auch nur ein Mensch, und tatsächlich vergesse ich auch hin und wieder etwas!" Dann wieder der Schüler: „Ich wollte es nur mal sagen, es ist ja gut, wenn wir hier aufpassen, nicht wahr?" – „Selbstverständlich, und jetzt ist es ja gut!" – „Auf jeden Fall, jetzt haben wir es ja geklärt!" – „So, dann machen wir jetzt mal weiter!" Eine solche Strategie ist offensichtlich nicht zielorientiert. Es ist leicht vorstellbar, wie ein derartiges Kommunikationsmuster zwischen Schüler und Lehrkraft auf die übrige Klasse wirken muss. Es wird schnell klar, wer am längeren Hebel sitzt: der betreffende Schüler.

- **Opfer der Umstände / anderer Personen:** Dieses Psychospiel kann Lehrkräfte offenkundig richtig zur Weißglut bringen; aber nur, wenn sie mitspielen und nicht imstande sind auszusteigen. Ich habe schon SuS erlebt, die dieses Spiel in Perfektion beherrschten. Im Kern geht es darum, die Verantwortung für eigenes Fehlverhalten abzugeben. Geht einmal etwas schief, so sind stets „dumme" Zufälle oder menschliches Versagen von anderen Personen daran schuld. Im Praxisfeld Schule kann man mithilfe dieses Psychospiels Regeln brechen und zeitgleich ohne Bestrafung aus der Situation hervorgehen. Lehrkräfte verlieren meistens erst die Fassung, wenn sie merken, dass sich die Begründungen für Fehlverhaltensweisen wiederholen oder sich nachweislich als Lügen herausstellen („Was kann ich dafür, dass ich zu spät bin, der Bus kam nicht! Sie können froh sein, dass ich überhaupt gekommen bin!").

Narzisstisch strukturierte Heranwachsende spielen dieses Spiel häufig in einer aggressiven Form. Sie schwätzen etwa laut mit dem Nachbarn und erwidern, wenn man sie zur Ruhe ermahnt, etwas Folgendes: „Was kann ich dafür, wenn der da mich anspricht?!" Oder das Handy von Schüler XY klingelt plötzlich im Unterricht, worauf die Lehrkraft reagiert. Denkbare Reaktion vor dem Hintergrund des hier thematisierten Spiels: „Gar nix mach ich! Wenn meine Mutter sagt, ich soll erreichbar sein, dann bin ich das auch!"

Die Stärke dieses Spiels liegt darin, dass sich der Initiator von Unterrichtsstörungen gewissermaßen unangreifbar macht, weil er sich aus seiner Perspektive für sein jeweiliges störendes Verhalten gar nicht selbst verantworten muss.

TIPP

Die erwähnten Interaktionsstrategien sind sehr herausfordernd und führen zu negativem Stress auf Lehrerseite. Dennoch sollte man sich bewusst machen: Psychospiele sind nicht persönlich gemeint; andere Lehrkräfte sind genauso betroffen. Die Kunst besteht nun zukünftig gerade darin, dass man sich nicht ins jeweilige Spiel hineinziehen lässt; das ist zwar nicht immer ganz einfach, aber grundsätzlich machbar (**Kap. 4.4**).

3.9 Übertragung und Gegenübertragung

Images, Tests, Psychospiele und Appelle helfen SuS dabei, die Lehrerpersönlichkeit zu „diagnostizieren" (Damm 2010). Ob die Interaktionsstrategien von den Akteuren dazu genutzt werden, um eine positive oder negative „Beziehung" zur jeweiligen Lehrkraft aufzubauen, wird maßgeblich beeinflusst von Sympathie bzw. Antipathie (Damm 2018, 19f.).

Lehrkräfte lösen zu Schuljahresbeginn emotionale Reaktionen in SuS aus! Wenn Lehrkörper das erst Mal vor ihre Klasse treten, werden sie von den SuS genau beobachtet. Es kommt zu Einschätzungen, Bewertungen, kurzum zu Wahrnehmungsreaktionen, die i.d.R. nicht frei sind von gefühlsspezifischen Impulsen. Der Grund: Die äußeren Merkmale der Lehrperson, die natürlich auch ihre innerpsychischen Strukturen repräsentieren (Aussehen, Kleidungsstil, Körpersprache, Stimmlage), werden zunächst von den Gehirnen der Heranwachsenden – unbewusst – mit schulischen wie auch privaten/familiären Vorerfahrungen abgeglichen, die irgendeine Art von emotionaler Bedeutung hatten. Ein normaler Automatismus, der der Arbeitsweise des Gehirns geschuldet ist (Bauer 2008). Es geht gar nicht anders! Je nachdem, wie ähnlich die aktuellen Eindrücke in Hinsicht auf frühere Lehr- oder Privatpersonen ausfallen, kommt es u.U. zu Wahrnehmungsverzerrungen. Diese konstruieren sich selbst zu Vorurteilen, die mit Sympathie („Der macht einen netten Eindruck!") oder eben mit Antipathie („Irgendwie *strange*, der Typ!") neuronal verknüpft sind (Roth 2015). Vor allem mit den negativ gestimmten Heranwachsenden muss sich die Lehrkraft dann umgehend auseinandersetzen (Stichwort: Interaktionsstrategien). Nebenbei spielen im Rahmen der Personenwahrnehmung bzw. -einschätzung natürlich auch andere äußere Faktoren eine Rolle, etwa das Vorhandensein von Attraktivität, d.h. sexuelle Schlüsselreize vor dem Hintergrund der Erkenntnisse der evolutionären Psychologie (Buss 2004).

Dieser Gesamtkonstruktionsprozess seitens der Schülerschaft, der bis hierhin umrissen wurde, wird seit Sigmund Freud in einem anderen Kontext *Übertragung* genannt (Körner 2017). Im psychotherapeutischen Setting, so die Erkenntnisse des Begründers der Psychoanalyse, kommt es zu ähnlichen Übertragungsphänomenen, ausgehend vom Klienten. Übersetzt in unseren Kontext heißt das: Gefühle und Erwartungshaltungen entstehen *auch* im Klassenraum und werden den Lehrkräften mitsamt den interaktionellen Folgen vonseiten der Schülerschaft entgegengebracht. Das sollte den Professionellen bewusst sein und gehört zu einem professionellen Berufsverständnis.

Was lösen vereinzelte SuS in Lehrkräften aus? Umgekehrt gelten natürlich dieselben neuronalen Gesetzmäßigkeiten; ohne Ausnahme (Damm 2014; 2015)! Diese Tatsache gefällt nicht jedem. Wir Praktiker schreiben uns ja im Allgemeinen gerne auf die Fahnen, dass wir, professionell und vernünftig wie wir sind, *völlig* vorurteilsfrei die neuen Klassen auf uns wirken lassen – ohne dass wir uns zu vorschnellen Urteilen hinreißen lassen. Solch eine Wahrnehmungsüberzeugung entspricht geradewegs einer sogenannten „selbstwertdienlichen Verzerrung“ (Dobelli 2014, 185f.), Das Gegenteil ist der Fall.

Interessant wird es, wenn man an narzisstisch strukturierte SuS denkt. Was lösen sie in uns aus? Dafür müssten sie sich zunächst in irgendeiner Art mitteilen, z. B. mithilfe von Images, Tests, Psychospielen; und nicht in der Anonymität verschwinden. Offenkundig wollen diese Charaktere glücklicherweise schon zu Schuljahresbeginn auffallen, diese Motivation entspricht geradewegs dem narzisstischen Grundwesen; manche Heranwachsende bauen aber auch eine Art Zeitpuffer ein, um die Lage zu checken.

TIPP

Lehrkräfte lösen gefühlsspezifische Reaktionen in SuS aus, es kommt zu positiven wie auch negativen Empfindungen im Rahmen der Personenwahrnehmung – und umgekehrt. Nehmen Sie bewusst diesen Prozess zu Beginn des Schuljahres wahr, verfolgen Sie ihn achtsam. Denn vor allem Gegenübertragungsprozesse sagen sehr viel über den Urheber aus. Vielleicht haben Sie ja eine Vorliebe für bestimmte Schülertypen (**Kap. 1.2ff.**). Aber interpretieren Sie nicht vorschnell! Lassen Sie die Eindrücke auf sich wirken und tauschen Sie sich mit Ihrem Team aus.

3.10 Kollusionen mit anderen Schülertypen

Im nächsten Schritt ist es sinnvoll zu betrachten, welche Beziehungsstrukturen sich in Klassen bilden und verhärten. Anmerkung: Natürlich ist jede Klasse anders. Im Folgenden werden lediglich eigene Erfahrungen grundgelegt, die in Rücksprache mit Kolleginnen und Kollegen durchaus einen gewissen universellen Wiedererkennungswert haben.

Narzisstische Beziehungsgestaltung im Klassenraum und entstehende Konstellationen: Der Paartherapeut Jürg Willi (2001) versteht unter einer Kollusion (lat. colludere) ein unbewusstes Zusammenspiel zwischen (Ehe-)Partnern. In Anlehnung an die Psychoanalyse Sigmund Freuds unterscheidet er verschiedene Themen mit biografischem Hintergrund, die bei Paaren bestehen und die von den einzelnen Parteien in gegensätzlichen Rollen erlebt werden können (etwa Umsorgen/Umsorgt-Werden, Dominanz/Devotion, Bewundern/Bewundert-Werden usw.). Sein Kollusionskonzept kann auch gewinnbringend auf das hier relevante Thema transferiert werden. Tatsächlich entstehen für den psychoanalytisch geschulten Beobachter im Klassenraum ähnlich gelagerte „Beziehungen" zwischen SuS. Wir legen den Fokus gewiss auf die in diesem Buch thematisierte Zielgruppe.

Passende Beziehungspartner im Klassenraum: In der Regel finden sich sehr schnell SuS mit einem *gemeinsamen* „Beziehungsthema" (wertfrei gemeint). Hierbei werden gleichzeitig tendenziell bis stark die beiden fundamentalen Prinzipien „Gleich und gleich gesellt sich gern" und „Gegensätze ziehen sich an" ersichtlich. Es gilt die Faustformel: Je stärker die narzisstische Persönlichkeitsfacette vorliegt, desto klarer nehmen die (unbewussten) Beziehungsthemen für den Beobachter (= Lehrkraft) Gestalt an. Diesen Zusammenhang gilt es bezüglich der geforderten Professionalisierung in unserem Praxisfeld zu berücksichtigen.

Zunächst zum Klassiker schlechthin: Häufig verspüren *Helfertypen* (**Kap. 1.2**) eine starke Motivation, mit narzisstisch strukturierten Mitschülern in Kontakt zu treten und ihn auch längerfristig aufrechtzuerhalten, vor allem dann, wenn die Egomanen ein charismatisches Wesen zur Schau tragen. Helfertypen fühlen sich fasziniert vom Auftreten und möchten „geben", beitragen, unterstützen. Anders gesagt: Helfertypen geben, ohne etwas dafür zu wollen; Narzissten wollen viel, ohne etwas dafür zu geben. Warum ist das so? Die Vermutung liegt nahe, dass Narzissten intuitiv spüren, dass da jemand vor ihnen steht und sich für sie interessiert, den sie leicht für ihre eigenen Zwecke instrumentalisieren können (Telfener 2017). Auf den Punkt gebracht: Der helfende Part gibt viel (ohne dafür Dank zu wollen), der nehmende Part empfängt viel (und bedankt sich in narzisstischer Manier gerade nicht). Hier handelt es sich um ein geradezu klassisches Thema, das auch in zahlreichen Partnerschaften eine Rolle spielt und irgendwann zu Problemen führen kann (Willi 2001).

Auch *histrionisch strukturierte SuS* (**Kap. 1.3**) fühlen sich von Narzissten auf der Beziehungsebene angezogen. Dies verwundert nicht. Mit den Narzissten wird es nicht langweilig, es ist immer was los. Gegenseitig befeuert man sich in extrovertierter Art und Weise, sucht neue Reize, überschreitet Grenzen und hat gemeinsam Spaß (im subjektiv relevanten Sinne).

Befinden sich darüber hinaus auch *selbstschädigende Heranwachsende* (**Kap. 1.4**) in der Klasse, so wird die Lehrkraft meistens Zeuge eines an Ironie nicht zu überbietenden Schauspiels, das häufig nicht zu stoppen ist! Denn genau diese beiden Typen geraten unweigerlich aneinander. Häufig inszenieren SuS mit selbstschädigender Struktur den (unvorteilhaften) Erstkontakt, woraufhin es durchaus zu mobbingähnlichen Strukturen kommen kann. Staunend und ohnmächtig steht man fassungslos vor dem Geschehen. Selbst ernstgemeinte Stuhlkreise, Klassenkonferenzen usw. können dieser „Magie der Anziehung“ nichts entgegensetzen.

Weitaus positiver verlaufen Kollusionen zwischen Narzissten und *sadistisch strukturierten SuS* (**Kap. 1.5**). Letztere reihen sich gewöhnlich ein in den Fan-Club und profitieren auf ihre Weise von der Kollusion. Im Fahrwasser des Big Boss bekommen sie immer wieder die Gelegenheit, ihre sadistischen Impulse in die Tat umzusetzen. Opfer sind schnell ausgemacht. Die Gruppe nutzt ihre Kernkompetenz im Abchecken dahingehend.

Eine weitere klassische Kollusion ergibt sich mit *SuS mit Borderline-Tendenzen* (**Kap. 1.10**). Wie viele Partnerschaften sich vor diesem Hintergrund in meiner Schulkarriere als Lehrkraft ergeben haben, ist mir nicht mehr präsent, aber es waren nicht wenige. Dieses Phänomen ist übrigens in der psychoanalytischen Paar-Therapie ein fundamentaler Erkenntniswert. In Bezug auf den Schulalltag ist festzustellen: Der Borderline-Part kann sich am Narzissten „reiben“, vor allem emotional. Umgekehrt ist der narzisstisch strukturierte Schüler begeistert bzw. inspiriert vom extrovertiert-dominanten bis -devoten Auftreten des Borderline-Parts. Es kommt in Klassen, die diese Kollusion enthalten, regelmäßig zu entsprechenden Tragödien, die viel Raum einnehmen können.

Unpassende Kollusionspartner: Nun zu den Anti-Konstellationen, die sich ebenfalls von selbst ergeben und die die Betreffenden quasi intuitiv voneinander abstoßen. Dennoch ist es sehr gewinnbringend, sie als Lehrkraft im Hinterkopf zu behalten und zu bemerken. Schließlich geht es um die bestmögliche Diagnostik bezüglich narzisstischer SuS.

Ein absolutes No-Go für Narzissten sind *dependente SuS* (**Kap. 1.6**). Da prallen völlig unterschiedliche Bedürfnisse aufeinander, die sich nicht unter einen Hut bringen lassen. Der aktive (narzisstische) Part ist dominant und fordert Anerkennung und Bewunderung ein, der passive ist gerade dazu *nicht* imstande.

Ähnlich verhält es sich, wenn Narzissten und *schizoid veranlagte SuS* (**Kap. 1.7**) aufeinandertreffen. Emotionen sind auf der einen Seite stark erwünscht, auf der anderen extrem verpönt. Ich habe die Erfahrung gemacht, dass diese beiden Persönlichkeitstypen sich in möglichst weiter Entfernung voneinander im Klassenraum positionieren.

Noch offensichtlicher fällt die Antipathie aus, sobald Narzissten und *zwanghaft Strukturierte* (**Kap. 1.8**) aufeinandertreffen. Die Zwanghaften *wollen* ja im Unterricht eine gewichtige Rolle spielen, gerade nicht anecken, sondern entsprechende Erfolge und Leistungen in Bezug auf Leistungsfeststellungen erzielen. Narzisstische SuS möchten die Gruppe als Ganzes auf der Beziehungsebene instrumentalisieren – und die Lehrkraft als Person im Besonderen. Gerade diese beiden Intentionen stehen zwanghaften Interessen geradezu diametral gegenüber.

Mit *paranoid strukturierten SuS* (**Kap. 1.9**) ist aus der Perspektive von narzisstischen SuS ein Beziehungsaufbau noch weniger möglich. Sobald es zum Austausch zwischen beiden Parteien kommt, ist dieser vonseiten des paranoiden Parts geprägt durch Vorwürfe und Unterstellungen. Das ist für beide Seiten auf Dauer anstrengend, weshalb unbewusst ein Nichtangriffspakt geschlossen wird. In manchen Fällen wird aber auch einmal sinngemäß offen ausgesprochen: „Wir stören gegenseitig nicht unsere Kreise – und fertig!"

Die höchste Form des gegenseitigen Nicht-Beachtens bzw. Ignorierens besteht zwischen Narzissten und *ängstlich-vermeidenden Heranwachsenden* (**Kap. 1.11**). Die Letztgenannten haben schlicht und einfach Angst bzw. sind eingeschüchtert. Der aktive Part spürt andererseits sofort: Da ist nichts zu holen! Langweilig. Er kümmert sich lieber um SuS mit anderen Persönlichkeitsstrukturen.

TIPP

Es macht sehr viel Sinn, sich das Beziehungsgefüge der Klasse schon zu Schuljahresbeginn genau anzuschauen. Wer sitzt neben wem? Ändert sich die Sitzordnung und wenn ja: warum? Prinzipiell scharen narzisstisch strukturierte SuS ihre eigene Fan-Szene um sich, die aus bestimmten Persönlichkeitstypen besteht (Komplementärnarzissten, Helfer). Investieren Sie viel Aufmerksamkeit in die ersten Tage und Wochen. Da trennt sich nicht nur die sprichwörtliche Spreu vom Weizen; man erkennt das Vorhandensein und die Auswirkungen von narzisstischen Strukturen.

3.11 Stärken und Ressourcen

BEISPIEL

Lucy (17) verstand es auf beeindruckende Weise, sich eine Art Hofstaat in der Klasse zur eigenen Belustigung zu halten und sich permanent auf imposante Art und Weise im Unterricht in Szene zu setzen. So tönte sie beispielsweise regelmäßig zu allen passenden und unpassenden Gelegenheiten: „Von meinem ersten BAföG lasse ich mir Extensions machen!" **Lucy** hatte selten Unterrichtsmaterialien und nie irgendeine Art von Verpflegung dabei. Bereitwillig wurden Arbeitsblätter, Getränke und Snacks von den Mitschülern zur Verfügung gestellt oder sie bekam kleine Aufmerksamkeiten vom Schulkiosk während der Pause mitgebracht. Sie bedankte sich nie, sondern empfand diese Aufwartungen ganz humorlos als selbstverständlich. Ihre Leistungen lagen in allen Fächern im sehr guten bis guten Bereich. Verständnis für Mitschüler, denen das Lernen schwer fiel bzw. die mit schlechten Noten zu kämpfen hatten, zeigte sie nicht. Empathie war ihre Sache nicht. Trotz ihrer Star-Allüren wurde sie augenscheinlich anerkannt und war erstaunlicherweise beliebt im Klassenverband. Ihr bevorzugtes Hobby bestand darin, Lehrkräfte während des Unterrichts in fachliche Seitengespräche zu verwickeln, die nach und nach die Form von Monologen annahmen. Lucy schloss das Schuljahr als Klassenbeste ab und begann schließlich ein Lehramtsstudium (Grundschullehramt).

In den meisten Veröffentlichungen zum Thema werden ausschließlich die defizitären bzw. pathologischen Facetten des Narzissmus behandelt. Narzissten seien ausbeuterisch in Beziehungen, selbstgerecht, würden sprichwörtlich über Leichen gehen, vor allem im Beruf, und hätten keine Empathie (**Kap. 3.1, 3.2**).

Die Inneres-Team-Perspektive: Wer ist noch an Bord? Dem ist natürlich nicht so, es kommt vielmehr ganz auf die Ausprägung des Narzissmus an! Eine narzisstische Persönlichkeitsfacette in gesunder Ausprägung ist eine wahre Ressource im Leben und hat durchaus viele positive Facetten und Auswirkungen, und zwar sowohl für den Betreffenden selbst als auch für sein soziales Umfeld (Sachse / Sachse 2016, 124ff.). Was außerdem in fast allen mir bekannten Büchern und Beiträgen fehlt, dass ist die Berücksichtigung eines ganz bestimmten neurobiologischen (Roth 2013) bzw. psychologischen Menschenbildes (etwa Schulz von Thun 2013; Young et al. 2008), wonach unser Bewusstsein, unser Ich, aus mehreren innerpsychischen Anteilen besteht (**Kap. 2.5**).

Empathie, Hedonismus und Handlungsorientierung: Es mag auf den ersten Blick irritieren, aber Narzissmus und Empathie schließen einander *nicht* aus – wenn man vor dem Hintergrund des eben genannten Menschenbildes Personen wahrnimmt. Naturgemäß wird Narzissten die sogenannte *kognitive* Empathie zugestanden, ähnlich wie das auch bei Psychopathen der Fall ist (Hare 2005). D. h., die Betreffenden haben die Fähigkeit, „schnell und zutreffend zu erkennen, was ein Interaktionspartner möchte" (Sachse / Sachse 2016, 134). Wir konstatieren vor dem Hintergrund des Modells des Inneren Teams (Schulz von Thun 2013): Narzisstische Persönlichkeiten können durchaus auch zur *gefühlsspezifischen Empathie* in der Lage sein, nämlich dann, wenn dieser innerpsychische Teil, das fürsorgliche Ich, zum jeweiligen Persönlichkeitsinventar des Betreffenden gehört. Mit anderen Worten hat der Psychoanalytiker Wolfgang Schmidbauer (2007) den Persönlichkeitstypus des sogenannten *hilflosen Helfers* beschrieben. Dieser zeigt sich nach außen hilfsbereit, selbstbewusst, empathisch und nach innen potenziell narzisstisch strukturiert (und gleichzeitig unfähig, Schwäche zuzulassen, geschweige denn Hilfsangebote anzunehmen). Fazit: Narzissten können kognitiv *und* auch emotional empathisch sein. Gerade in sozialen und Bildungsberufen ist das keine Seltenheit.

Eine weitere Stärke, die mit narzisstischen Persönlichkeitsfacetten einhergeht, ist die Fähigkeit zum *Hedonismus*. Nach Sachse / Sachse (2016, 137) wissen Egomanen sehr genau, was ihnen gut tut und was nicht. Sie wissen auch i. d. R., was sie wollen und was nicht. Insofern sind sie vor allem eins: potenziell konsequent genussfähig! Sie können ihre Lebensgestaltung und das ihrer Mitmenschen positiv prägen, wenn sie wollen.

Sicherlich eine der größten Stärken im Schulbereich ist eine ausgeprägte *Handlungsorientierung*. Narzissten lassen sich sehr gut mit der Übergabe von Aufgaben in die Klasse integrieren. Sie grübeln nicht lange, sie sind Macher. Nicht ohne Grund werden vor allem narzisstisch strukturierte SuS zu Klassensprechern gewählt. Die Gruppe erspürt intuitiv, dass sich da jemand zur Wahl stellt, der Dinge in die Hand nehmen kann.

Ehrgeiz, Kreativität, Selbstbewusstsein: Haben es Lehrkräfte mit erfolgreichen bzw. gescheiterten Narzissten (**Kap. 3.2**) im Klassenraum zu tun, so merken sie schnell: Da sitzen SuS, die *wollen*, die sind motiviert, die machen mit. Sie haben vor allem eins: *Ehrgeiz*.

Eine weitere Ressource kann im kreativ-künstlerischen oder auch im musischen Bereich vorliegen (*Kreativität*). Nicht wenige SuS, die narzisstisch motiviert sind, haben ein oder mehrere Talente, die sich gut ins Schulleben einbauen lassen. Hierfür brauchen die Betreffenden in vielen Fällen aber Impulse; diese zu setzen, sollte die Aufgabe von Lehrkräften sein.

Narzissten sind natürlich i. d. R. auch Rampensäue – präsent, d. h. viel mehr als einfach nur anwesend (Damm 2012). In guter Gefühlslage offenbaren sie ein stabiles Selbstbewusstsein. Sie können in dieser Rolle ein wichtiges Bindeglied zwischen Lehrkraft und Klasse sein, gerade in der Rolle als Klassensprecher. Sie offenbaren dann ein starkes *Selbstbewusstsein* und übernehmen bereitwillig Aufgaben, stellen sich sogar in den Dienst des Kollektivs, wenn die pädagogische Beziehung zwischen ihnen und der Lehrkraft stimmt, also geklärt ist (**Kap. 5**).

TIPP

Lehrkräfte sollten im Rahmen der Professionalität über den Tellerrand des üblichen Narzissten-Bashings hinausschauen und die Ressourcen, Kompetenzen und auch offensichtlichen Stärken von narzisstischen SuS wahrnehmen und weiter fördern können, indem sie sie etwa klassendienlich ins Schulleben einflechten. Adressaten sind hier die erfolgreichen bzw. gescheiterten Narzissten, die erfolglosen bedürfen einer gesonderten Betrachtung (**Kap. 3.12**).

3.12 Praktika-, Schullaufbahnberatung, berufliche Perspektiven

Lehrkräfte übernehmen viele zusätzliche Aufgaben im Praxisfeld Schule, die weit über die Lehre und die obligatorische Erhebung von Zensuren über Leistungsnachweise hinausgehen. So sollen wir die SuS u. a. auch beraten, etwa wenn Praktika anstehen. Oft heißt es von Schülerseite: „Ich weiß nicht, was ich machen soll! Haben Sie eine Idee?“ Bei narzisstisch strukturierten Heranwachsenden sieht die Sache natürlich anders aus. Sie haben ja bekanntlich kein Problem damit, Entscheidungen zu treffen. Eine ähnliche Sachlage besteht in Hinsicht auf die Schullaufbahnberatung. Man kann davon ausgehen, dass erfolgreiche Narzissten ganz hoch hinauswollen. Die gescheiterten sowie die erfolglosen Selbstdarsteller hingegen haben da erkennbar andere Vorstellungen; aber dahingehend auch sehr spezifische. Die Unterschiede zeigen sich des Weiteren auch ganz klar beim Thema *Wo geht denn die Reise irgendwann beruflich hin?* Um diese Themen bzw. Fragestellungen geht es im Folgenden.

„Haben Sie eine Idee bezüglich des anstehenden Praktikums?“ *Erfolgreiche Narzissten* imponieren in Beratungsgesprächen vor allem durch ihre imposante Ich-Kompetenz. Sie haben ganz klare Vorstellungen von ihrem Praktikum,

i. d. R. ist bereits eine entsprechende Stelle organisiert. In diesen Fällen muss man sich als betreuende Lehrkraft gar keine Gedanken machen. Das Praktikum wird ordentlich ablaufen. Eine gute bis sehr gute Bewertung rundet das ganze Prozedere ab. *Gescheiterte Narzissten* hingegen entwickeln häufig eine nicht ganz so hohe Motivation wie die erfolgreichen. Aber auch bei diesem Typus sieht die Prognose insgesamt positiv aus. Gescheiterte haben meistens einen geringen bis mittleren Beratungsbedarf; man muss nur feinjustieren. Problematischer sieht die Sachlage bei den *erfolglosen Narzissten* aus. Spätestens beim Vorab-Beratungstermin wird meistens klar: Schüler XY hat sich um noch nichts gekümmert. Wieso sollte er auch? Sinngemäß heißt es dann: „Die Praktikumsstelle wird zu mir kommen! Warum muss ich aktiv werden? Nee, im Ernst jetzt mal, es ist ja noch Zeit! Zwei Tage oder so?" Nicht selten sucht letztlich die Lehrkraft auf den letzten Drücker gewissenhaft nach einem passenden Betrieb. In der Mehrzahl der Fälle gibt es nach einer erfolgreichen Vermittlung massive Probleme. Der Schüler kommt im Laufe des Praktikums etwa regelmäßig zu spät, wirkt im Allgemeinen und Speziellen demotiviert, lässt Respekt gegenüber den Vorgesetzten und den Kunden vermissen, Anweisungen von oben befolgt er nicht bzw. nur mit Nachdruck, zudem werden Inhalte des Arbeitsvertrages großzügig gebrochen und im Anschluss daran das Spiel *Opfer der Umstände / anderer Personen* gespielt (**Kap. 3.8**). Nach dem letztlich *gescheiterten* Praktikum (kein Einzelfall) sind natürlich alle anderen daran schuld, niemals aber der Schüler selbst! Allen voran, wen verwundert es, sollte sich gefälligst die Lehrkraft für den Misserfolg des Schülers verantworten! Denn sie hat es vermasselt, blöderweise die falsche Praktikumsstelle vermittelt usw. – so einfach sieht es für den Schüler aus. Eine solche Wahrnehmung kann, wenn sie im Rahmen eines Nachgesprächs kommuniziert wird, für die Lehrkraft eine große Herausforderung im „Ruhe bewahren" darstellen.

„Wie geht es nach dem Schuljahr weiter?" Ähnliche Verhaltensweisen bzw. Auffälligkeiten zeigen erfolgreiche, gescheiterte und erfolglose Narzissten auch in Bezug auf Beratungstermine rund um das Thema *Schullaufbahnberatung*. Die *erfolgreichen Narzissten* haben auch hier einen klaren Plan; die eventuell engagierte Lehrkraft rennt offene Türen ein. Es gilt das durchdachte Prinzip „Höher, schneller, weiter"! Und das klingt dann beispielsweise so: „Klar, Abi! Was sonst? Dann Studium. Läuft! Ich weiß, wie es läuft!" Die *Gescheiterten* zweifeln aus ihrer Wahrnehmung *mehr* (denn mindestens einmal sind sie ja schon an die Wand gefahren). Man sollte als Lehrkraft hier besonders den Blick auf die Ressourcen des Schülers richten und diese betonen bzw. gemeinsam reflektieren und dadurch bewusstmachen; denn die gibt es. Die *erfolglosen Narzissten* wiederum haben ihre eigenen Überzeugungen, ich hörte schon Statements von Betreffenden á la: „Ach, wissen Sie, ich könnte, wenn ich wollte, eigentlich alles werden, aber jetzt habe ich erstmal Bock, einfach nur mal zu chillen! Vielleicht werde ich mal Lehrer, so wie sie, mal sehen, oder Politiker oder so!" Die Kunst besteht nun darin, herauszufiltern, ob sich bei Schüler XY (noch) Selbsterkenntnisprozesse anregen lassen oder nicht. Manchmal muss man auch einfach loslassen können. Wir können nicht jeden retten.

„Welchen Beruf soll ich ergreifen?" Für Beratungsgespräche zum Thema Berufswahl ist es wichtig, dass die Lehrkraft inneren Abstand herstellen kann. Der Trend der drei beschriebenen Narzissmus-Typen setzt sich nunmehr fort. Rückblickend betrachtet formulieren die *erfolgreichen Narzissten* in der Regel eine ganz eindeutige Zukunftsprognose, die sich als realistisch herausstellt. Die *gescheiterten Narzissten* haben dahingehend eine sehr passende Selbsteinschätzung und gehen dann auch ihren Weg. Zu den *erfolglosen Narzissten* liegen mir vergleichsweise nur wenige Daten vor, da sich der Kontakt in der Regel verlor, nachdem die Betreffenden mit Abschluss- (erfolgreich) bzw. Abgangszeugnis (erfolglos) meine Schule verließen.

TIPP

Lehrkräften ist angeraten, sich die beschriebene Dreiteilung der Narzissmus-Typen in Beratungsgesprächen vorab bewusstzumachen und zu berücksichtigen. Dies spart im Verlauf der Unterhaltung zum einen Zeit, zum anderen lassen sich daraus vorab auch Handlungsstrategien ableiten, die bestenfalls zielorientiert für den betreffenden Schüler ausfallen (= Win-win-Konstellation).

4 Allgemeine und spezielle Formen des Beziehungsaufbaus im Klassenraum

Bevor es um den in diesem Rahmen empfohlenen professionellen Umgang mit SuS mit tendenziellen bis stark ausgeprägten narzisstischen Persönlichkeitsanteilen geht – der auf psychotherapeutischen Erkenntnissen und praktischen Erfahrungen basiert –, soll zunächst an dieser Stelle die allgemeine Bedeutung von Lehrer-Schüler-Beziehungen im Klassenraum hervorgehoben und unterstrichen werden. Dieser Aspekt wird oft wahrlich unterschätzt.

Ohne Beziehung keine Bildung und Erziehung! Die Person der Lehrkraft hat einen *sehr* großen Einfluss auf den Lernerfolg der SuS. Im Guten wie auch im Schlechten. Das ist kein Geheimnis mehr. In ihrer wegweisenden Meta-Studie haben Hattie und Zierer (2018) eine Rangliste verschiedener Einflussfaktoren auf den Lernerfolg der SuS erstellt. Ziemlich weit vorne (insgesamt 252 Einflussfaktoren) rangieren: „Klarheit der Lehrperson" (Rang 8), „Feedback" (Rang 10) und „Lehrer-Schüler-Beziehung" (Rang 11).

Menschen sind soziale Wesen und brauchen im Alltag positiv-wertschätzende Rückmeldungen! Im zwischenmenschlichen Alltag, im Beruf wie auch im Privaten, geht es uns Menschen so gut wie immer um die Beziehungsebene, genauer um unsere Bedürfnisse wie Anerkennung, Wertschätzung, Empathie, Bindung. Darauf verweisen z.B. Neurobiologen (Bauer 2006), die u.a. mit bildgebenden Verfahren nachgewiesen haben, dass Glücksbotenstoffe wie Dopamin, Oxytocin und körpereigene Opioide im Falle von authentischem Lob, emotionalem Spiegeln usw. vonseiten unseres Interaktionspartners automatisch ausgeschüttet werden. Aber auch Psychotherapeuten, die die sogenannte Gewaltfreie Kommunikation (Rosenberg 2016), Klärungsorientierte Psychotherapie (Sachse et al. 2011) oder Schematherapie (Young et al. 2008) in Theorie und Praxis vertreten, verweisen immer wieder auf die große Bedeutung von zwischenmenschlichen Bedürfnissen im Alltag und deren Auswirkungen auf Motivation, Mitarbeit, Kooperation und Persönlichkeitsentwicklung. Zurecht!

Im Klassenraum greifen entsprechend dieselben Mechanismen auf der Beziehungsebene. Unser evolutionäres Erbe „schiebt" sich auch in das Praxisfeld Schule.

TIPP

Nehmen wir uns an dieser Stelle kurz selbst in den Blick. Wie schnell sind wir berührt, wenn wir positives Feedback vonseiten unserer Vorgesetzten, Kollegen und auch SuS zu unserer Person, unserem Unterricht, unserem schulischen Engagement usw. bekommen? Demgegenüber sind wir im Falle von etwaigen Provokationen oder negativen Statements über unsere Fähigkeiten als Lehrkraft frustriert, blitzschnell erbost, in Abwehrhaltung usw. Wie schnell verlieren wir dann die Fassung bzw. die Professionalität?

Realitätscheck: Nicht jeder Schüler hat ein Interesse an partnerschaftlichen Beziehungen: Aber es reicht natürlich seitens der Lehrkraft nicht aus, der Klasse gegenüber ausschließlich freundlich, offen, authentisch, zugewandt usw. gegenüberzutreten, d.h. ausschließlich ein Interesse am Schülerwohl zu kommunizieren. Das wissen irgendwann auch sehr viele Kolleginnen und Kollegen, die zu Beginn ihrer Berufslaufbahn die Schule mit dieser Einstellung retten oder einfach nur „das *Gute* in den SuS fördern wollen“. Das Problem liegt nämlich trotz des evolutionären Potenzials zur Kooperation, das seit Geburt universell besteht (Bauer 2006), darin, dass zahlreiche SuS dominante Persönlichkeitsstile, -störungen bzw. sehr nachteilige Schemata (Damm 2018) ausprägen, die mit ganz eigenen, u.U. auch sehr negativen Beziehungserwartungen korrelieren. Diejenigen, die hiervon betroffen sind, haben gar kein Interesse an einer positiven Stimmung im Klassenraum.

Frühkindliche soziale Erfahrungen mit Eltern, Erzieherinnen, Familienangehörigen usw., die häufig gemacht werden, positive wie auch negative, schlagen sich neuronal im Gehirn des Heranwachsenden nieder und verdichten sich mit der Zeit zu mehr oder weniger stabilen bzw. starren Beziehungserwartungen, zu sogenannten Schemata (Young et al. 2008; Roediger 2014); und zwar in Wechselwirkung mit angeborenen charakterlichen Dispositionen (extrovertiertes bzw. introvertiertes Temperament usw.). Flankiert wird diese Sachlage auch von der Pubertätsphase, die von zahlreichen Hochs und Tiefs geprägt, ebenfalls den Unterrichtsalltag auf der Beziehungsebene beeinflusst.

Einfluss von Persönlichkeitsstilen auf die Beziehungserwartung: Persönlichkeitsstile seitens der SuS generieren vorauseilend Beziehungserwartungen, die mit der Lehrkraft mithilfe von Interaktionstechniken inszeniert werden. In Bezug auf die in **Kap. 1.2ff.** skizzierten Charakterfacetten heißt das konkret auf das Setting Klassenraum bezogen: Die Beziehungserwartungen von SuS gestalten sich u.a. in Abhängigkeit von Persönlichkeitsstilen. Im Folgenden wird dies konkretisiert dargestellt:

- *Helfertypen* (**Kap. 1.2**) wünschen sich eine persönliche und vor allem aktive Unterstützung von der Lehrkraft und sind stark daran interessiert, eine empathische Nähe mit ihr aufzubauen und zu erleben, die optimalerweise auch in den Privatbereich hineinragt. Dann fühlen sich die Betreffenden wohl. Falls sie die Lehrkraft gut leiden können, unterstützen sie sie auch in Bezug auf ihre Aufgaben und arbeiten im Unterricht gut mit.
- *SuS mit histrionischer Struktur* (**Kap. 1.3**) möchten von der Lehrkraft für ihr extrovertiertes Auftreten, sprachliches Ausdrucksniveau, ihre Attraktivität usw. möglichst zeitintensiv und ausgiebig bewundert werden; innerhalb des Unterrichts, versteht sich. Die Betreffenden sind hierbei unersättlich; wenn man sie nicht bremst, ziehen sie die komplette Aufmerksamkeit aller Anwesenden auf sich.
- *SuS, die selbstschädigende Tendenzen* aufweisen (**Kap. 1.4**), verwirklichen hingegen Beziehungskonstellationen, die von außen betrachtet sehr nachteilig für die Betreffenden ausfallen. Aber so sieht das nicht für den Initiator des Geschehens aus, da es langsam und unscheinbar passiert. Es ist nämlich i.d.R. so, dass Schüler XY die (überwiegend selbstverursachte) Opferrolle bestens aus den Schuljahren zuvor kennt und infolgedessen gewohnheitsweise inszeniert. Die Realisierung einer solchen Konstellation ist manchmal ein fundamentales Muster, das man pädagogisch nicht durchbrechen kann. Im Unterricht sorgen sie für Momente der Irritation; die sogenannten „What-the-fuck?"- bzw. „Was-will-uns-der-Kommunikator-damit-sagen?"-Momente. Solche Situationen können den Unterricht situativ lahmlegen und irgendwann eine sehr ausgeprägte negative kollektive Gegenübertragungsreaktion geradezu heraufbeschwören.
- *SuS mit sadistischen Persönlichkeitsfacetten* (**Kap. 1.5**) sind nicht immer gleich als solche zu erkennen, es gibt Profis, d.h. Wölfe im Schafspelz. Die Betreffenden erscheinen nett und unkompliziert. Manchmal richten sie ihre Fremdschädigungspotenziale unmittelbar und direkt gegen die Lehrkraft (etwa in Form von Mobbing), dann kann die Diagnose recht schnell gestellt werden. Es kommt infolgedessen zu vielen Unterrichtsstörungen und Angriffen auf der persönlichen Ebene. In vielen Fällen geraten aber auch „passende" (selbstschädigende) Mitschüler ins Fadenkreuz. Was sich mit Sicherheit sagen lässt: Die Betreffenden haben ein starkes Interesse daran, in zwischenmenschlichen Beziehungen im Klassenraum Dominanz auszustrahlen und das Gegenüber das auch spüren zu lassen.

- Die *Dependenten* (**Kap. 1.6**) hingegen wirken auf die Lehrkraft sehr passiv, infantil, schwach und dadurch hilfsbedürftig. Diese SuS erwarten von der Lehrkraft bestenfalls unterstützende Mutter- bzw. Vaterfunktionen. Der Professionelle soll vor allem niemals ihre Komfortzone betreten und etwas einfordern, sondern vielmehr eine Art VIP-Status für die betreffenden Charaktere mit Wohlfühlgarantie etablieren. Es ist natürlich klar, dass die Verwirklichung von solchen Erwartungen nicht zum professionellen Berufsverständnis von Lehrkräften gehört. Probleme entstehen dann, wenn Teamarbeit gefragt ist, in der alle Beteiligten Engagement zeigen müssen.
- *Schizoid strukturierte SuS* (**Kap. 1.7**) haben demgegenüber kein bis wenig Interesse an einem sozialen Kontakt mit der Lehrkraft. „Bitte einfach nur in Ruhe lassen!" – so lautet die Maxime. Die Betreffenden fallen im Klassenverband i.d.R. zu Beginn des Schuljahres überhaupt nicht auf, sie sind unsichtbar.
- Die *zwanghaften SuS* (**Kap. 1.8**) legen ebenfalls sehr wenig Wert auf Beziehungen. Der Fokus liegt viel mehr auf dem Unterricht, vor allem auf seinen Qualitätsmerkmalen. Zwanghafte brauchen viele Aufgaben sowie leistungsspezifische Rückmeldungen. Sie sind hochgradig motiviert bis perfektionistisch veranlagt und haben überwiegend den erfolgreichen Abschluss im Sinn. Außerdem soll die Lehrkraft ihrem professionellen Berufsverständnis gerecht werden. Manchmal sind die Erwartungen unrealistisch.
- *Paranoide SuS* (**Kap. 1.9**) haben noch weniger Interesse an einem Beziehungsaufbau, denn jedwede Form von Kontakt wird potenziell als feindselig interpretiert. Das merkt die Lehrkraft auch recht schnell. Probleme ergeben sich rasch mit anderen SuS; denn sie fühlen sich in vielen Situationen ungerecht behandelt, sollen sich rechtfertigen, Schuldzuweisungen akzeptieren usw. Vor allem Paranoide bringen Unruhe in den Klassenraum.
- *Heranwachsende mit Borderline-Persönlichkeitsfacetten* (**Kap. 1.10**) sind bei manchen Lehrkräften maximal motiviert, eine möglichst positive und vor allem enge vertrauensvolle Beziehung zu etablieren. Dies schaffen sie auch mithilfe ihrer gewöhnlich stark ausgeprägten sozialen Kompetenzen i.d.R. spielend. Problematisch wird es dann, wenn anstelle der Idealisierungstendenzen bezüglich der betreffenden Lehrkraft die fast schon unvermeidliche Abwertung inszeniert wird (Damm 2019). Borderliner sind bekanntlich emotionale Achterbahnfahrer.
- Die *ängstlich-vermeidenden SuS* (**Kap. 1.11**) sind im Klassenverband in der Regel gänzlich unsichtbar (ebenso wie die Schizoiden). Ihr Kernbeziehungsbedürfnis (in Bezug auf die Lehrkraft) lässt sich folgendermaßen auf den Punkt bringen: „Bitte keinerlei Kontakt! Bitte niemals ansprechen!"

Probleme im Klassenraum verursachen SuS mit diesem Stil zumeist nicht. Man nimmt i.d.R. Rücksicht auf sie. In manchen Klassen sind sie aber auch gefundene Mobbing-Opfer.

Lehrkräfte können sich mit an Sicherheit grenzender Wahrscheinlichkeit auf die skizzierten Beziehungserwartungen von SuS mit den erwähnten Persönlichkeitsstilen einstellen. Es wird Ihnen mit etwas Übung und Erfahrung ein Leichtes sein, von den offensichtlich beobachtbaren Beziehungserwartungen auf den jeweiligen Persönlichkeitsstil zu schließen. Das braucht natürlich seine Zeit. Im Anschluss daran können die Professionellen weitere Strategien ins Auge fassen, um den jeweiligen herausfordernden Schüler bestmöglich zu integrieren, zu fördern und zum Klassenziel zu bringen (**Kap. 5**).

TIPP

Tipps zum Umgang mit Narzissten: SuS, die narzisstische Verhaltensweisen zeigen, wollen sich mit der Lehrkraft etwas „reiben“. Sie wollen hausfinden, ob sich der Professionelle dominieren bzw. manipulieren lässt. Seien Sie also aufmerksam, vor allem in Bezug auf die in **Kapitel 3.8** beschriebenen Interaktionsstrategien. Sehr fatal wäre es, wenn es Schüler XY gelingen würde, die Lehrkraft vor der Klasse am Schuljahresanfang vorzuführen. Außerdem ist darauf zu achten, dass der Heranwachsende in der Klasse keine Grenzen überschreitet, um seinen VIP-Status auszubreiten und zu kultivieren (**Kap. 5**).

Schritt 1: Interesse an der Lebenswirklichkeit der SuS zeigen und die Kinder und Jugendlichen miteinbeziehen: Die Schülerrolle impliziert naturgemäß verschiedene Aspekte, die mit dem Begriff *Bringschuld* überschrieben werden können. Einfach gesagt: die Heranwachsenden haben mehr Pflichten als Rechte in der Schule. Das bringt die Schulzeit aus traditionell-gesellschaftlichen Gründen einfach mit sich.

Inwieweit Lehrkräfte nun in diesem hierarchischen Setting auf schülerspezifische Bedürfnisse, Lebenswirklichkeiten, Anliegen und Themen abseits dieser Bringschuld eingehen, ist abhängig von der Persönlichkeitsstruktur des Professionellen (Damm 2018, 51ff.), und *nicht* vom Lehrplan!

Klassenlehrerinnen und -lehrern wird bezüglich des individuellen und auch kollektiven Beziehungsaufbaus, der aufgrund unserer evolutionären Ausstattung (Bauer 2006) sinnvoll ist, im vorliegenden Rahmen dringend empfohlen, *Einzelgespräche* zu Schuljahresbeginn zu führen. Bei diesen Terminen darf abseits des Organisatorischen gerne auch auf die Persönlichkeit bzw. Biografie des betreffenden Schülers eingegangen werden („Wie erging es dir in den vorausgegangenen Schuljahren?“, „Warum bist du hier?“, „Was hast du für Ziele?“).

Aber auch die ersten paar Tage des Unterrichtsgeschehens sollten im Kollektiv zum Beziehungsaufbau und Kennenlernen genutzt werden. Das handhaben intuitiv auch viele Lehrkräfte so, indem sie etwa teambildungsdienliche Einheiten einplanen („Steckbriefe“, Collagen erstellen lassen usw.). Es hat sich als sinnvoll herausgestellt, die Lebenswirklichkeit (Hobbys, biografische Inhalte) der SuS methodisch aufzugreifen. So bekommen Einzelne auch Zugänge zu anderen SuS, die *ähnliche Interessen* haben. Auf diese Weise sorgen Lehrkräfte für eine emotionale Vernetzung auf Klassenseite.

TIPP

Tipps zum Umgang mit Narzissten: Bereits in den Einzelgesprächen zu Schuljahresbeginn machen Egomanen einen entsprechenden Eindruck unter vier Augen. Sie wirken bisweilen arrogant und selbstverherrlichend. Als sehr wichtig stellte sich für mich heraus, die Unterscheidung zwischen erfolgreichen, gescheiterten und erfolglosen Narzissten (**Kap. 3.2**) im Hinterkopf zu behalten und dann konkret zu berücksichtigen. Bestenfalls lotet die Lehrkraft etwaige Tendenzen seitens des betreffenden Schülers aus („Also, mal unter uns: auf mich wirkst du ziemlich selbstsicher! Was würden deine ehemaligen Lehrer über dich sagen, wenn sie denn hier wären?“).

Schritt 2: Die Methode „Expertenrolle“ authentisch praktizieren (verdeckter Beziehungsaufbau): Vor dem Hintergrund des Modells des *Inneren Teams* (Young et al. 2008; Damm 2018; Schulz von Thun 2013) wird folgende Intervention empfohlen, die gleichzeitig die Königsdisziplin des Beziehungsaufbaus im schon beschriebenen Modell der Schemapädagogik (**Kap. 2.5**) darstellt (Damm 2010). Im Rahmen dieser Methode sorgt der Initiator im 1:1-Setting oder auch im Klassenverband dafür, dass der Interaktionspartner in einen geradezu angenehmen Gemüts- bzw. Bewusstseinszustand wechselt. Dieser wird mit der Intervention dazu geradezu erzwungen. Es wird hierzu ein Thema angesprochen, das den Betreffenden aufgrund des implizierten Lebensweltbezugs stark interessiert (Nationalität, Hobby, Vorliebe XY usw.). Wird diese Intervention erfolgreich angewendet, so ergeben sich zahlreiche positive Folgen für den Beziehungsaufbau. Der Initiator, in diesem Fall die Lehrkraft, wird währenddessen als Gesprächspartner auf Augenhöhe wahrgenommen. Gemeinsam wendet man sich einem Thema zu, das beide interessiert. Glücksbotenstoffe werden ausgeschüttet, wenn dieser Moment getragen wird von authentischen körpersprachlichen Spiegelphänomenen, die von der Lehrkraft initiiert werden (= Empathie). Im dritten Schritt wird diese Methode an die schon erwähnten Persönlichkeitsstile angepasst und beispielhaft ausgeführt.

TIPP

SuS und auch Lehrkräfte sind Experten für bestimmte Themen, die sie in ihrem Freizeitbereich pflegen und kultivieren. Diese Angelegenheiten sind verknüpft mit angenehmen Emotionen bzw. sogar frühkindlich erworbenen Vorlieben. Wenn Lehrkräfte diese Lebensbereiche auf Schülerseite methodisch thematisieren, so sorgen sie für die Auslösung von positiven Emotionen sowie förderlichen Bewusstseinszuständen (Dopamin etc.).

Schritt 3: Schüler mit dominanten Persönlichkeitsstilen auf der Beziehungsebene bewusst mit „strokes" belohnen: Persönlichkeitsstile korrelieren, wie bereits ausgeführt, mit bestimmten bevorzugten Lebensthemen, Betätigungsfeldern, Vorlieben und Hobbys in Beruf und Freizeit (**Kap. 1.2ff.**). Diese werden im Rahmen tiefenpsychologischer Forschung immer wieder nachgewiesen und können in zwischenmenschlichen Begegnungen zum Zwecke des Beziehungsaufbaus gewinnbringend berücksichtigt werden (Lelord/André 2017; Riemann 2017). Die bis hierhin zusammengefassten Erkenntnisse helfen dem Praktiker dabei, den Interaktionspartner auf der Beziehungsebene dort abzuholen, wo er gerade steht (Sachse 2016; Fiedler/Herpertz 2016). Bezogen auf das Praxisfeld Schule heißt das: Bestenfalls kann die Lehrkraft nach einer vorsichtig gestellten Persönlichkeitsstil-Diagnose typische Themen (Musik, Sportart, Hobby usw.) ansprechen. Schnell ergeben sich im Rahmen von erfolgreichen Versuchen die sogenannten (körpersprachlichen) Spiegelphänomene (Bauer 2008), d.h. es kommt zu mimischen und gestischen Nachahmungseffekten. In solchen Konstellationen ist die Sympathie nicht mehr weit. Im Prinzip bringen auch schauspielerische Qualitäten seitens der Lehrkraft bei der Praxis der Expertenrolle viel, probieren Sie sich mal aus. Doch Vorsicht: Wirkt man im Rahmen der Intervention nicht authentisch oder macht den Eindruck eines „Einschleimers", verkehrt sich der Versuch ins Gegenteil und der Beziehungsaufbau misslingt. Die Gegenseite hat feine Antennen. Und dann dauert es seine Zeit, bis man Schüler XY wieder ins Boot holen kann (Damm 2010).

Im Folgenden möchte ich Methoden und Gesprächstechniken zum Beziehungsaufbau in Bezug auf die in **Kapitel 1** beschriebenen Persönlichkeitsstile formulieren bzw. empfehlen. Diese Ideen beruhen auf der Verknüpfung zwischen wissenschaftlicher Theorie (u.a. Reich 1933/2010; Riemann 2017; Fiedler/Herpertz 2016; Lelord/André 2017) und schulischer Alltagspraxis meinerseits:

- *Helfertypen* (**Kap. 1.2**) haben häufig einen großen, hilfsbedürftigen, weil problembeladenen Freundeskreis, den sie mit Hingabe pflegerisch betreuen. Empathie und das Interesse am Gegenüber dominieren in solchen Fällen. Daher zeigen sie auch meistens eine ausgeprägte Tierliebe, haben also mindestens ein Haustier. Außerdem wird oft eine große Schwäche für soziale Ehrenämter bzw. entsprechende berufliche Nebentätigkeiten ersichtlich, die gesellschaftlich hoch im Kurs stehen. Lehrkräfte können einmal bewusst versuchen, eine relevante Angelegenheit zu einem Gesprächsthema zu machen. Gerade bei SuS mit diesem Persönlichkeitsstil ist es in der Regel fast unmöglich, *keine* positive Beziehung aufzubauen. Man muss nur entsprechende Fragen zum Freizeitbereich stellen und dann aktiv zuhören.
- *Histrioniker* (**Kap. 1.3**) haben einen unglaublich großen, imposanten Bekanntenkreis. Das Handy ist entsprechend der beste Freund und i.d.R. im Dauereinsatz (Facebook, Instagram und Co.); fast schon mit der Hand verwachsen. Vielleicht ist die betreffende Schülerin nebenbei an einem Theater engagiert, aktiv kulturell interessiert oder hat einen eigenen Youtube-Channel für Kosmetiktipps o.Ä. Auf jeden Fall werden abseits der Schule ein oder mehrere Hobbys praktiziert, an denen Lehrkräfte mit dem Ziel des Beziehungsaufbaus andocken können. Diesbezüglich gilt höchste Aufmerksamkeit, die betreffenden SuS schaffen es spielend, sich langsam, aber sicher in den Fokus der kollektiven Wahrnehmung hineinzumanövrieren, auch im Rahmen von eigentlich privaten Tür-und-Angel-Gesprächen. Dann ist es nicht so einfach, sie wieder einzufangen, ohne eine emotionale Krise ihrerseits auszulösen.
- *SuS, die selbstschädigende Tendenzen* aufweisen (**Kap. 1.4**), bieten naturgemäß sehr wenige Ansatzpunkte auf der Beziehungsebene an. Sie erschweren der Lehrkraft den Beziehungsaufbau naturgemäß auch deshalb, weil sie sich selbst und andere im Alltag blockieren, beeinträchtigen, sabotieren. Es braucht seine Zeit, aber i.d.R. erschließen Lehrkräfte, die am Ball bleiben, mindestens ein Interessengebiet des Schülers, das verknüpft ist mit sadistischen Impulsen (Ego-Shooter, entsprechende Filme, Apps, moralisch-anstößige YouTube-Sequenzen usw.). Man könnte den betreffenden Schüler ganz praktisch zum Experten eines Themas machen, das die Lehrkraft interessiert, um einen positiven Impuls zu setzen, z.B.: „Mein Neffe ist in etwa so alt wie du und hat bald Geburtstag. Er zockt gerne. Hast du eine Idee bezüglich eines coolen Spiels? Ich kenne mich da nicht so gut aus."

Selbstschädigende SuS kompensieren demnach ihre Opfermentalität in der Freizeit mit extrem gelagerten gegensätzlichen Inhalten.

- *SuS mit sadistischen Persönlichkeitsfacetten* (**Kap. 1.5**) zeigen ihre charakterliche Nuance abseits des Unterrichts in der Regel sehr direkt, offen und unmissverständlich (innerhalb der Schule nicht unbedingt). Mögliche Hinweise auf den Stil werden beispielsweise durch folgende „Hobbys" kommuniziert: Schlägereien, Risikoverhaltensweisen, Mobbing, Vorliebe für Medieninhalte mit sadistischer Intervention (am besten real), Tierquälerei. Darüber hinaus können bestimmte Unterrichtsinhalte wie die folgenden auf großes Interesse stoßen, insofern eine sadistische Tendenz vorliegt: Kriege (vergangene wie aktuelle), Folter, moralische Dilemmata.

An heiklen Themen sollte sich die Lehrkraft nicht versuchen. Schnell durchschaut das Gegenüber die Vorgehensweise. Es kommen nur Angelegenheiten in Betracht, die mit einem gewissen subjektiven Grundinteresse bzw. Bekanntheitsgrad einhergehen.

- Bei den *dependenten SuS* (**Kap. 1.6**) haben es Schulpraktiker traditionsgemäß sehr einfach mit dem Beziehungsaufbau. So hat es den Anschein. Man müsste, auf den ersten Blick betrachtet, vor allem eins: Rücksicht nehmen und sich für die psychischen und körperlichen Gebrechen aller Art interessieren. Da es an dieser Stelle aber um Hobbys und um die Expertenrolle geht, so wird schnell klar: bei diesem Persönlichkeitsstil wird es wirklich schwierig. Experten sind die Betreffenden nämlich i.d.R. nur bei den Themen *Krankheiten, Körpersensationen, Arztbesuche* usw. Geht die Lehrkraft auf einige der erwähnten Steckenpferde positiv ein, insofern sie Beziehungsaufbau praktizieren möchte, so stabilisiert sie gleichzeitig den hier thematisierten Persönlichkeitsstil. Das ist nicht optimal, manchmal gibt es aber keine Alternative. Der Zweck heiligt bekanntlich die Mittel. Auf diese Weise öffnet sich erfahrungsgemäß der Interaktionspartner ein Stück und offenbart plötzlich Persönlichkeitsfacetten, die durchaus angenehm oder gar reizend ausfallen. Auf dieser Basis können Lehrkräfte dann aufbauen.
- *Schizoid strukturierte SuS* (**Kap. 1.7**) bieten trotz ihres offensichtlichen Desinteresses an Beziehungen Ansatzpunkte in Hinsicht auf den Beziehungsaufbau an. Bestenfalls offenbaren sich die Betreffenden in den Einzelgesprächen zu Schuljahresbeginn bzw. in einzelnen Sitzungen zwischendurch. Was Lehrkräfte im Hinterkopf behalten können, das ist das typisch schizoide Interesse an Einzelgängertätigkeiten. Die betreffenden SuS versuchen sich eventuell im Fotografieren, gestalten Graffiti; oder aber sie sind regelmäßig

alleine unterwegs und beobachten Menschen im Gastrobereich aus sicherer Entfernung. I.d.R. haben sie auch ein Faible für Aussteigerthemen, literarisch wie filmisch/cineastisch. Einige Heranwachsende dieses Schlags werden auch getrieben von einer zwanghaften Sammelbereitschaft (Briefmarken, Modellautos- bzw. Flugzeuge, Spiele für Konsolen usw.). Hier lohnt es sich, geduldig bei der Sache zu bleiben.

- Die *zwanghaften SuS* (**Kap. 1.8**) verfolgen sehr oft konsequent und gewissenhaft insbesondere solche Sportarten und Freizeitbeschäftigungen, die sehr viel Zeit und ein regelmäßiges Engagement auf hohem Niveau einfordern (Leistungssport, Musik, Ballett o.Ä.). Am besten fragen Sie einfach nach! Dann gestaltet es sich mit Hilfe des „strokes" recht einfach. Offene Fragen zum jeweiligen Thema triggern den Interaktionspartner sofort in den Erwachsenen- bzw. Expertenmodus – und man muss nur noch aktiv zuhören.
- *Paranoide SuS* (**Kap. 1.9**) sind demgegenüber völlig anders getaktet. Trotz ihrer grantigen Art, die Lehrkräfte verstört und häufig abstößt, offenbaren sie Ansatzpunkte auf der Beziehungsebene. Die bevorzugten Themen sind zwar meistens speziell, aber vor dem Hintergrund des Projekts Beziehungsaufbau die emotionalen Türöffner. Die Lehrkraft kann sich auf folgende Schwerpunkte einstellen: Verschwörungstheorien, Geheimbünde, Eliten, Science-Fiction (insb. die Thematik *Außerirdische*), Gesellschafts- und Religionskritik.
- *Heranwachsende mit Borderline-Persönlichkeitsfacetten* (**Kap. 1.10**) sind überwiegend sehr beziehungsmotiviert. Ihre gewöhnlich ausgeprägten sozialen Kompetenzen bringen eine hohe Bereitschaft zur Kommunikation hervor. Schnell formulieren sie Inhalte, an denen man ansetzen kann. Oftmals haben sie eine kreative Ader in den Bereichen Sprache, Musik, Lyrik, Zeichnen usw. Aber Lehrkräfte können auch an den tendenziell populären äußeren Merkmalen ansetzen (meistens vorhanden): Tattoos, Piercings, emotional klingende Mottos, die Kleidungsstücke oder Schulmaterialien weisen Verzierungen auf, tiefgründige Symbole an Hals- oder Handgelenksketten liegen vor usw.
- Die *ängstlich-vermeidenden SuS* (**Kap. 1.11**) sind häufig nur sehr schwer zugänglich. Dies hängt direkt mit dem betreffenden Stil zusammen. Am liebsten hätten diese Charaktere eine Tarnkappe auf. Soziale Kontakte werden überwiegend vermieden. Lehrkräfte müssen in diesen Fällen besonders lange warten bzw. auf Momente der Selbstoffenbarung im Rahmen der Einführungsgespräche hoffen. In diesen Situationen kann der Beziehungsaufbau gestartet werden. Eine Erfolgsgarantie gibt es allerdings nicht.

TIPP

Tipps zum Umgang mit Narzissten: Die betreffenden SuS kommunizieren ihre Kernbedürfnisse in sehr extrovertierter Weise. In Bezug auf den komplementären Beziehungsaufbau mittels Expertenrolle lohnt wieder die Narzissmus-Untertypen-Unterscheidung. Die *erfolgreichen Narzissten* zeigen bereits zu Schuljahresbeginn ihr typisches Verhalten und offenbaren sich. D.h. mit ihnen kann man direkt und offenkundig mit dem Beziehungsaufbau starten. Relevante Themen sind möglicherweise folgende: Sportarten, die mit Erfolg bestritten werden, exklusive Hobbys, die bisherige (beeindruckende) Schullaufbahn, irgendwelche Auszeichnungen, Autos, Motorräder, Tattoos usw. Die *gescheiterten Narzissten* halten sich zu Beginn des Schuljahres etwas mehr zurück; dennoch bricht ihre Grandiosität immer mal wieder durch. Bei den gescheiterten Narzissten gestaltet sich die Lage wie immer etwas komplizierter. Sie können einerseits demütig und anbiedernd auftreten (Grund: nunmehr bekommen sie die letzte Chance) oder aber sie imponieren als sehr dominant (Ursache: sie fühlen sich total fehl am Platz). In beiden Fällen werden dennoch gewisse Potenziale ersichtlich – ähnlich wie auch bei den erfolgreichen Narzissten der Fall. Diese gilt es ebenfalls mittels der Expertenrolle zu kultivieren und eventuell in den Schulalltag bewusst einzubinden. *Erfolglose Narzissten* andererseits finden sich toll, einzigartig und besonders cool; die anderen sollen das ihrer Meinung nach auch so sehen. Außenstehende, SuS im Allgemeinen wie auch Lehrkräfte im Besonderen, die diesen Eindruck nicht teilen, fragen sich bisweilen: „Auf welcher Grundlage basiert diese geschönte Selbstwahrnehmung?“ Die oder der Betreffende offenbart nämlich i.d.R. keine Potenziale (auch wenn es sie natürlich gibt). Lehrkräften ist in solchen Fällen angeraten, Geduld aufzubringen. Irgendwann kommt Tag X und dann werden Hinweise auf Kompetenzen vom Betreffenden kommuniziert („Gestern habe ich beim Zocken den Rekord geknackt!“). Die Kunst liegt nun darin, einen Zugang zum entsprechenden Hobby bzw. sonstigem bevorzugten Objekt XY zu finden, ohne dass man als „Schleimer“ rüberkommt. Das kann dauern. Aber unmöglich ist es nicht!

4.1 Pädagogisch-psychologische Grundhaltungen

Im Folgenden wird die Lehrerpersönlichkeit in den Fokus der Betrachtungen gestellt. Kommunikation im Klassenraum geht bekanntlich immer in beide Richtungen: Die Sender- und Empfängerrollen in diesem Setting wechseln sekündlich bis minütlich. Dies setzt emotionale Prozesse bei allen Beteiligten in Gang und das hat Auswirkungen auf den sozialen Umgang (Watzlawick 2016); ganz davon zu schweigen, dass SuS wie auch Lehrer ihre biografischen Themen (Schemata) und Persönlichkeitsstile im Klassensaal kultivieren, also dort weitgehend unbewusst einfließen lassen in die Beziehungsgestaltung (Damm 2018). D.h., die emotionale Gestimmtheit (Sympathie bzw. Antipathie) bedingt die Qualität der Interaktionsstrategien (**Kap. 3.8**).

Zuckerbrot und/oder Peitsche? – Wie handhaben Sie das? Diese Frage beantworten Lehrerinnen und Lehrer i.d.R. ganz unterschiedlich, und zwar gemäß ihrer Persönlichkeitsstruktur (**Kap. 1.1**). Die in **Kapitel 2** thematisierten Handlungskonzepte zum Umgang mit schwierigen SuS berücksichtigen überwiegend diese doch sehr wichtige Fragestellung:

- *Konfrontative Pädagogik* (**Kap. 2.1**): Dieses Konzept, das sich selbstredend an eine extrem verhaltensauffällige Klientel richtet, empfiehlt als Richtwert: 80% Empathie, 20% Konfrontation.
- Im Ansatz von *Petermann/Petermann* (**Kap. 2.2**) wird auf die Wichtigkeit hingewiesen, dass die Lehrkraft Kritikfähigkeit und Einfühlungsvermögen im Umgang mit SuS aufbringen kann und dies auch tut.
- Im *Dreikurs-Konzept* (**Kap. 2.3**) lautet das Credo: Der Lehrer ist ein engagierter Freund der Klasse, aber als Privatperson distanziert. Er praktiziert auch psychologische Methoden (u.a. aktives Zuhören) und deckt Interaktionsstrategien auf.
- Im *Faustlos-Programm* (**Kap. 2.4**) gibt es nur wenige Hinweise für Lehrkräfte in Bezug auf die Haltung, die sie vor Klassen einnehmen sollten, um ein erfolgreiches Classroom-Management zu etablieren. Es rücken eher die Heranwachsenden in den Fokus der Betrachtungen.
- Im Rahmen der *Schemapädagogik* (**Kap. 2.5**) soll die Lehrkraft dazu befähigt werden, auf herausfordernde Interaktionsstrategien von SuS reflektiert-empathisch bzw. konfrontativ zu reagieren. Auch in diesem Kontext kann als Faustformel ausgegeben werden: 80% Beziehung, 20% Konfrontation.

TIPP

Wie Sie mit SuS, auch mit den herausfordernden, im Allgemeinen und Speziellen umgehen, basiert auf Ihrer Persönlichkeitsstruktur. Diese Tatsache klingt zunächst banal. Trägt man aber dem Fakt Rechnung, dass viele Menschen nur wenig Kenntnis von ihrer Außenwirkung haben, so wird klar: Selbsterkenntnis ist ein schwieriges, weil umfangreiches Projekt. Eine Anregung: Studieren Sie aus diesem Grund bewusst die in **Kapitel 1** beschriebenen Persönlichkeitsstile und reflektieren Sie über die folgende Fragestellung: Wann und in welcher Ausprägung zeige ich im Praxisfeld Schule welchen Persönlichkeitsstil? Welche förderlichen Auswirkungen hat er? Wie kann ich in Zukunft dieses Potenzial noch besser nutzen? Aus sozialwissenschaftlicher Sicht lässt sich feststellen: Eine charakterliche Mischung, die die Lehrerrolle ausfüllt, sorgt im Allgemeinen für ein ausgewogenes Verhältnis zwischen Lehrkraft und Klasse (Helmke 2009).

„Ich bin ich und du bist du!“ – Kollusionen vermeiden: Es ist nach meiner Ansicht sehr wichtig, seine eigenen Persönlichkeitsanteile zu kennen, zumindest ansatzweise. Diese haben nicht nur Auswirkungen auf die Unterrichtsvorbereitung und -gestaltung (Damm 2018), sondern auch auf die Kollusionshäufigkeit. Kollusionen werden i.d.R. unbewusst von Lehrkräften wie auch von SuS inszeniert (Damm 2010). Es passiert gar nicht so selten, dass Lehrkräfte manche Heranwachsende permanent bevorzugen bzw. auf dem Kieker haben. Alle sehen es im Klassenraum, nur die betreffende Lehrkraft nicht. In beiden Fällen sind meistens Kollusionen die Ursachen. Natürlich gehört es zu einem professionellen Berufsverständnis, Kollusionen überwiegend zu erkennen und mithilfe der Metaebene zu entkräften. Ansonsten favorisiert man manche Kinder und Jugendliche, anderen verbaut man schlimmstenfalls die Schulkarriere. Daher sollte man sich folgenden Satz immer wieder vor Augen führen: Sympathie bzw. Antipathie sagen i.d.R. mehr über den Urheber aus, als über den jeweiligen Adressaten.

TIPP

– *Helfertypen* (**Kap. 1.2**) in Reihen der SuS werden von Lehrkräften überwiegend positiv wahrgenommen. Sie bieten jederzeit tatkräftige Unterstützung an. „Funkt“ es nun zwischen der oder dem Heranwachsenden und der Lehrkraft allzu sehr, so kann es sein, dass man sie bzw. ihn in zu großem Maße innerhalb des Unterrichts einspannt und gewissermaßen in der Helferrolle „zweckentfremdet“ einbindet. Es gab schon Fälle, da haben SuS Aufgaben der Lehrkraft im Unterricht übernommen (Kopien erstellen, Tafelanschriebe, Fehlzeitenlisten-Management). Gerade Letzteres ist unprofessionell!

– *Histrioniker* (**Kap. 1.3**) brauchen viel Aufmerksamkeit und inszenieren Auftritte im Klassenraum (wenn man sie nicht vorauseilend bremst). Im Fall von stark ausgeprägter Sympathie räumen Lehrkräfte dem betreffenden Schüler zu viel Zeit im Unterricht ein, und zwar für Monologe und alle möglichen Formen der Selbstinszenierung – eine schwierige Konstellation für alle Parteien.

– *SuS, die selbstschädigende Tendenzen* aufweisen (**Kap. 1.4**), triggern manchmal sadistische Persönlichkeitsanteile seitens der Lehrkraft. Schnell entsteht ein Klassiker, den die anderen Lernenden wie folgt auf den Punkt bringen: „Der/die hat Schüler XY auf dem Kieker!“ Gerade in dieser Konstellation darf sich keine Kollusion zwischen einem betreffenden Heranwachsenden und der Lehrkraft ergeben. Das versteht sich zwar von selbst, passiert aber dennoch immer wieder.

– *SuS mit sadistischen Persönlichkeitsfacetten* (**Kap. 1.5**) versuchen ihr Glück auch mal bei der Lehrkraft mittels ihrer gewöhnlich hochmanipulativen Interaktionsstrategien. Höchst fatal wäre es mittel- und vor allem langfristig, wenn der Erwachsene sich immer wieder aufs Neue manipulieren und entsprechend vorführen lassen würde. Dies hätte zur Folge, dass eine geradezu sadistisch-masochistische Kollusion entstünde, die dem professionellen Berufsverständnis diametral entgegensteht.

– In Bezug auf die *dependenten Lernenden* (**Kap. 1.6**) ist die Sachlage ebenso einfach wie klar. Ergibt sich eine Kollusion mit diesen Charakteren, so werden die betreffenden SuS leistungsspezifisch entlastet. Den Körpersensationen (Kopfdruck, Migräne, Magen-Darm-Aktivitäten usw.) schenkt die Lehrkraft im Rahmen der Kollusion des Weiteren zu viel Aufmerksamkeit (auch im Unterricht, was für die anderen sehr anstrengend werden kann). I.d.R. aktivieren dependente SuS in Lehrkräften im Rahmen der Kollusion sogenannte Helferanteile, sie triggern sie.

– *Schizoid strukturierte SuS* (**Kap. 1.7**) sind imstande, Lehrkräfte in Kollusionen zu verwickeln, die in Hinsicht auf den eigenen Persönlichkeitsstil ähnlich getaktet sind. Meistens entsteht dann Sympathie, z.B. in der Form, dass man sich regelmäßig und ausgiebig „fachlich" über ein bestimmtes Thema austauscht, das beide mögen. Aber auch fürsorglich-empathische Lehrkräfte werden durch schizoide SuS angetriggert. Grund: Sie fühlen sich herausgefordert und fragen sich sinngemäß: „Wieso ist Schüler XY mir gegenüber emotional so reserviert, das irritiert mich – den muss ich gefühlsspezifisch erreichen!" An dieser Motivation arbeitet man sich dann (sinnloserweise) ab. Auch diese beiden Kollusionsarten sollten im Auge behalten und entsprechend entkräftet werden, weil sie ansonsten den Alltagsunterricht in Mitleidenschaft ziehen bzw. den Schulfrieden stören können.

– Die *zwanghaften Kinder und Jugendlichen* (**Kap. 1.8**) verwickeln möglicherweise ihre Lehrkräfte auch in zwei verschiedene Kollusionen. Die erste Möglichkeit gestaltet sich so, dass Erwachsene sich von zwanghaften Heranwachsenden durch Trigger („Das hier ist mir zu unstrukturiert!") permanent dazu in übertriebener Weise motivieren lassen, den Unterricht jeden Schultag bestmöglich zu planen und zu inszenieren. Dies kann zu einer Überforderung der anderen SuS führen. Die zweite Variante zeigt sich als folgendes Phänomen: Lehrkräfte konzentrieren sich zu sehr im Unterricht (weil allzu sehr sensibilisiert durch das Thema) auf den betreffenden Schüler und diskutieren mit ihm ausführlich über didaktisch-methodische Themen. Beides ist auch hier wieder übertrieben bzw. nur unangebracht.

– Die *Paranoiden* (**Kap. 1.9**) versuchen in sehr extrovertierter Weise, ihr schulisches Lebensmotto „Alle sind gegen mich, besonders die Lehrkraft" in die Klasse zu tragen. Fatal entwickeln sich die Verhältnisse, sobald sich Lehrkräfte regelmäßig und unmittelbar in die Rechtfertigungshaltung begeben und aus der von Schüler XY insgeheim erhofften Angreifer-Rolle heraus kommunizieren. Besser ist es, man deckt die Motivation vom paranoid strukturierten Gegenüber auf, und zwar in Form von Einzelgesprächen und auch vor der Klasse, falls der betreffende Schüler zu offenen Provokationen übergeht (**Kap. 5.2ff.**). Ansonsten mutet man sich selbst, den Betreffenden und der Gruppe alltägliche Grabenkämpfe zu, die im Prinzip nur auf dieser einen irrationalen Kollusion basieren.

– *Heranwachsende mit Borderline-Persönlichkeitsfacetten* (**Kap. 1.10**) sind die Meisterinitiatoren von Kollusionen. Grund: Sie haben sehr stark ausgeprägte soziale Kompetenzen und imponieren durch eine imposante Empathie für den Interaktionspartner. Außerdem sind sie bei manchen Lehrkräften hochgradig bindungsmotiviert – im Guten wie im Schlechten. Die betreffenden Schüler werden unglaublich angetriggert von Lehrkräften, die ebenfalls tendenzielle Borderline-Facetten aus ihrer Sicht repräsentieren. Dann findet gewissermaßen eine positive Übertragung und infolgedessen sehr schnell die Etablierung einer entsprechenden Kollusion statt. In diesem Fall sollten Lehrkräfte Abstand halten auf der Beziehungsebene. Bei Antipathie, die i.d.R. auf zwanghafte Tendenzen seitens der Lehrkraft zurückzuführen ist, muss wiederum eindeutige Klärungsarbeit stattfinden. Grund: Mit zwanghaft strukturierten Lehrkräften „reiben" sich die erwähnten Schülertypen sehr gerne (negative Kollusion).

– Die *ängstlich-vermeidenden SuS* (**Kap. 1.11**) sind häufig nur sehr schwer zu erreichen. Sie errichten verbal und nonverbal eine Mauer um sich und ihre Komfortzone. Kollusionen entwickeln sich insbesondere mit fürsorglich-hilfsbereiten Lehrkräften, die sich ihrerseits dazu berufen fühlen, den schüchternen Charakter unter ihre Fittiche zu nehmen. Daran ist prinzipiell erst einmal nichts auszusetzen. Der Erwachsene sollte sich aber nicht ausschließlich auf diesen Schülertyp fokussieren, da auch die psychotherapeutische Praxis zeigt: Änderungen auf der Verhaltensebene können nur sehr schwer in Gang gesetzt werden.

Tipps zum Umgang mit *Narzissten*: Diese Charaktere können, sofern sie dem erfolgreichen bzw. gescheiterten Typus angehören und Intellekt und Charisma versprühen, Lehrkräfte stark beeindrucken und dadurch beeinflussen. Das funktioniert häufig in gleich- und gegengeschlechtlichen Konstellationen. Narzisstisch strukturierte SuS können hochgradig charmant sein und der Lehrkraft empathisch schmeicheln. Professionelle befinden sich dann meistens in einer Kollusion mit positiven Empfindungen, im Rahmen derer der Heranwachsende idealisiert wird. Diese Art des unbewussten Zusammenspiels ist aber nur die eine Kollusionsvariante. Die andere bezeichne ich als „Battle-Kollusion". Sie gestaltet sich so, dass Lehrkraft und Schüler XY sich in jeder neuen Unterrichtsstunde Duelle liefern, die den Unterricht stark in Mitleidenschaft ziehen. Die möglichen Psychospiele, die in solchen Konstellationen eine Rolle spielen, heißen *Mords-Molly, Das letzte Wort gehört mir* und auch *Unterhaltsam sein* (**Kap. 3.8**).

4.2 Authentizität, Transparenz und Metaebene

Die Persönlichkeitsstruktur von Lehrkräften entscheidet auch darüber, wie man mit *Authentizität* und *Transparenz* im Klassenzimmer umgeht. Auch diese beiden Faktoren haben Auswirkungen auf das Lehren und Lernen (Hattie/Zierer 2018). Nun unterscheiden sich die Professionellen diesbezüglich aber von tendenziell bis sehr stark. Einige Beispiele mit Bezug zu den in **Kapitel 1** schon thematisierten Persönlichkeitsstilen in durchschnittlicher bis imposanter Ausprägung:

- Pädagogen mit *empathisch-fürsorglichen* Facetten sind Menschen „zum Anfassen". Sie tragen meistens ihr Herz auf der Zunge, sind bezüglich *aller* möglichen beruflichen und privaten Belange auskunftsfreudig und dabei eben sehr authentisch. Die SuS erhalten z.B. Einblicke in die eigenen vier Wände der Betreffenden (Ehe, Kinder, Rituale, Haus und Hund).
- *Borderline-Persönlichkeitsanteile* seitens des Professionellen führen geradewegs zu demselben Effekt, insbesondere durch den unbewussten Mechanismus der Idealisierung. Werden einzelne SuS oder auch die Klasse als Ganzes glorifiziert, so kann es sein, dass es gar keine Grenzen gibt (Partnerschafts- und persönliche Probleme sowie aktuelle Hochs und Tiefs werden kommuniziert und mit der Klasse reflektiert bzw. diskutiert).

- Lehrkräfte mit *zwanghaften, sadistischen* oder auch *schizoiden* Eigenschaften füllen die Lehrerrolle i. d. R. im Vergleich zum Vorgänger-Charakter völlig gegensätzlich, d. h. sehr gewissenhaft, reserviert und in Hinsicht auf die Beziehungsgestaltung meistens distanziert aus. Sie lassen sich niemals in die Karten schauen. Auf Nachfragen der SuS zum Privat- bzw. Schulleben, falls sie denn überhaupt ob der üblichen Lehrer-Eindrücke gestellt werden, reagieren sie kühl, ironisch bzw. sarkastisch bis aggressiv-ablehnend.

„Sind Sie heute nicht gut drauf?" – Wie viel Authentizität und Transparenz ist sinnvoll? Je nachdem, welchen Eindruck Lehrkräfte auf die Lernenden machen, können entsprechende zielgerichtete persönliche Fragen von Heranwachsendenseite sehr in die Tiefe gehen, auch schon zu Schuljahresbeginn. Meistens sind solche Anliegen auch gleichzeitig Tests (**Kap. 3.8**). D. h., die Heranwachsenden möchten einerseits wirklich ehrliche Antworten (um vielleicht Parallelen herzustellen), andererseits wollen sie herausfinden, ob sich ihr Gegenüber auf die private Schiene überhaupt einlässt; sowas könnte sich ja letztlich zukünftig in irgendeiner Form ausnutzen lassen. Hier einige Beispielfragen (sie wurden mir im Laufe meiner Lehrerbiografie gestellt):

- „Haben Sie eine Freundin / Frau?"
- „Auf was für einen Frauentyp stehen Sie?"
- „Rauchen Sie auch Sisha?"
- „Sind Sie gerne Lehrer?"
- „Haben Sie mal was Schlimmes angestellt?"
- „Was macht Sie aggressiv?"
- „Haben sie aktuell oder hatten Sie mal Lieblingsschüler?"
- „Waren Sie mal im Gefängnis?"
- „Können wir Sie duzen?"
- „Sind Sie der Schulleiter?"
- „Was haben Sie als Schüler so alles angestellt?"
- „Haben Sie auch mal gespickt?"
- „Was war Ihre größte Niederlage als Lehrer?"
- „Haben Sie mal einen Schüler benachteiligt oder auch gedisst?"

Ich habe diese und andere (ähnliche) Fragen sehr authentisch beantwortet und *nicht* abgekanzelt bzw. im Keim erstickt, was natürlich meiner (Lehrer-)Persönlichkeit geschuldet ist. Hier muss jede Lehrkraft ihren eigenen Weg finden, der zur jeweiligen Persönlichkeit passt.

TIPP

Fakt ist: SuS wollen schlicht und einfach Gewissheit: Wer steht da vor uns? Ist das jemand „zum Anfassen"? Ist er/sie zwanghaft, nachgiebig, empathisch, nachtragend? Wie lebt er/sie, welche Hobbys werden praktiziert? Wie wird die Lehrerrolle gelebt? Daher werden i.d.R. auch private Fragen gestellt. Aus den daraus resultierenden Reaktionen der Lehrkraft erwachsen seitens der Schülerschaft sehr schnell bestimmte zukünftige Erwartungen, die im Schuljahr gewissermaßen eingefordert werden. Hier gilt die konkrete Faustformel: Je offener die Lehrkraft reagiert, desto stärker das Interesse aufseiten der Lernenden an privaten, partnerschaftlichen Gesprächen im Unterricht. In der Regel wirkt sich (wie immer) eine gute Mischung positiv auf das Klassen- und somit auf das Lernklima aus.

Ein Lob der Metaebene! Nun ist das mit der guten Mischung aber gar nicht so einfach zu bewerkstelligen. Denn dafür bräuchte es ein möglichst objektives Bewusstsein bezüglich der eigenen Persönlichkeitsstruktur (Stile, Schemata, Interaktionsstrategien), um in Situation XY eine rationale Entscheidung im Sinne einer gerade angebrachten Authentizität bzw. Transparenz überhaupt treffen zu können. Laut neurobiologischer (Roth 2013; Arnold 2018) und tiefenpsychologischer (Sachse 2014) Forschung laufen Lehrer- wie auch Schülergehirne im Alltag überwiegend auf Autopilot. D.h., Denk- und Verhaltensroutinen dominieren das psychische Erleben (Young et al. 2008). Dies ist der Ökonomie von Hirnprozessen geschuldet. Das Gehirn spart Energie und greift im Alltag auf die neuronalen Strukturen zurück, die sich einmal entwickelt haben. Das Bewusstsein von der eigenen Innenwelt und die Selbstachtsamkeit, also die Metaebene, verbraucht viel Stoffwechselenergie und ist deshalb „Luxus". Grund: Die Großhirnrinde muss hierzu aktiviert sein (Arnold 2012)!

Es gehört zur einer professionellen Ausübung der Rolle als Lehrkraft, sich diesen „Luxus" öfter zu erarbeiten. Im nächsten Kapitel finden Sie hierzu Impulse, die im Unterricht mit den SuS praktisch umgesetzt werden können.

4.3 Unterrichtsimpulse zur Inneren Teile-Arbeit 1.0

Die folgenden Arbeitsweisen können ab dem fünften Schuljahr aufwärts eingesetzt werden und sollen Lehrkräften wie auch (in erster Linie narzisstischen) SuS in Hinsicht auf die Förderung der Selbsterkenntnis hilfreich sein. Verortet werden können die didaktisch-methodischen Impulse etwa im Ethik-, Religions- oder auch Deutschunterricht. In meinen Praxiseinheiten habe ich alle folgenden Impulse einfließen lassen und öfter die Erfahrung gemacht, dass vor allem narzisstisch strukturierte Lernende in typischer Manier (**Kap. 3.7**) auf sie reagiert bzw. starkes Interesse gezeigt haben. Dieser Effekt unterstützte in der Beobachtungsphase die Diagnostik (**Kap. 3.1**).

Impulse für narzisstische Themen bewusst setzen: Um die Heranwachsenden für den Unterricht im Allgemeinen und im Speziellen für ein Thema zu motivieren, wird empfohlen, Inhalte auszuwählen, die direkt der Lebenswelt der Heranwachsenden entnommen sind (Arnold 2018, 33ff.). Narzisstische Tendenzen lassen sich durch Inputs über aktuell relevante bzw. verstorbene *Personen des Weltgeschehens* triggern, die große Macht und Verantwortung haben bzw. hatten; insbesondere Diktatoren. Schnell entwickeln narzisstische Heranwachsende aufgrund ihrer typischen Allmachtsfantasien und Omnipotenzvorstellungen (Haller 2013) ein Interesse an den betreffenden Biografien, und man kann mit ihnen ins Gespräch kommen bzw. ihre Einstellungen erkennen. I. d. R. haben betreffende Heranwachsende auch *musikalische Vorbilder*, die sie idealisieren bzw. denen sie nacheifern möchten. Diese Vorbilder erscheinen u. a. meistens auch in einem oder mehreren Bereichen narzisstisch. Sie lassen sich nichts vorschreiben, was sich gewöhnlich auch in den Songtexten widerspiegelt. In solchen Fällen bietet es sich an, gemeinsam mit den SuS entsprechende YouTube-Videos bzw. Auszüge aus relevanten Autobiografien zu studieren und zu reflektieren.

Spezielle Fragebögen: Aufbauend auf den psychiatrischen Kriterien des Narzissmus (**Kap. 3.1**) lassen sich auch, je nach Altersgruppe, didaktisch reduzierte *Selbsteinschätzungs-Fragebögen* entwerfen. Diese sollte natürlich keine wertende Perspektive einnehmen. Die Idee: Die SuS schätzen sich zu Aussagen mit Narzissmus-Bezug ein von eins (= trifft gar nicht zu) bis sechs (= trifft voll zu), zählen die Punkte zusammen und erkennen bestenfalls narzisstische Tendenzen, die natürlich ressourcenorientiert kommuniziert werden. Ein beispielhafter Fragenbogen, den ich zur Einschätzung im Unterricht einsetze (ab Sek. 1), könnte so aussehen:

- *„Ich fühle mich meinen Mitschülern gegenüber überlegen!“*
- *„Ich denke insgeheim, ich bin etwas Besonderes!“*
- *„Meine Mitmenschen sollten anerkennen, dass ich es drauf habe!“*
- *„Ich gerate oft mit Lehrkräften aneinander!“*
- *„Mit Kritik kann ich nicht so gut umgehen!“*
- *„Ich drehe schnell hoch auf 180, wenn ich mich provoziert fühle!“*
- *„Ich bin eine Rampensau und genieße die Aufmerksamkeit!“*
- *„Ich denke, ich werde es im Leben einmal sehr weit bringen!“*
- *„Ich rede gerne, am liebsten von mir!“*
- *„Ich habe schon eine hohe Erwartungshaltung an meine Mitmenschen!“*
- *„Wenn mir einmal etwas misslingt, werde ich sehr schnell sauer!“*
- *„Eine schlechte Note macht mich wahnsinnig!“*
- *„Wenn ich mich provoziert fühle, kann ich sehr aufbrausend sein!“*
- *„Ich vergesse niemals eine Kränkung!“*
- *„Ich fühle mich manchmal großartig, manchmal aber auch irgendwie als Looser!*

Auswertung:

- *15–30 Punkte: Du hast wenig Interesse daran, im Rampenlicht zu stehen und dafür andere Stärken!*
- *31–45 Punkte: Du hältst dich gerne im Hintergrund und bist ein guter Beobachter!*

46–60 Punkte: Ergebnisse und Beiträge vor Klassen präsentieren, das macht dir nichts aus!

61–75 Punkt: Du stehst hin und wieder gerne mal im Mittelpunkt – und das ist deine Stärke!

76–90 Punkte: Du bist der Superstar und willst positiv wahrgenommen werden!

Die Reflexion bzw. Besprechung der Auswertung kann in Kleingruppen oder auch im Klassenverband erfolgen. Wird diese Methode zu Beginn des Schuljahres praktiziert, so kristallisieren sich vor allem SuS heraus, die narzisstische Tendenzen haben. Die Betreffenden sind dann häufig sehr authentisch – und die Gefahr der sogenannten Verzerrung durch den Effekt der sozialen Erwünschtheit kommt gar nicht erst auf. Solche Informationen bzw. Leitfragen führen die SuS dann in die richtige Richtung: „Wer viele Punkte hat, der hat sehr viel Selbstbewusstsein und steht hin und wieder gerne im Mittelpunkt; wer kennt das?“, „Tauscht euch mal mit Betreffenden aus: In welcher Situation kommt euer Big-Boss-Persönlichkeitsanteil aus euch raus?“, „Welche Vor- und Nachteile hat dieser durchsetzungsfähige Teil?“ Verzichten sollte die Lehrkraft allerdings auf den Begriff *Narzissmus*.

Filmbetrachtungen und -besprechungen: In diversen Filmproduktionen geht es offensichtlich und auch zwischen den Zeilen um narzisstische Lebensweisen, Einstellungen bzw. Biografien; warum nicht entsprechende Medien in den Unterricht einflechten? Interessanterweise lassen sich manche Filme sogar thematisch unterteilen in erfolgreiche Narzissten („The Wolf of Wall Street“; www.deutschlandfunk.de/wolf-of-wall-street-ich-hatte-zu-viel-macht-und-war-zu.1773.de.html?dram:article_id=301674), gescheiterte („American History X“; www.bpb.de/shop/lernen/filmhefte/170920/american-history-x) und erfolglose Narzissten („Hooligans“; www.bpb.de/geschichte/zeitgeschichte/jugendkulturen-in-deutschland/36231/hooligans). Zu einigen Filmen gibt es frei zugängliches Unterrichtsmaterial, das völlig unkompliziert aus dem Netz runtergeladen werden und direkt im Alltagsunterricht eingesetzt werden kann.

Narzisstische SuS erkennt man i. d. R. daran, dass sie sich durch die erwähnten und auch durch andere, ähnlich gelagerte Filme unglaublich stark „triggern“ lassen. Sie identifizieren sich meistens sehr intensiv mit einem oder mehreren Hauptakteuren mit narzisstischen Denk- und Verhaltensweisen. Dadurch bekommen Lehrkräfte sehr leicht Zugang zu diesen Schülern, etwa indem sie gezielt Gespräche zu den thematisierten Medieninhalten führen und Interesse an den Reflexionen der Heranwachsenden zeigen.

TIPP

Unterrichtsinhalte jeglicher Art sind Projektionsflächen für SuS. Es gilt die Faustformel: Je narzisstischer das jeweilige Thema untermalt ist, desto eher fühlen sich gleichartig strukturierte Heranwachsende angesprochen und werden in irgendeiner Art aktiv.

4.4 Umgang mit narzisstischen Images, Tests, Appellen und Psychospielen

Solange die pädagogische Beziehung im Klassenraum mit narzisstischen SuS nicht geklärt ist, muss sich die Lehrkraft auf herausfordernde Interaktionsstrategien einstellen und möglichst professionell mit ihnen umgehen (**Kap. 3.8**). Um mögliche Gegenmaßnahmen mit empathischem bzw. konfrontativem Charakter geht es im Folgenden.

„Ich bin Zuhälter, aber gerade arbeitslos!" – Images wahrnehmen und überlegt kontern: Narzissten halten mit ihren Motivationen nicht lange hinter dem Berg. Schon zu Schuljahresbeginn werden Lehrkräfte mit Images (und auch Tests) konfrontiert. Reagieren Lehrkräfte nicht auf diese manipulativen Vorboten, so inszenieren die Betreffenden im nächsten Schritt destruktive Psychospiele, die die Lehrergesundheit auf Dauer ruinieren können. Im Folgenden werden konfrontative wie auch empathisch-aufdeckende Möglichkeiten beispielhaft beschrieben.

Die in **Kap. 3.8** dargestellten Image-O-Töne von SuS werden noch einmal aufgegriffen und mögliche Interventionen beschrieben. In kursiv gesetzt habe ich meine damaligen Reaktionen, die sich meistens als sinnstiftend herausgestellt hat (selbstverständlich funktionieren Gegenmaßnahmen nicht immer). Betroffene Lehrkräfte sollten in solchen Situationen zwischen konfrontativen und empathisch-aufdeckenden Interventionen hin und her wechseln, d. h. hartnäckig am Ball bleiben, um dann wieder zielorientiert in den Unterricht einsteigen zu können. Manchmal braucht es Beharrlichkeit und mehrerer Reaktionen. Hier nun die Beispiele:

- „Tach, du Spast, ich war schon mal im Knast!" – Konfrontation: *„Ich nicht und das beeindruckt mich jetzt auch nicht groß! Und jetzt: Schluss!"* Empathisches Aufdecken: „Du möchtest mich hier vor Publikum vorführen. Das hast du nicht nötig. Lass das!"

- „Ich boxe seit Jahren regelmäßig im Verein, Sie haben wahrscheinlich noch nie Sport gemacht, oder?" – Konfrontation: *„Doch! Hallenhalma!"* Empathisches Aufdecken: „Du willst dich jetzt in Wahrheit über mich stellen! Sowas kenne ich schon! Das langweilt mich!"
- „Ich werde später mal eine tolle Psychologin, ich kann gut Menschen durchschauen!" – Konfrontation: „Dann beweise mir das im Laufe des Schuljahres!" Empathisches Aufdecken: *„Das klingt interessant, jetzt hast du meine Aufmerksamkeit, aber das war ja beabsichtigt von dir, gell?"*
- „Ich hasse eigentlich Kinder – ich mach den Scheiß hier eigentlich nur pro forma!" – Konfrontation: „Ich auch!" Empathisches Aufdecken: *„Dir ist es jetzt wichtig, dass ich zu dem Schluss komme, dass du eigentlich gerne was anderes tun würdest!"*
- „Ich habe eine schönere Schrift als Sie, dafür habe ich auch jahrelang geübt!" – Konfrontation: *„Dann komm mal vor an die Tafel: Ich diktiere!"* Empathisches Aufdecken: „Du willst aber jetzt ganz schön Eindruck auf mich machen, nicht?"
- „Ich hatte im letzten Zeugnis einen Notendurchschnitt von 1,0!" – Konfrontation: *„Ich hatte nen Abi-Schnitt von 3,2, und ich steh jetzt hier und du sitzt da!"* Empathisches Aufdecken: „Du bist stolz auf deinen Schnitt und willst, dass das jeder weiß!"

TIPP

Vermitteln Sie den SuS, die Ihnen ein herausforderndes Image kommunizieren, dass Sie die Strategie durchschauen und (a) selbst auch gut austeilen können oder (b) dass Sie imstande sind, die wahre Message empathisch-entwaffnend aufzugreifen und in Hinsicht auf ihre angestrebte Wirkung zu erkennen.

„Einen Scheißdreck mach ich!" – Tests erkennen und aufdecken: Auch in Bezug auf Tests bieten sich die eben beschriebenen Gegenstrategien *Konfrontation oder empathisches Aufdecken* an. In diesem Kontext wird aber empfohlen, die beiden Methoden direkt zu *kombinieren*, da ein Test in der Regel ein höheres Konfliktpotenzial in sich birgt. Der Schüler muss intensiver (pädagogisch) gestoppt werden, hier einige Beispiele:

- „Meine Basecap ist angewachsen, Bro, die kann ich leider, leider, leider nicht abnehmen!" – „Mach nicht auf cool, ich merk schon: Du brauchst die Basecap, um dich stärker zu fühlen. Die Basecap ist dein Schutz. Abziehen! Außerdem ist das hier nur ein Test von dir!"

- „Gar nix muss ich, ich bleibe hier auf dem Tisch sitzen!" – „Na, dann mach mal Unterricht! Aber dir gehts ja hier gerade eigentlich nur um den Machtkampf! Ich bin jetzt echt mal auf deinen Unterricht gespannt!"
- „Das juckt doch mich nicht, ob es jemanden stört, wenn ich Musik im Unterricht höre!" – „Hättest du wenigstens Geschmack, dann würdest du nicht diese Kinderlieder hören. Und jetzt: Ausmachen! Aber ums Nicht-Jucken gehts gerade gar nicht!"
- „Können Sie mal weggehen, Ihre Glatze spiegelt die Sonne derart, dass ich nichts mehr sehen kann!" – „Kannst du mal weggehen, ich will hier vernünftigen Unterricht machen! Und hör auf mich zu testen!"
- „Können Sie jetzt endlich mal mit dem Unterricht anfangen?" – „Das entscheide immer noch ich, chill! Und sei ehrlich, eigentlich gehts dir jetzt um was anderes!"
- „Sie dürfen mich gar nicht rauswerfen, ich kenne meine Rechte als Schüler!" – „Nee, du hast die Pflicht jetzt rauszugehen: Abgang! Kannst aber auch gerne hierbleiben und weiter die Verarscher-Nummer abziehen und dich lächerlich machen! Ich habe Zeit." (Natürlich sollte eine solche Intervention verbunden sein mit der Regelung der Aufsichtspflicht in Ihrer Einrichtung.)

TIPP

Wie auch immer Ihre Reaktionen auf Tests in Zukunft aussehen, sie werden entsprechend Ihrer Persönlichkeitsstruktur ausfallen. Wenn Sie der Typ für die Konfrontation sind, nehmen Sie sicherlich die genannten Impulse auf. Umgekehrt gilt dasselbe: Vielleicht präferieren Sie eher empathisch-aufdeckende Methoden. Wie auch immer Ihre Reaktionen aussehen, dem Schüler muss dringend klar werden, dass Sie seine Strategie durchblicken!

Natürlich müssen Lehrkräfte einschätzen lernen, bei welchem Heranwachsenden sie auch mal über die Grenze hinausschießen können (s.o.). Aber das macht die Erfahrung. Nicht immer liegt man richtig. Aber im Eifer des Gefechts sind öfter auch mal Methoden erfolgreich, die auf den ersten Blick am grünen Tisch fragwürdig erscheinen.

„Ach, alles scheiße heute!" – Appelle registrieren und den Interaktionspartner „füttern": Ungleich angenehmer klingen vor dem Hintergrund des Narzissmus die Appelle, die in der 1:1-Konstellation kommuniziert werden. Sie lassen sich im Allgemeinen recht gut handhaben. Es geht ja in solchen *kon-*

kreten Appell-Situationen um ein „weiches“ Bedürfnis (Respekt, Anerkennung, Bewunderung). Sodann ist angeraten, das jeweilige Anliegen interaktionell souverän und mit Maß und Ziel zu erfüllen. Auch wenn es sich um Steilvorlagen für etwaige Racheaktionen handelt, die gerade für frustrierte Lehrkräfte, die mit dem betreffenden Schüler regelmäßig im Clinch liegen, sehr verführerisch sind. Bei sehr herausfordernden Appellen, formuliert vor der Klasse – im Folgenden sind ein paar Beispiele aufgeführt –, sollten aber auch wieder die Gegenmaßnahmen einen entlarvenden Charakter haben. Außerdem sollte die Lehrkraft sofort und unmissverständlich Stellung beziehen, sollten dabei unmoralische bzw. menschenverachtende Inhalte kommuniziert werden.

- „Herr Da-aaam! Ich war gestern beim Friseur, der hat mir die Haare total beschissen geschnitten!“ – Antwort: „Mir gefällts! Da kommt dein Gesicht mehr zu Geltung. Was stört dich denn jetzt genau?“
- „Wissen Sie, was es kostet, wenn man jemandem zwei Zähne ausschlägt? Das hab ich gestern hingekriegt!“ – „Na, das muss man auch erstmal hinbekommen. Nein, das weiß ich nicht. Mit Gewalt kann ich aber leider auch nix anfangen! Erzähls das nächste Mal jemand anderem!“
- „Ach, Herr Damm, alles scheiße heute!“ – „Du bist genervt, findest alles scheiße, was ist los?“
- „Herr Damm, ich hab im letzten Spiel am Wochenende drei Tore geschossen!“ – „Respekt! Wie haste das hingekriegt? Mit dem Kopf? Freistoß?“
- „Wir können ja mal alle zusammen in eine Shisha-Bar gehen!“ – „Die Idee finde ich grundsätzlich klasse! An welche Bar haste da konkret gedacht? Dummerweise habe ich mir das Rauchen aber kürzlich abgewöhnt!“
- „Mal ganz unter uns gefragt: Kennen Sie ein gutes Buch über Depressionen?! Nicht für mich natürlich, ich frage für nen guten Freund!“ – „Du interessierst dich für ein spannendes Thema. Finde ich gut. Ich bringe dir morgen eins mit!“
- „Das Folgende bleibt aber unter uns hier im Raum: Ich weiß nicht, wie ich mich für die Schule noch motivieren kann! Hier laufen nur Arschlöcher rum!“ – „Dass du gerade mich fragst, wundert mich, aber gut. Okay, du hast Probleme mit der Motivation und denkst, das liegt an deinen Mitschülern hier; drück dich mal konkreter aus. Meinst du vielleicht, hier kann dir keiner das Wasser reichen?“

TIPP

Senden narzisstisch strukturierte SuS Appelle, so macht es einfach Sinn, auf diese konstruktiv einzugehen. Das muss ja nicht lange dauern, es schadet nicht, dem Interaktionspartner auf halbem Wege entgegenzukommen. Erfüllen Lehrkräfte situativ Bedürfnisse, die mithilfe von Appellen (manchmal durchsichtig) kommuniziert werden, so arbeiten die Professionellen mitunter wieder fruchtbar an der Förderung der Beziehungsebene. Auf diese Weise haben sich die teilweise doch sehr unwillkommenen anderen narzisstischen Interaktionsstrategien (Images, Tests, Psychospiele) schon von alleine in Wohlgefallen aufgelöst. Diese Tatsache sollten Lehrkräfte im Hinterkopf behalten.

„Ich wäre ein besserer Lehrer als Sie!" – Professionell auf Psychospiele reagieren: Psychospiele im Klassenraum sind, wie bereits erwähnt, Techniken mit dem höchsten Konfliktpotenzial (Damm 2010; Rautenberg/Rogoll 2001; Sachse 2014). Im Umgang mit dieser Manipulationsart wird eine 4-Schritt-Methode empfohlen, die nur von Lehrkräften praktiziert werden kann, wenn sie im Unterricht das Potenzial der *Metaebene* (Aufmerksamkeit) aufbringen (**Kap. 4.2**). Da dies aber aufgrund von verschiedenen Faktoren nicht immer möglich ist (nicht optimale Tagesform, Ablenkung, Konzentration auf den didaktisch-methodischen Unterrichtsablauf usw.), lassen sich selbst „Profis der Metaebene" hin und wieder durch Psychospiele überrumpeln. Die eben angedeutete 4-Schritt-Methode kann nach dem Prinzip *Übung macht den Meister* in den pädagogischen Handwerkskoffer eingepflegt werden. Sie gestaltet sich folgendermaßen:

1. das *Psychospiel* als solches *erkennen*, *entlarven* und *benennen*
2. die dahinterstehende *Motivation des Schülers verbalisieren*
3. *konfrontativ* und/oder *empathisch* die *Kosten kommunizieren*
4. *zielorientierte Alternativen* aufzeigen

Beispielhaft werden nun einige bereits beschriebene Psychospiel-Begriffe aufgegriffen, aber mit anderen O-Tönen zugespitzt dargestellt, sowie die erwähnte 4-Schritt-Intervention als jeweilige mögliche Reaktion ausgeführt. Wichtig zu erwähnten ist, dass nicht alle vier Bausteine komplett formuliert werden müssen. Je nach Situation, Lehrer- und Schüler-Persönlichkeit kann sich der Erwachsene auch kürzer bzw. pointierter fassen. Die Dauer der Zusammenarbeit bringt mit der Zeit die letztliche Gewissheit, was welcher Schüler in welcher Situation benötigt (meine Antworten in den entsprechenden Psychospiel-Situationen sind außerdem aufgeführt).

- *Mords-Molly*: „Ihr Tafelbild sieht aus wie von nem Behinderten gemalt. Ich wäre ein besserer Lehrer als Sie, so wie ich das schon die ganze Zeit sage!" – „Alex, jetzt machste hier wieder den Mords-Molly. Dir gehts jetzt um nen Machtkampf und nicht um mein Tafelbild. Lass uns jetzt mit dem Unterricht weitermachen, sonst kann ich dir keine guten Noten geben. Und das weißte auch!"
- *Versetz mir eins*: „Oh, sorry, mein Handy klingelt wieder! Da kann ich ja wohl nix für!" – „So wie letzte Woche. Du willst, dass ich dich am Ende der Stunde rausschmeiße. Das kannste auch jetzt haben! Letzte Chance jetzt!"
- *Regel-Setzer*: „Sie dürfen mich gar nicht rausschmeißen und mir einen Verweis geben, ich kenne meine Rechte!" – „Jaqueline, jetzt hauste auf den Putz und willst mir vorschreiben, wie ich meinen Beruf zu machen habe; dummerweise siehts für dich aktuell so aus: Ich bin der Lehrer, du die Schülerin. Und jetzt raus! Verweis folgt!"
- *Unterhaltsam sein*: „Also, Herr Damm, letztens im Ferienlager...!" – „Halt, halt halt! Weniger Drama, bitte. Ich weiß, das Storytelling ist deine Stärke, du hast ja auch schon viel erlebt. Aber dafür haben wir jetzt keine Zeit. Das kannste mir aber gerne nach der letzten Unterrichtsstunde erzählen. Kriegst dann fünf Minuten!"
- *Das letzte Wort gehört mir*: „Ja, so wie ich es sage, Herr Damm!" – „Pass auf, jetzt sag ich noch was, dann kommst du wieder. So geht das ja nun schon die ganze Zeit. Du kannst gar nicht anders, du willst das letzte Wort haben. Das nennt man Psychospiel. Darauf habe ich keine Lust, das nervt mich. Ich hab ne bessere Idee. Kümmere dich mal um den Arbeitsauftrag, den ich ausgegeben hab. ES REICHT!"
- *Opfer der Umstände/Personen*: „Sorry, ich weiß, wieder fünf Minuten zu spät, so wie gestern. Aber was kann ich dafür, der Bus kam nicht!" – „Setz dich, Psychospielerin, darüber reden wir später!"

TIPP

Der Umgang mit Psychospielen darf durchaus kreativ gestaltet werden. Am besten so, dass der Spieler bzw. die Spielerin irritiert wird. Das Wichtigste ist im Fall von sehr herausfordernden Psychospielen, die den Klassenfrieden stören, den Unterricht sabotieren oder die Lehrkraft bloßstellen wollen, das konfrontative Aufdecken. Dann heißt es i.d.R. für Lehrkräfte: standhaft und beharrlich bleiben, sollte die Gegenseite nicht zur Ruhe kommen bzw. sich nicht stoppen lassen. Eins sollte für uns klar sein: Wenn einer das Psychospiel nach einem Clinch verliert, dann ist das i.d.R. immer der Schüler.

4.5 No-Gos – was Lehrkräfte sich sparen können

BEISPIEL

Die Fachschülerin **Cheyenne** (21) unterbrach mehrfach die Ausbildung, musste unvollständige Praktika im Nachhinein wiederholen und auch das abschließende Berufspraktikum (3. Ausbildungsjahr) musste mangels Erfolg verlängert werden. Erst nach dieser jahrelangen „Odyssee“ beendete Cheyenne die Ausbildung mit der staatlichen Anerkennung. Im Verlauf des schulischen Teils (1.–2. Jahr) der Ausbildung war sie in allen mir bekannten Unterrichtsstunden stets darauf bedacht, eine optisch einwandfreie Erscheinung abzuliefern. Schnell wurde andererseits klar, dass sie sich für formelle wie auch informelle Pflichten, die mit der Schülerrolle einhergehen (Mitarbeit, Engagement für die Klasse), kaum interessierte. Die waren nicht ihr Ding. Erste Wünsche bezüglich einer Sonderbehandlung äußerte sie hingegen schon, süffisanten grinsend, nach wenigen Tagen: „Normalerweise könnte ich auch ohne dieses Ausbildungsgedöns als vollwertige Erzieherin arbeiten. Das Zeugnis ist für mich lediglich eine reine Formsache!“ Mitschüler und Lehrkräfte wurden von ihr meistens ignoriert bzw. in herabwürdigender Weise belächelt. Sie „strahlte“ meistens allein im Klassenraum vor sich hin. „Die verstehen mich eh nicht, sind wahrscheinlich neidisch auf mich“, meinte sie einmal auf dem Flur zu mir. Vermutlich wusste keiner etwas von ihrem Privatleben. Am liebsten setzte sie sich alleine an einen Zweiertisch und breitete sich dort mit ihren Mitbringsel so offensiv und großzügig aus, dass es keiner je gewagt hätte, sich dort in unmittelbarer Nähe zu platzieren. Im Beratungsgespräch zeigte sie sich hartnäckig uneinsichtig, gänzlich unfähig zur Selbstreflexion. Außerdem irritierte sie mich durch eine sehr ausgeprägte Gefühlskälte und Arroganz („Die anderen SuS sind halt etwas minderbemittelt!“). Die Schuld für die mehrfachen Unterbrechungen bzw. für die Verlängerung der Ausbildung andererseits lag aus ihrer Sicht natürlich daran, dass „alle anderen“ (Kita-Leitungen und andere -Erzieherinnen) ihre Kompetenzen schlichtweg nicht erkennen würden und neidisch auf sie seien.

Mit diesem Beispiel einer (weitgehend) erfolglosen Narzisstin (Sachse et al. 2011) soll an dieser Stelle auf einen sehr wichtigen Punkt hingewiesen werden, der bis hierhin noch nicht angesprochen wurde. Es gibt (erfolglose) narzisstische Fälle, die trotz der hier empfohlenen Interventionen hartnäckig ihre Interaktionsstrategien über das ganze Schuljahr hinweg in unterschiedlicher Ausprägung aufrecht erhalten – sie sind geradezu *beratungsresistent*. In meinen Schemapädagogik-Weiterbildungen kommen Teilnehmerinnen und Teilnehmer vor dem Hintergrund dieses Themas oft zu folgendem sinngemäßen Schluss: „Es gibt schon hoffnungslose Fälle; die kennen wir! Manchmal macht es Sinn, die Betreffenden einfach in Ruhe zu lassen. Dann ergibt sich immerhin eine Art friedliche Koexistenz!" Diese Erfahrung habe ich in meinem beruflichen Kontext auch schon gemacht. Lehrkräfte erkennen natürlich die hoffnungslosen Fälle erst nach längerer Zeit.

Lehrkräfte sind keine Psychotherapeuten (**Kap. 5.1**). *Wir müssen auch nicht die Welt retten*. Mit manchen, tendenziell eher introvertierten Narzissten, die so agieren, wie im Beispiel beschrieben, kommt man im Unterricht auch ohne besondere Methodik irgendwie geradeso zurecht. Sie laufen *irgendwie* mit, es herrscht im Großen und Ganzen ein gewisser Nichtangriffspakt vor. In solchen Fällen dürfen sich Lehrkräfte fragen: Soll ich jetzt meine komplette Energie und Aufmerksamkeit in diese eine Schülerin bzw. diesen einen Schüler investieren? Was wären die Folgen für die anderen SuS, für den Unterricht, für den Lernerfolg der Klasse insgesamt usw.?

Ein Narzisst vergisst nie! An dieser Stelle wird ausdrücklich empfohlen, genau abzuwägen (Stichwort: Meta-Ebene) und sich bezüglich des jeweiligen Lernenden mit dem Team abzusprechen. Eventuell führt dies zu einer solchen Erkenntnis: Lassen wir doch den Dingen bei Schüler XY ihren Lauf – Hauptsache, wir können im Großen und Ganzen Unterricht machen, auch mit ihm, wenn er will, und uns um das Gros der Klasse kümmern.

Diesbezüglich wird Lehrkräften empfohlen, wie auch bei anderen handhabbaren Sachlagen, auf eine dauerhafte Konfrontation ohne wirklichen Anlass zu verzichten. Entsprechende Kritik aus heiterem Himmel etwa („Was glaubst du, wer oder was du bist? Du leistest hier gar nix!"), lösen i. d. R. lediglich Minderwertigkeitsgefühle und Empfindungen des Bloßgestelltwerdens aus. Natürlich reagieren die betreffenden Lernenden entsprechend aggressiv darauf. Solche Situationen kann man sich ersparen, da sie manchmal ausgeprägte Konteraktionen provozieren. So sagt auch Haller (2013, 99): „Ein Narzisst vergisst nie. Wer einmal einen Narzissten beleidigt hat, erhält kaum eine Chance auf Wiedergutmachung."

Wägen Sie ab, auch mithilfe des Teams. Ist Schüler XY eventuell ein hoffnungsloser Fall? Um diese Frage zu klären, müssen zuvor zahlreiche Hilfsangebote gestartet worden sein, die sich im Anschluss daran als sinnlos herausgestellt haben. Die im nächsten Kapitel ausgeführten pädagogisch-psychologischen Methoden können sich vor dem Hintergrund dieser doch fundamental wichtigen Fragestellung als sehr sinnvoll herausstellen.

5 Strategien zur Problemklärung

An dieser Stelle werden nun u. a. Methoden für das 1:1-Setting zum Umgang mit narzisstisch strukturierten Lernenden benannt und beschrieben, die etwa im Rahmen von Entwicklungs-, Klärungs- oder sonstigen Beratungsgesprächen praktiziert werden können. Sie zielen im Prinzip alle darauf ab, dem betreffenden Heranwachsenden zu mehr Selbsterkenntnis und Verantwortungsbewusstsein zu verhelfen bzw. ihn bei Bedarf mit seiner narzisstischen Persönlichkeitsfacette zu konfrontieren. Auf der anderen Seite sollten im Rahmen dieser Klärungsarbeit letztlich immer auch Verhaltensalternativen bzw. Kompromisse für die Zukunft mit Win-Win-Charakter auf Augenhöhe beschlossen werden. Dies ist die Grundlage dafür, dass auf der Gegenseite überhaupt irgendeine Art der Motivation zur Verhaltensänderung entstehen kann. Die Methoden bauen auf der in **Kapitel 4.3** skizzierten Inneren Teile-Arbeit 1.0 auf, die grundsätzlich und sinnvollerweise zunächst mit der ganzen Klasse zu Schuljahresbeginn durchexerziert wird. Es ist empfohlen, zeitnah auch die Innere Teile-Arbeit 2.0 einzuplanen und durchzuführen (**Kap. 5.2**).

5.1 Wir sind keine Psychotherapeuten, aber …

Die nachfolgenden Interventionen und Tipps liegen an der Schnittstelle zwischen Psychotherapie (u. a. Lammers 2015; Sachse et al. 2011) und Schulpädagogik. Gerade im psychotherapeutischen bzw. klinischen Setting wurden wohl die intensivsten Erfahrungen mit narzisstisch strukturierten Menschen gemacht. Und wie das so ist: Komplexe Interaktionssituationen brauchen ungewöhnliche bzw. effiziente Gegen- und Lösungsstrategien. Auf dieser Ausgangslage erwuchsen effiziente Methoden zum Umgang mit narzisstischen Klienten, die auch in unserem Praxisfeld Anwendung finden können, wenn auch in manchen Fällen in modifizierter Form.

Der Blick über den Tellerrand: Im Rahmen schemapädagogischen Denkens und Handelns (Damm 2018) wurden bereits neue Ideen und Interventionen für den Beziehungsaufbau und das Classroom-Management im Schulalltag kreiert, die auf psychotherapeutischen Erkenntnissen und Vorgehensweisen fußen

(Grawe et al. 2001). Ich finde, Lehrkräfte, die sich dafür interessieren, wie sie selbst und andere ticken, sollten den Mut aufbringen, sich Erkenntnisse aus den Nachbardisziplinen anzueignen. Die Schülerschaft hat sich verändert, sie ist tendenziell herausfordernder geworden, die Anforderungen an Lehrkräfte steigen (**Einleitung**). Man kommt um eine Anpassung der eigenen Menschenkenntnis fast nicht herum, sollte man in schwierigen Schulklassen eingesetzt sein. Gerade Konflikte, die sich etwa mit (narzisstisch strukturierten) Lernenden ergeben, *müssen* im und oftmals auch außerhalb des Klassenraums aufgegriffen und ausgetragen werden, ob wir wollen oder nicht. Die im Folgenden ausgeführten Methoden sollen Erwachsene hierbei effizient unterstützen.

5.2 Innere Teile-Arbeit im Unterricht 2.0

Im Rahmen der 2.0er Version ist eine tiefer gehende Auseinandersetzung mit den eigenen Persönlichkeitsanteilen möglich. Der Lernerfolg dürfte sich entsprechend intensivieren. Es ist daher ratsam, nach dem Einführungsblock „Innere Anteile kennenlernen" 1.0 (**Kap. 4.3**) mit einer 2.0er Version fortzufahren, um die Lern- und Erkenntnisprozesse auf Schülerseite zu spezifizieren. Natürlich werden im Laufe des Trainings auch Lernende mit narzisstischen Tendenzen mit ins Boot geholt, sie profitieren insbesondere von der Inneren Teile-Arbeit. Die einzelnen Unterrichtseinheiten folgen nicht zwingend einer chronologischen Reihenfolge, d. h. die Lehrkraft entscheidet nach eigenem Ermessen bzw. eigener Klassenstruktur, wann sie welchen didaktisch-methodischen Impuls setzt. Dasselbe gilt natürlich auch für die Inhalte der Inneren Teile-Arbeit 1.0.

Flipchart- und einfache Stühlearbeit

Die Lehrkraft steht vor der Klasse und zeichnet einen großzügigen Torso mit Kopf auf ein Flipchart-Papier. Sie erklärt, dass es in dieser Unterrichtsstunde darum geht, sich selbst und die anderen besser kennenzulernen. Nachdem sie eigene innere Ich-Anteile in den Torso hineingeschrieben hat, etwa „freundliches Ich", „gestresstes Ich", „erwachsenes Ich", „strenges Ich", „gechilltes Ich", „glückliches Ich" usw., erklärt sie kurz und pointiert, welche Auswirkungen alle einzelnen Anteile im Fall einer Aktivierung im Unterricht haben. Beispiel: „Wenn mein gestresstes Ich das Kommando übernimmt, dann liegt das meistens daran, dass ich merke, dass wir hintendran sind. Dann habe ich keinen Nerv für informelle Gespräche. Dann solltet ihr einfach mitziehen, es muss dann wirklich vorangehen!"

*Die SuS bekommen im Anschluss an diesen Input den Auftrag, dem Beispiel der Lehrkraft zu folgen („Wie ist das bei euch? Fangt mal an zu zeichnen. Jeder für sich! Flipchart-Papier liegt vor euch!"). Die Lernenden veranschaulichen sich bei dem Arbeitsauftrag ihre Persönlichkeitsfacetten. An den Selbsteinschätzungsbögen, konsumierten Filmen, aber auch an ihren Vorbildern, können sich die Lernenden begrifflich bzw. zeichnerisch orientieren, insofern diese Methoden zuvor im Unterricht berücksichtigt wurden (***Kap. 4.3***). In Hinsicht auf die Auswertung ergeben sich nun verschiedene Möglichkeiten. Die Lehrkraft kann jeden einzelnen Schüler mit seinem Plakat nach vorne bitten und ihn dazu ermuntern, die Ergebnisse vor der Klasse vorzustellen („Also, Karim, erklär mal, wie du dich in deinen verschiedenen Ich-Anteilen hier im Unterricht verhältst!"). Oder aber man lässt die Ergebnisse in Kleingruppen auswerten. Beide Methoden haben Vor- und Nachteile. Auch in dieser Frage entscheidet die Lehrkraft nach ihren Eindrücken, die sie bisher von den SuS gewonnen hat.*

Nach dieser Arbeitsphase kann die Lehrkraft bei Bedarf bzw. nach eigenem Ermessen methodisch einen Schritt weitergehen: Sie hat drei bis vier leere Stühle vor ihr Flipchart-Plakat gestellt. Gut sichtbar für alle bringt sie nun Metaplankarten mit von ihr ausgewählten Ich-Anteilen an den Stuhllehnen an. Sie sagt etwa: „Nun werde ich nacheinander auf den Stühlen Platz nehmen und in die jeweilige Rolle schlüpfen, die auf der Karte steht, und euch etwas von meiner Lehrerpersönlichkeit preisgeben!" Auf diese Weise bekommen die SuS einen differenzierten Einblick in den Charakter des Professionellen. In Kleingruppen bzw. vor der Klasse eifern die Lernenden entsprechend der Vorgabe nach. Die Lehrkraft kann flankierend hierzu einige Leitfragen zur Selbstreflexion bzw. zum Austausch in Kleingruppen mit auf den Weg geben: „In welcher Situation zeigt ihr welchen Ich-Anteil – und warum?"; „Was braucht ihr, um im Unterricht eure positiven Teile zu offenbaren?"

TIPP

Häufig zeigen Narzissten tendenziell zwei verschiedene Verhaltensweisen, die sich geradezu diametral gegenüberstehen. An diesen Phänomenen kann man die Persönlichkeitsstruktur der Betreffenden manchmal recht gut erkennen: 1. Schüler XY beschäftigt sich konstruktiv, authentisch und hochmotiviert mit seinen narzisstisch strukturierten Anteilen; 2. Schüler XY verweigert sich komplett: „Was soll der Psychoscheiß, das habe ich gar nicht nötig!"

Modusbrillen

Um die Selbstaufmerksamkeit bzw. -kontrolle sowie das -bewusstsein bezüglich der eigenen Persönlichkeitsanteile (im Unterricht) weiter zu fördern, bietet sich der Einsatz von sogenannten Modusbrillen an. Eine Modusbrille symbolisiert einen bestimmten Ich-Anteil und lässt sich sehr leicht herstellen. Die Lehrkraft druckt entsprechend auf mindestens 100g-Papier Ausschneidevorlagen einer 08/15-Brille in ausreichender Anzahl aus (etwa fünf Vorlagen pro Schüler) und stellt Scheren bereit. Eine Vorlage finden Sie z. B. unter: www.brillen-sehhilfen.de/brille-basteln/. Die Lernenden erhalten nach der Ausgabe des Materials sinngemäß folgenden Auftrag: „Schneidet die Brillen aus und beschriften sie gut sichtbar mit jeweils einem Ich-Anteil, den ihr an euch sehr gut kennt; ihr habt die freie Auswahl. Schaut euch hierzu noch einmal die Materialien an, die wir im Rahmen der Inneren Teile-Arbeit bisher durchgenommen haben." Liegen die Brillen in ausreichender Anzahl vor, bieten sich verschiedenen Arbeitsaufträge an, um methodisch fortzufahren. Hier einige Beispiele für die die Arbeit in Zweier- oder Dreierteams, die bereits praktisch erprobt sind und für Lernerfolge sorgen:

Dreht die Brillen um, sodass ihr die Begriffe der Ich-Zustände nicht sehen könnt. Wählt dann blind eine Brille und setzt sie auf. Befragt euch gegenseitig im Sinne von „Was bin ich?" so lange, bis das jeweilige Ich vom Brillenträger herausgefunden wurde („Bin ich ein starkes Ich?", „Bin ich sozial verträglich?", „Bin ich vernünftig?", „Bin ich ein kindliches Ich?" usw.).

Legt alle Brillen vor euch aus, sodass ihr die Ich-Begriffe lesen könnt. Wählt je nach Bedürfnis eine Brille aus und setzt sie auf. Nun beginnst du ein Gespräch mit den anderen in der Rolle dieses Ich: (a) zur aktuellen Situation, danach (b) wirst du kreativ und lässt dich in diesem Ich treiben, sprich andere aus der Klasse an, teile ihnen deine Empfindungen mit (Stichwort: Improvisationstheater).

Legt die Brillen wieder mit den Ich-Begriffen nach oben vor euch aus! Dein Nachbar wählt nun eine Brille aus, du setzt sie auf und beantwortest persönliche und schulische Fragen ausschließlich aus dieser Ich-Perspektive.

TIPP

Die Modusbrillen werden im Allgemeinen von den Lernenden sehr gut angenommen. Sie können insbesondere in der Kennenlernphase eingesetzt werden, um das Eis zwischen den Heranwachsenden zu brechen. Es hat einen motivierenden Effekt, wenn die Lehrkraft mit gutem Beispiel vorangeht und einmal die Übung praktisch vorführt. Narzisstisch strukturierte SuS zeigen beim Einsatz der Modusbrillen i.d.R. wieder dieselben typischen ambivalenten Verhaltensweisen.

Schulbiografisch basierte Videoarbeit

Diese Methode kann im Anschluss an die beiden vorherigen oder aber auch als eigenständige Unterrichtseinheit (90 Minuten) praktiziert werden. Sie bringt ebenfalls einen gewissen Spaßfaktor mit sich. Für die nötige Motivation ist aufgrund des Bezugs zur Lebenswirklichkeit der Heranwachsenden automatisch gesorgt. Im Zentrum dieses Arbeitsauftrags steht das Thema: Populäre Schulkonflikte. Die Klasse soll in Gruppen (fünf bis acht Personen) typische, d.h. klassische Lehrer-Schüler-Konfliktsituationen nachstellen und mit dem Handy bzw. schuleigenen Equipment (Kameras usw.) filmen. Die Auswahl der Situationen basiert i.d.R. auf eigenen Erfahrungen der SuS. Es macht durchaus Sinn, den Arbeitsauftrag möglichst offen und in Hinsicht auf die Zeitvorgabe sehr großzügig zu formulieren. Die Ergebnisse werden danach z.B. auf den Schulcomputer übertragen, gemeinsam vor der Klasse konsumiert und zielorientiert besprochen, d.h. vor dem Hintergrund des Modells der Inneren Teile-Perspektive reflektiert („In welchem Ich befindet sich hier der Lehrer, in welchem Modus der Schüler?“, „Welche Möglichkeiten hat die Lehrkraft jetzt?“, „Welches Psychospiel wird gerade gespielt?“, „Was glaubt ihr: um was geht es da gerade eigentlich?“, „Wer von euch hat diese Situation schon mal live erlebt bzw. aktiv gestaltet?“).

Die Heranwachsenden profitieren meist sehr stark von den stattfindenden psychoedukativen Lernprozessen, die mit der Inneren Teile-Arbeit 1.0 sowie 2.0 einhergehen. Meistens ist es sehr gewinnbringend, dass die SuS dazu verpflichtet werden, die Arbeitsmaterialien, die im Rahmen der skizzierten Unterrichtseinheiten zum Einsatz kommen, im Klassenzimmer und vor allem in Reichweite zu platzieren. Kommt es irgendwann zu Problemen und unmittelbaren Konflikten in der Klasse, so lassen sich zeitnah und vor allem zielorientiert unter Berücksichtigung der behandelten Materialien Lösungen finden.

TIPP

In den Videos spielen sich die Lernenden zu 100% selbst, sie bringen eigene Persönlichkeitsfacetten bewusst wie unbewusst mit ein. D.h., die Lehrkraft erhält unglaublich authentische und somit wertvolle Einblicke in die Schülerpersönlichkeiten, die u.a. Informationen über das Vorhandensein von Persönlichkeitsstilen beinhalten (**Kap. 1.2ff.**) – ein sehr gewinnbringender Nebeneffekt. Zu der Hauptzielgruppe, um die es in diesem Buch vorwiegend geht, ist wiederum festzustellen: Narzissten sind, insofern sie sich auf diesen Arbeitsauftrag einlassen, entweder (a) hochgradig professionell in ihrer Rolle des Konfliktführers (im jeweiligen Video), oder aber (b) sie verweigern sich dem Arbeitsauftrag wiederum, weil sie z.B. auf die „Psychoscheiße keinen Bock haben".

5.3 Empathische und konfrontative Interventionstechniken

Wenn Lehrkräfte einige der bis hierhin beschriebenen Methoden zur Inneren Teile-Arbeit praktizieren und sich in Hinsicht auf Authentizität selbst etwas öffnen leisten sie gleichzeitig einen großen Beitrag zum Beziehungsaufbau im Klassenraum. Die SuS nehmen den Erwachsenen differenzierter, ganzheitlicher wahr, auch die narzisstischen Heranwachsenden, und zwar insbesondere dann, wenn man auch einige Ich-Zustände mit empathischem und konfrontativem Unterton in authentischer Manie präsentiert.

Dieser Eindruck, insofern er auf der Gegenseite wahrgenommen wird, erleichtert gleichzeitig auch die Praxis von pädagogisch-psychologischen Vorgehensweisen, die im Rahmen von Problemklärungsgesprächen eingesetzt werden können. Die Interventionen sind speziell auf narzisstisch strukturierte SuS zugeschnitten. Es ist wieder zu unterscheiden zwischen empathischem und konfrontativem Vorgehen. Beide Interventionsarten sollen zu demselben Ziel führen – und das heißt: Förderung der Selbsterkenntnis sowie Steigerung der Fähigkeit, Verantwortung für herausfordernde Verhaltensweisen zu übernehmen!

Empathische Interventionen fühlen sich für das narzisstische Gegenüber angenehmer an, sie sind entsprechend *weicher*, also leichter anzunehmen. Empathische Vorgehensweisen sind aber erst dann einsetzbar, wenn die pädagogische Beziehung zwischen Lehrer und Schüler geklärt ist. Dies sollte man im Hinterkopf behalten. Konfrontative Methoden andererseits können in Sachen Selbsterkenntnis einschlagen „wie Bomben". Aber sie strapazieren die pädagogische Beziehung zum Betreffenden sehr massiv, weshalb angeraten ist, sie erst dann einzusetzen, wenn intensive Klärungsprozesse stattgefunden haben.

Im Folgenden werden Interventionen für das Gruppen- sowie das 1:1-Setting vorgestellt, die sowohl Empathie- als auch Konfrontationskriterien erfüllen. Lehrkräfte können sie nach eigenem Ermessen ausprobieren und auch modifizieren. Es gilt die Faustregel: Die Persönlichkeit des jeweiligen Schülers bestimmt die Methode; jeder Fall ist anders!

5.4 Konfrontation mit den Kosten

Konfrontatives Kegeln

Diese Intervention ist eine echte Dampfhammer-Methode! Es wird dringend empfohlen, sie erst *nach* einigen erfolgreichen Beziehungsaufbausequenzen (etwa Expertenrolle) durchzuführen. Außerdem tut die Lehrkraft gut daran, sich anlässlich des Erstversuchs noch eine Kollegin bzw. einen Kollegen als Beisitzerin/Beisitzer hinzuzuholen. Diese Arbeitsweise kann zum Einsatz kommen, wenn man im Umgang mit einem narzisstisch strukturierten Schüler im Unterricht an seine Grenzen kommt. Vielleicht gerät man immer wieder aneinander, der Heranwachsende inszeniert regelmäßig Unterrichtsstörungen oder hält sich nicht an Absprachen o.Ä. In solchen Fällen kann das konfrontative Kegeln sehr effizient sein und den Schüler (wieder) für die Relevanz seiner problematischen Persönlichkeitsanteile sensibilisieren. (Leider ist diese Arbeitsweise i.d.R. nur einmal einsetzbar, weil sie sich unter Schülern schnell herumspricht und dadurch schlichtweg wirkungslos wird.) Eine Voraussetzung gibt es: Das Thema *Innere Anteile* muss dem Betreffenden bekannt sein, genauer gesagt, er sollte sich mindestens einer seiner narzisstischen Persönlichkeitsanteile durch die Unterrichtseinheit „Innere Teile-Arbeit 1.0" (bzw. 2.0) bewusst sein!

Im Rahmen des **konfrontativen Kegelns** *wird Schüler XY zu einem Gesprächstermin unter vier bzw. sechs Augen geladen. Der Heranwachsende wird über die Inhalte dieses Termins im Unklaren gelassen. Die Lehrkraft trifft einige Vorbereitungen: Sie hat entsprechend eine Kiste mit leeren PET-Mineralwasser-Flaschen in Greifweite gestellt und sich Unterrichtssituationen notiert, in denen sich mit Schüler XY Konflikte ergaben.*

Nachdem der Heranwachsende den Raum betreten hat und freundlich begrüßt wurde, nehmen die Beteiligten Platz. Die Lehrkraft eröffnet das Thema des Gesprächs: „Kevin, ich möchte heute mal über deine Vorstellungen und Pläne sprechen: Wie geht es nach der Schule für dich weiter?" In der Regel reagieren die Betreffenden nun unterschiedlich auf diesen Arbeitsauftrag, der manchmal für Irritationen sorgt. Falls der Prozess ins Stocken gerät, greift der Erwachsene zielführend ein mit: „Naja, wie sieht es aus mit Zukunftsplänen? Beruf, Familie, Geld verdienen usw." Nachdem der Interaktionspartner sich ein Thema herausgepickt hat und seine Ideen beschreibt („Beruf? Naja, schon was Ordentliches!"), greift die Lehrkraft in den Kasten und beschließt seine Ausführungen mit folgendem Kommentar: „Okay, Moment, das halte ich mal fest: Diese PET-Flasche hier steht für deine Berufsvorstellung, die stelle ich mal in die Mitte hier! So, jetzt schreibe ich den Begriff Berufsvorstellung auf einen Zettel, den klebe ich an die Flasche." Nach und nach werden auch die anderen Ziele abgefragt und jeweils mit einer PET-Flasche sowie einem entsprechenden Begriffs-Zettel beklebt und nacheinander aufgestellt.

Nach dieser Reflexionsphase wird im zweiten Schritt die Modus-Perspektive miteinbezogen, es geht zunächst um prosoziale Ich-Zustände: „So, jetzt schauen wir uns deine Pläne, d. h., die Flaschen, noch mal an. Die sehen doch recht ansprechend aus. [Pause] Kevin, wir hatten letztens im Unterricht ja die verschiedenen Ich-Zustände durchgesprochen und veranschaulicht. Da gab es bei dir ja z. B. den motivierten Kevin!" Nun wird das Gegenüber dazu animiert, seine Eindrücke bezüglich dieses Modus bzw. seine positiven Auswirkungen zu formulieren. Die Lehrkraft thematisiert nacheinander drei bis vier positive Modi, verortet sie wieder mit PET-Flaschen und Aufklebern und stellt sie den „Zielen" gegenüber. Zwischendurch heißt es: „Kann dieser Modus die Verwirklichung deiner Pläne unterstützen – und wenn ja: warum und wie?" Natürlich heißt es dann meistens: „Ja, weil…!" Danach wird wieder die Meta-Ebene aktiviert sinngemäß mit: „So, da stehen also symbolisch deine Vorstellungen auf der einen Seite und einige deiner starken Ich-Anteile auf der anderen Seite. Das sieht doch gut aus!" Was nun folgt, ist ein „Knall", an den ein psychoedukatives Element angeschlossen werden muss. Dieser Schritt bildet gleichzeitig den konfrontativen Kern dieser Methode. Jetzt muss die Lehrkraft den Prozess komplett in die Hand nehmen. Schüler und Lehrer – so die aktuelle Lage – blicken auf die Flaschenlandschaft, die Begriffe, die auf den Flaschen stehen, sind für beide gut sichtbar. Nun erstarrt die Lehrkraft, generiert einen hochkonzentrierten Blick auf die Flaschen und zählt innerlich langsam bis 10. Sie sagt keinen Ton, auch wenn sie angesprochen werden sollte. Auf diese Weise sorgt sie für einen Moment der kognitiven Dissonanz aufseiten des Schülers, die Pause verunsi-

chert ihn, d.h. sein Modus des gesunden Erwachsenen wird getriggert. Spannung entsteht. Nach eigenem Ermessen steht die Lehrkraft von jetzt auf gleich fest entschlossen auf und kickt alle Kegel mit einem Kick, der sich sehen lassen kann, durch den Raum. Es sollte schon ordentlich „scheppern", wie man so sagt. Nun wird wieder eine Pause eingebaut. Dann setzt sich die Lehrkraft emotional voll kontrolliert, bestenfalls sogar gefühllos, wieder auf ihren Stuhl, nimmt Blickkontakt zum Schüler auf und sagt in einem ganz ruhigen Ton: „Das war dein Big Boss-Ich! Der kegelt nicht nur deine positiven Ich-Zustände im Unterricht weg, so wie letzten Dienstag, als du […], sondern verbaut dir auch deine ganzen Lebensträume! Das Gespräch ist an dieser Stelle beendet, mach mir bis nächste Woche mal Vorschläge, wie wir dein Big Boss-Ich in der Schule in den Griff kriegen!" Wertschätzend und mit Handschlag beendet die Lehrkraft die Unterhaltung und geleitet den Schüler nach draußen.

„Biografie-Brücke" (empathische bzw. konfrontative Variante)

Neben dieser doch sehr konfrontativen Methode für das 1:1-Setting, gibt es natürlich auch einfühlsame Strategien, die harmloser sind, aber auch ihren Zweck erfüllen können. Die sogenannte Biografie-Brücke ist in der empathischen Version eine solche Arbeitsweise. Sie sorgt, wie auch in der konfrontativen Fassung, manchmal für sehr viele Irritationen aufseiten des Lernenden, die ihn zu Selbstreflexionsprozessen motivieren bzw. geradezu zwingen. Die Biografie-Brücke basiert auf der wissenschaftlich gesicherten Erkenntnis, dass Menschen aufgrund ihrer Persönlichkeitsstruktur i.d.R. fortwährend *dieselben* oder *ähnliche* Beziehungsqualitäten mit anderen Personen im Privaten wie auch Beruflichen inszenieren (Young et al. 2008; Fiedler/Herpertz 2016). Das bedeutet im Kontext Schule: Die Konflikte, die Schüler XY *derzeit* mit einzelnen Lehrkräften und Mitschülern aktiv ins Leben ruft, sind in etwa dieselben, die auch in vergangenen Schuljahren an derselben oder anderen Institutionen inszeniert wurden. Mit dieser Annahme blufft die Lehrkraft zwar, aber die Trefferwahrscheinlichkeit ist bei der aufgestellten Behauptung sehr hoch – und der Schüler fühlt sich durchschaut, geradezu ertappt. In diesem Fall wird eine kognitive Dissonanz erschaffen, auf die man aufbauen kann.

Die **Biografie-Brücke** *wird i.d.R. eingebettet in einen ganz normalen Beratungstermin; der Schüler wird wieder im Unklaren über die Inhalte gelassen. Im Rahmen des erwähnten Bluffs kann die Lehrkraft nun empathisch oder auch konfrontativ vorgehen: „Mir ist da was aufgefallen in Bezug auf deine bisherige Schulbiografie. Wir Lehrer sind ja ziemlich gut vernetzt, und natürlich ist die*

Welt klein, wie du weißt." (Natürlich sollte die Lehrkraft zumindest lose über die bisherige Schulbiografie des Heranwachsenden Bescheid wissen.) Nach dieser Einleitung bietet sich eine kleine Pause an; man kann etwa beiläufig ans Fenster gehen, es langsam schließen bzw. öffnen, oder in Manuskripten, Arbeitsmaterialien auf dem Schreibtisch blättern o. Ä. Es gilt die Maxime: Spannung aufbauen!

Im Anschluss daran stellt die Lehrkraft im Bluff-Modus fiktive Verbindungen zwischen aktuellen Vorfällen und „Tatsachen" her, die Schüler XY früher in derselben oder in anderen Institutionen mit an Sicherheit grenzender Wahrscheinlichkeit durch seinen entsprechenden Ich-Anteil veranstaltet hat. Diese „Tatsachen" gehören zum Bluff und werden selbstsicher als reale Tatsachen vorgetragen. Die Kunst besteht darin, in der Formulierung so allgemein zu bleiben, dass die Gegenseite das Gefühl hat, die Lehrkraft meint diese oder jene bekannte, konkrete Konstellation XY. Ein Beispiel: „Die Nummer, die dein Aggro-Fabian hier mit meiner Kollegin Frau Ohnesorg abzieht, die kennste ja noch von deiner letzten Schule, nicht? Wir wissen Bescheid! [Pause] Das geht bei uns hier nicht so weiter, das verstehste sicher!" Sind aktuell hingegen Mitschüler von narzisstischen Angriffen betroffen, etwa in Form des Mobbing, so blickt die Lehrkraft z. B. bedeutungsvoll (und verdeckt) auf eine „Notiz" und verkündet zeitversetzt sinngemäß: „Im vorletzten Jahr an Schule XY [bzw. bei uns im 8. Schuljahr o. Ä.] hat dein Mobber-Fabian ein anderes Opfer gehabt als derzeit die Jacqueline, du weißt ja, wer das war! Ich weiß es ganz genau!" Natürlich muss die Lehrkraft während ihrer empathischen bzw. konfrontativen Arbeitsweise die Mimik und Gestik auf der Gegenseite im Auge behalten. Sie verhält sich dann spiegelbildlich: Falls Schüler XY weich wird und eine gewisse Selbsteinsicht inkl. Verantwortungsbewusstsein an den Tag legt, hakt sie eher einfühlsam nach und hangelt sich währenddessen an den Inhalten voran, die kommuniziert werden. Aktives Zuhören unterstützt diesen Prozess. Steuert der Heranwachsende hingegen den Konfrontations-Kurs an und spielt den Mords-Molly, so führt die Lehrkraft natürlich ebenso emotional hoch, spiegelt ihn also, und formuliert die fiktiven wie auch realen Konsequenzen eben härter und resoluter vor. Und: Es gibt keine Diskussion! Es werden nur „Fakten" in den Raum geschmettert, die vermeintlich verbunden sind mit aktuellen Konfliktsituationen. Diese sind bestenfalls im Klassenbuch dokumentiert. Weiter gilt die Faustformel: Der stete Tropfen höhlt den Stein.

Diese Arbeitsweise kann, wie einführend erwähnt, empathisch wie auch konfrontativ praktiziert werden. Sie verfolgt das Ziel, dass Schüler XY Grenzen spürt und merkt, dass es so nicht mehr weitergehen kann. Optimalerweise lässt sich der Heranwachsende auf pädagogisch relevante Kompromisse ein.

Stühlearbeit – Täter-Opfer-Perspektive

Diese Praktik impliziert einen eher konfrontativen Charakter. Sie sollte zeitnah nach einer massiven Unterrichtsstörung, im Rahmen derer ein Mitschüler oder eine Lehrkraft diskreditiert, provoziert o. Ä. wurde, zum Einsatz kommen. Auch in diesem Setting sollte eine weitere Lehrkraft anwesend sein, um bei Bedarf deeskalierend eingreifen zu können. Wichtig ist, dass die Lehrkraft, falls sie den jeweiligen Vorfall nicht selbst beobachtet hat, möglichst viele Details von Zeugen und Beteiligten zusammenträgt, bevor die Stühlearbeit Täter-Opfer-Perspektive durchexerziert wird.

Schüler XY wird vom Initiator der **Stühlearbeit** *persönlich in Empfang genommen. Anlässlich von massiven Unterrichtsstörungen muss der Ton nun wahrlich nicht allzu freundlich und wertschätzend sein. Ohne Umschweife kommt die Lehrkraft auf den Punkt und verkündet das Thema des Termins: „Tyron, setz dich hin, es geht um den Vorfall von vorhin! Aggro-Tyron war wieder da! Du weißt ja Bescheid!“ Nach dieser Sequenz reagiert der Betreffende nicht selten sofort mit hochmanipulativen Verteidigungsstrategien (***Kap. 4.4***). Er lenkt ab, klagt das Opfer an, wiegelt ab, verteidigt sich, fängt an zu lachen usw. Es ist ganz wichtig, dass sich die Lehrkraft niemals auf diese Strategien einlässt und etwa infolgedessen beginnt zu diskutieren. Dann hätte sie schon verloren. Besser ist es, konsequent und zielorientiert fortzufahren: „Pscht! Ruhe! Tyron, du siehst ja die beiden Stühle da vorne, sie stehen sich gegenüber! Das da links ist der Aggro-Tyron-Stuhl, der rechts ist jetzt der Opfer-Platz! Ich zeige dir jetzt mal eine kleine Sequenz! Einfach mal zuschauen! Nix sagen!“ Nun geht es darum, möglichst treffend die Szene zu veranschaulichen, die zu dem Beratungstermin geführt hat. Auf dem Täter-Stuhl sollte entsprechend konfrontativ das Auftreten des Schülers nachgespielt werden („Hey, du Spast, du kannst mir gar nix!“). Nimmt die Lehrkraft auf dem Opfer-Stuhl Platz, ist Empathie, Betroffenheit bzw. Selbstreflexion gefragt; die innerpsychischen Eindrücke bzw. Grenzverletzungen müssen möglichst authentisch zum Ausdruck gebracht werden. Beispiel: „Ich fühle mich unglaublich provoziert! Warum tut er das? Was hat er gegen mich? Das macht mich fertig!“ Abwechselnd nimmt die Lehrkraft mit Fingerspitzengefühl die Stühleperspektive ein und gibt ihr Bestes. Nach eigenem Ermessen steht sie irgendwann auf und nimmt den Schüler in die Pflicht: „Ich möchte, dass du etwas zu deinem Aggro-Ich sowie zu der Opfer-Perspektive sagst!“ Ergänzender Vorschlag: „Tyron, du setzt dich jetzt auf den Opfer-Stuhl und sagst, wie du das siehst! Dann gehts auf den anderen Stuhl! Los! Auf! Ich will was hören!“ Erfolgen nun weitere Manipulationsstrategien, kann die Lehrkraft, falls genügend Beziehungskredit / Sympathie zuvor aufgebaut wurde, einen weiteren*

Kunstkniff Namens eigene Betroffenheit formulieren platzieren: „Tyron! Ich dachte, wir würden uns gut verstehen – und jetzt versuchste mich zu verarschen! Ich glaubs ja nicht!“

Falls diese Option nicht im Raum steht, so kann man auch eine andere Möglichkeit in Betracht ziehen: „Setz dich mal auf den Opfer-Stuhl. Musst gar nichts sagen. Na, wie fühlt sich das an? Ich nehme jetzt mal auf dem Aggro-Tyron-Stuhl Platz und hau mal einen raus!“ Das macht die Lehrkraft dann in einer Intensität bzw. Authentizität, die sie selbst einschätzen muss. Ziel dieser Methode ist wieder die Konfrontation des Schülers mit seinen narzisstischen Persönlichkeitsanteilen – verbunden mit der Opfer-Perspektive. Die Lehrkraft sollte vor dem Auseinandergehen sinnvolle Ziele des Heranwachsenden einfordern: „Ich möchte jetzt Vorschläge! Konsequenzen gibt es dessen ungeachtet natürlich auch!“

TIPP

I.d.R. ist Schüler XY natürlich auf dieses Gespräch innerpsychisch bestens vorbereitet (er weiß ja, dass Vorfall XY damit zu tun haben muss). Andererseits haben wohl die meisten Heranwachsenden mit narzisstischen Tendenzen gelernt, wie sie innerhalb einer unangenehmen Gesprächssituation reagieren können, um den Kopf irgendwie aus der Schlinge zu ziehen. Lehrkräfte sollten bei massiven Aktionen seitens des Interaktionspartners, bei denen andere zu psychischem und/oder physischem Schaden gekommen sind, standhaft bei der konfrontativen Gesprächsführung sein und auf die Tatsachen verweisen. Und klar ist: Die Lehrkraft bezieht klar Stellung und hat eine Meinung mit moralischer Basis!

5.5 Konfrontation mit Absichten

Die Kosten (für andere), die sich im Umgang mit narzisstischen SuS ergeben können, erfordern ebenfalls sowohl eine Reaktion während des Geschehens, als auch in manchen Fällen eine Nachbearbeitung (**Kap. 5.4**). Natürlich können Lehrkräfte auch psychoedukativ-präventiv vorgehen. Im Folgenden werden zwei hierbei hilfreiche Arbeitsweisen beschrieben; sie haben sich bereits in der Praxis bewährt.

„Eddie Murphy"

Der US-amerikanische Schauspieler, der Namensvetter dieser Intervention ist, ist bekannt für seine schnelle Sprechweise im Rahmen seiner Stand-up Comedy und seines Engagements als Akteur. *Eddie Murphy* sollte zu Schuljahresbeginn praktiziert werden. Die Intervention ist passend für die Arbeit mit der ganzen Klasse. Natürlich wird damit aber auch ein bestimmtes Ziel verfolgt, genauer gesagt, sogar zwei. Einerseits kann die Lehrkraft während des Spielverlaufs herausfinden, welche SuS narzisstische bzw. histrionische Persönlichkeitseigenschaften aufweisen; andererseits wird gegen Ende der Unterrichtseinheit auch mit den Protagonisten psychoedukativ-konfrontativ gearbeitet, um gleich klarzustellen, wer im Schuljahr das Sagen in der Klasse hat. Im Folgenden wird der Ablauf beispielhaft beschrieben.

Die Lehrkraft verkündet der Klasse zu Beginn des **„Eddie Murphy"**: *„So, heute mal ein anderes Kennenlernspiel: Ihr stellt jetzt alle Tische an die Wand und platziert in der Mitte des Raumes zwei Stuhlreihen, die einander gegenüberstehen!" Nachdem die Lernenden das Setting konstruiert haben, geht es weiter: „Ich zähle jetzt mal durch, du hast die eins, du die zwei [usw.]! Fertig. Diejenigen mit geraden Zahlen setzen sich jetzt auf die Stühle in die Reihe linkerhand von mir, diejenigen mit einer ungeraden rechterhand!" Nachdem sich alle Heranwachsenden platziert haben, kommt die Lehrkraft zum Kern der Methode: „Ihr schaut jetzt eurem Gegenüber in die Augen und fangt an zu reden! Thema egal. Es gewinnt derjenige, der länger beim Labern durchhält. Es darf keine Redepause eintreten, die länger als drei Sekunden andauert. Dann hat der Betreffende verloren, muss aufstehen und sich auf einen Tisch an die Wand setzen!"*

In manchen Klassen sind die SuS mit diesen Arbeitsaufträgen überfordert bzw. trauen sich zunächst nicht recht. Die Lehrkraft macht die Übung entsprechend einmal vor, setzt sich auf einen Stuhl und inszeniert beispielhaft diese Methode.

Dann geht es los, und die Dinge nehmen den gewohnten Lauf. Die Gewinner dürfen dann in die nächste Runde. Sie setzen sich auf den nächsten Platz und messen sich mit dem nächsten Gegner usw. Am Ende hat man mindestens zwei bis vier Schüler, die eher den extrovertierten Charakteren zuzuordnen sind. D. h., die Lehrkraft gewinnt durch diese Intervention Eindrücke über die Persönlichkeitsstrukturen, die in der Klasse beheimatet sind (die introvertierten SuS fliegen i. d. R. in den ersten beiden Runden raus).

Sobald nur noch wenige Heranwachsende übrig sind, die sich duellieren wollen, nutzt die Lehrkraft die Gunst der Stunde bzw. die erfreuliche Situation aus, dass sie die extrovertierten Narzissten in spe quasi vor Publikum (Klasse) auf dem Präsentierteller vor sich hat. Spätestens ab dem Halbfinale greift sie selbstbewusst, standhaft und etwas hausausfordernd bis provokativ ein: „So, Ladies and Gentlemen, hier sehen Sie die letzten Fighter am Ende des Wettbewerbs. Sie haben es drauf, können ihre Gegner in Grund und Boden reden und sie dadurch dominieren!“, „Das sind die harten Jungs!“ o. Ä.

D. h., die Lehrkraft deckt vorauseilend schon potenzielle Absichten der eventuell später einmal in Aktion tretenden Narzissten auf. Sie führt aber gleichzeitig Eddie Murphy zielorientiert zu Ende. Der Sieger bekommt neben einem festen Händedruck noch ein Geschenk mit Symbolcharakter ausgehändigt, auf das die Lehrkraft im Laufe des Schuljahres noch einmal zurückkommen kann, etwa im Falle von auftretenden Konflikten. Ich denke da an eine Action-Figur (Superman, Batman o. Ä.).

Es ist weiterhin angeraten, mit den Teilnehmern des Halbfinales und Finales die Eindrücke in einem persönlichen Gespräch nachzubearbeiten („Ihr vier habt vorhin gezeigt, dass ihr Mitschüler dominieren könnt! Muss ich da im Laufe des Schuljahres von eurer Seite aus mit Problemen rechnen? Seid ehrlich, das erspart euch später hinaus viele Konflikte, das kann ich euch versprechen!“). Es sollte darum gehen, im persönlichen Austausch die Positionen vor dem Hintergrund eines erwünschten Lehrer-Schüler-Verhältnisses zu definieren.

Stühlearbeit – Konfrontativ-empathisches Spiegeln

Eine weitere präventive Idee in Bezug auf den Umgang mit narzisstisch strukturierten SuS ist eine besondere Form der Stühlearbeit. Sie sollte zunächst im 1:1-Setting praktiziert werden. Kommt man nach wenigen Tagen oder Schulwochen zu dem Schluss, dass Schüler XY typische Merkmale eines Egomanen im Unterricht und im Umgang mit anderen zeigt, so kann man die Intervention *Konfrontativ-empathisches Spiegeln* ausprobieren.

Beim **konfrontativ-empathischen Spiegeln** *begrüßt die Lehrkraft den Schüler und verwickelt ihn in einen angenehmen Small Talk mit Bezug zu seiner aktuellen Lebenswirklichkeit („Tom, ihr habt heute bei Frau Schneider ne Arbeit geschrieben, wie isses gelaufen?“; „Du hast ein neues Tattoo,* *wie kamste drauf?"; „Warste am Wochenende auf dem Stadtfest?" o.Ä.). Nach einigen Minuten des aktiven Zuhörens wechselt der Erwachsene das Thema und bringt mehr Zug in die Unterhaltung. Er offenbart dem Interaktionspartner, dass er ihn in den letzten Tagen und Wochen im Unterricht genauer beobachtet hat. Eindrücke wurden wahrgenommen. Die Kolleginnen und Kollegen hätten ähnliche Schlussfolgerungen bezüglich des Heranwachsenden gewonnen. Dann können konkrete Situationen, die dokumentiert wurden, kurz geschildert werden; aber es reicht in der Regel auch aus, allgemeine Wahrnehmungen zu kommunizieren. Im Anschluss daran kommt die Lehrkraft auf den Punkt, d.h. sie geht über zur Stühlearbeit: „Du siehst ja den Stuhl da drüben, das ist der Big Boss-Tom-Platz, d.h., wer da sitzt, wird zum Big Boss-Tom." Die Lehrkraft kann im Anschluss daran eine Metaplankarte mit dem entsprechenden Begriff an der Stuhllehne befestigen (das ist aber kein Muss). Nun wird die Methode transparent gemacht: „Ich setze mich jetzt auf den Big Boss-Tom-Stuhl und zeige dir mal, wie ich dich wahrnehme, wenn dieser Ich-Anteil bei dir aktiv ist. Sag währenddessen nichts, schau nur zu!" Nun sind wieder schauspielerische Fähigkeiten gefragt. Der Erwachsene setzt sich auf den Modus-Stuhl und schlüpft mit möglichst treffender Mimik und Gestik in die entsprechende Persönlichkeitsfacette des Heranwachsenden. Im Unterschied zu den bis hierher beschriebenen konfrontativen Methoden formuliert der Erwachsene nun empathisch die allgemeinen Absichten, die hinter den narzisstischen Verhaltensweisen stehen. D.h., man deckt bestmöglich die Spiel- und Testebene auf. Es geht also nicht um O-Töne, sondern um die damit verbundenen tiefer gelegenen (narzisstischen) Bedürfnisse bzw. Anliegen. Entsprechende Formulierungen klingen auf dem Stuhl des narzisstischen Modus in Anlehnung an konkrete Beobachtungen beispielsweise so: „Ach, mich kotzt die Schule an, lauter Proleten, die was von mir wollen!"; „Ich hab kein Bock auf die Scheiße hier, deshalb spiele ich mit Frau Überakkurat Psychospiele!"; „Das sind alles Arschlöcher hier, ich hab was Besseres verdient!" usw. Natürlich sollten die Statements bestmöglich die Wahrnehmungen des Schülers widerspiegeln; sicherlich müssen Hypothesen formuliert werden. Nach (mindestens) einer Minute Input steht die Lehrkraft auf, switcht in den Modus des gesunden Erwachsenen und setzt sich wieder auf ihren ursprünglichen Platz. Nun ergeben sich mehrere Möglichkeiten. Man kann (a) innerlich bis 15 zählen und abwarten, ob sich der Heranwachsende äußert, (b) den Schüler fragen, wie das eben Dargestellte auf ihn wirkt, (c) empathisch-humorvoll den ersten Schritt gehen und das Gegenüber auf diese Weise ermuntern, die Karten auf den Tisch zu legen: „Der Big Boss-Tom übertreibt manchmal, nicht?" Es liegt im eigenen Ermessen, wie man vorgeht, keine Methode führt immer zum Erfolg. Man kann aber immer auf den Effekt bauen, dass der Lernende sich in irgendeiner Art und Weise zu seinem problematischen Ich-Anteil äußert. Gemeinsam schaut man dann symbolisch auf den Stuhl und reflektiert auf Augenhöhe über Vor- und Nachteile des Modus im Unterrichtsalltag. (Denkbar wäre auch der Einsatz einer passenden Action-Figur, mit der man Modus XY verbindet und die man auf den Stuhl stellen kann.) Ziel dieser Übung ist wieder die Förderung der Selbsterkenntnis und -kontrolle seitens des Heranwachsenden.*

5.6 Konfrontation mit Spielen und sonstigen Manipulationen im 1:1-Setting

Im Folgenden wird ein allgemeiner Leitfaden für Problemgespräche vorgestellt, die im Anschluss an massive Unterrichtsstörungen bzw. Vorfälle geführt werden können. Die bis hierher beschriebenen Praktiken (Stühlearbeit und Co.) können gewinnbringend in die verschiedenen Phasen einbezogen werden. Der Kreativität sind keine Grenzen gesetzt! Ob und in welchem Ausmaß dies geschieht, müssen Lehrkräfte, die sich mit diesem Buch beschäftigen, selbst entscheiden. Es kommt wieder auf den Einzelfall an. Eine Voraussetzung für diese konfrontative Methode gibt es: Es muss zu 100% klar sein, dass Schüler XY ohne jeglichen Zweifel eine schwerwiegende Tat begangen hat!

Schritt 1: Checkphase im Rahmen der Konfrontation mit Vorfall XY

In meiner gesamten Berufsbiografie habe ich nur ein paar Mal die Erfahrung gemacht, dass ein Schüler in einem entsprechenden Problemgespräch voll geständig war – trotz klarer Faktenlage – und die volle Verantwortung für Verfehlung XY übernommen sowie die entsprechenden Konsequenzen bereitwillig in Empfang genommen hat. Diese Erfahrungen kann ich an einer Hand abzählen.

I. d. R. ist es so, dass der Betreffende stets versucht, sich mit möglichst *weißer Weste* aus dem Schlamassel zu befreien. Hierzu wird die maximale Power an Manipulationskompetenz bereits zu Gesprächsbeginn abgerufen.

Aber natürlich gibt es auch Ausnahmen, weshalb in der ersten Phase des hier thematisierten Gesprächsleitfadens das übliche Vorgehen vorgeschlagen wird. D. h., der Schüler wird begrüßt, man schildert ihm den Vorwurf, woraufhin er sich dazu äußern soll. In diesem Abschnitt ist höchste Aufmerksamkeit gefragt. Man sollte Manipulationsversuche als solche erkennen können (Tests, Psychospiele). Manchmal ist die Unterscheidung zwischen Authentizität und Manipulation nicht so einfach zu bewerkstelligen. Daher sollte sich die Lehrkraft, die diesen Leitfaden in der Praxis ausprobiert, eine Kollegin bzw. einen Kollegen hinzuziehen. Nach dem Gespräch wird die gemeinsame Reflexion i. d. R. sehr gewinnbringend sein.

Diese erste Phase kann einige Minuten andauen. Der jeweilige Vorwurf wird in den Raum gestellt mit der Aufforderung, dass sich der Täter damit kritisch auseinandersetzt. Die Lehrkraft hört empathisch und aktiv zu, fragt nach. Je länger diese Phase vom Erwachsenen aktiv gesteuert wird, desto präziser wird die Einschätzung bezüglich der Frage sein: „Sagt der Schüler gerade die Wahrheit oder ist sein Manipulierer-Ich aktiviert?“ Fiktiverweise gehen wir jetzt einmal davon aus, dass wir an der Nase herumgeführt werden („Ich hab zur Frau Grimm nicht und niemals gesagt, sie sei ne blöde Fotze; und ich hab auch nicht in der Klassen-WhatsApp-Gruppe gepostet, dass ich die Alte fertigmache. Das war jemand anderes! Immer soll ich es sein, wenn was dumm läuft, Sie haben was gegen mich!“)

In solchen Fällen ist aus schemapädagogischer Sicht nichts anderes als der Manipulierer-Modus aktiviert, sodass kein Vorankommen möglich ist. Sodann geht es weiter mit Schritt 2.

Schritt 2: Verwirrungstaktiken praktizieren

Stecken Lehrkräfte, wie entsprechend zu erwarten ist, in Einbahnstraßen-Situationen fest – das merkt man anhand eines beklemmenden Gefühls der Ohnmacht bzw. Stummwerdens –, so sollten sie aktiv werden und ein neues Element in die Situation einbringen. Ziel ist es, den Schüler aus seinem Manipulationsmodus herauszubringen bzw. dessen Aktivierung abzuschwächen. Andernfalls ist kein Weiterkommen möglich. In Bezug auf das Thema *Verwirrung / kognitive Dissonanzen erschaffen* ist wiederum Einfallsreichtum gefragt. Lehrkräfte, die den hier beschriebenen Ablauf kennen, stehen z. B. intuitiv auf, gehen durch den Raum, tun etwas Sinnbefreites, untermalt durch einen Kommentar, der gar nichts mit dem aktuellen Thema zu tun hat. Andere Praktiker lassen den Stift „aus Versehen“ fallen, inszenieren einen Hustenanfall o. Ä. Egal für was man sich entscheidet, es muss aus heiterem Himmel kommen und im Prinzip konträr zur aktuellen Situation gestaltet sein. (Eine Lehrerin hat mir erzählt, sie würde in Phase Zwei unter den Tisch greifen, eine Fahrradklingel hervorziehen und den Schüler fragen, was er davon hält.)

Schritt 3: Das Ja-aber-Psychospiel inszenieren

Nach der zweiten Phase *Verwirrung* wird wieder der Gesprächsfaden aufgenommen, und zwar am besten mit einem starken emotional-aktivierenden Impuls. So kann man etwa dem Satz „So, jetzt zurück zum Thema: gib einfach zu, dass du es warst – und dann überlegen wir, wie es weitergeht!" ganzheitliche Bedeutung verleihen, indem man etwa mit der flachen Hand bzw. Faust laut auf den Tisch haut. Manche Heranwachsenden knicken ob dieser Intervention ein und übernehmen ganz ohne Umwege direkt die Verantwortung für ihre jeweilige (schwere) Verfehlung. In diesem Fall können alle Beteiligten auf einer gemeinsamen Ebene zielorientiert fortfahren.

Aber so einfach ist es in den meisten Fällen natürlich nicht. Der Heranwachsende verwirklicht weiter seine Strategien. In Phase Drei wird daher gezielt der Spieß umgedreht, *die Lehrkraft beginnt also zu spielen*. Gemeint ist selbstverständlich ein bestimmtes Psychospiel. Sehr zu empfehlen ist die Masche *Ja-aber!* (Berne 2002). Sollte Schüler XY also bei seinen Manipulationsstrategien bleiben und fortwährend seine Unschuld beteuern bzw. versuchen, sich auf alle möglichen Arten anders aus der Verantwortung zu stehlen, so praktiziert die Lehrkraft stur und beharrlich die Ja-aber-Strategie. Hier drei Beispiele:

1. „*Ja*, ich sehe, dass du dich hier um Kopf um Kragen redest und alles abstreitest, *aber* wir sitzen jetzt hier, und ich will mich mit dem Vorfall befassen!"
2. „*Ja*, du sagst, der Kevin wäre es gewesen, *aber* die Indizien sprechen immer noch gegen dich!"
3. „*Ja*, du meinst, dich pisst der ganze Scheiß hier an, *aber* ich möchte hier trotzdem mit einer Lösung des Problems rausgehen!"

Die Ja-aber-Strategie kann der sprichwörtliche stete Tropfen sein, der den Stein höhlt. Mit dem ersten Satzteil vermittelt die Lehrkraft, dass sie den Schüler wahrnimmt, mit dem zweiten kommuniziert sie: „Trotzdem lasse ich dich nicht mit deiner Strategie davonkommen! Ich bin hier und ich bleibe auch solange hier, bis es eine Lösung gibt!"

Es ist essentiell wichtig, dass man in dieser Phase bei seiner Strategie bleibt, sich nicht beirren bzw. auf Nebenkriegsschauplätze einlässt, und dass man nach den eigenen Statements bei Bedarf Pausen setzt und dann wieder regelmäßig den Hauptaspekt anspricht: „Gibs einfach zu, dass du es warst, dann schauen wir, wie es weitergeht! Ich hab Zeit!"

Nach meiner Erfahrung knicken drei von zehn SuS in dieser Phase ein. Aber das sind nur eigene Eindrücke. In der nächsten Phase geht es konfrontativer zu.

Schritt 4: Manipulationstechniken aufdecken!

Bleibt der Heranwachsende trotz der Ja-aber-Strategie-Einheit bei seinem Standpunkt, so hat er es, wertungsfrei gemeint, immerhin ins Level Vier geschafft. Ob er dafür Respekt verdient hat, steht natürlich auf einem anderen Blatt. Eine Kernressource ist die Manipulationskraft des Betreffenden allemal.

In der vierten Phase konfrontiert die Lehrkraft den Heranwachsenden direkt und unmissverständlich mit seinen Manipulationsstrategien und seiner Tat und hält gleichzeitig die Tür in Bezug auf eine Lösung des Konflikts offen. Die Intervention *Manipulationstechniken aufdecken* kann Face-to-face kommuniziert oder aber in Form der Stühlearbeit auslagert praktiziert werden. Dann würde sozusagen ein deeskalierendes Element berücksichtigt, weil der Konflikt projiziert werden würde.

Hier zwei Beispiele für mögliche Face-to-face-Interventionen:

1. „Du erzählst mir hier so einen Mist! Glaubste, ich bin blöd oder was?" Du hast [...]! Und jetzt lass uns darüber reden, wie wir miteinander zu Lösungen kommen!"
2. „Du verarschst mich hier mit deinen Psychospielen! Leg mal ne andere Schallplatte auf, sonst wird das hier schlecht für dich ausgehen!"

Alternativ bzw. ergänzend zu den 1:1-Konfrontationsmethoden können Stühlearbeit-Arrangements hinzugezogen werden. Zwei Möglichkeiten:

1. Die Lehrkraft praktiziert das *Konfrontativ-empathische Spiegeln*, bezieht darüber hinaus spontan einen leeren Stuhl mit ein, setzt sich ohne Ankündigung auf ihn und spricht bestmöglich die verdeckten Absichten des Schülers aus.
2. Der Erwachsene zeigt auf einen leeren Stuhl im Raum und sagt sinngemäß: „So, ich setze mich jetzt auf den Platz da; ich stelle mir jetzt vor, da säße dein bester Freund. Mal sehen, wie der das sieht!" Nachdem die Lehrkraft den Platzwechsel vollzogen hat, wagt sie einen Schuss ins Blaue und reflektiert aus Sicht des Kumpels die aktuelle Lage. Natürlich steht dieser auf der Seite des Täters und sagt sinngemäß Folgendes: „Jo, Mann, der Tyron hat keinen Bock auf den Scheiß hier. Klar, hat er den Scheiß abgezogen, aber er will das nicht zugeben, ist doch klar! Der hat Schiss und würde sich vielleicht auf ein Angebot von dir, Digga, einlassen!" Die Lehrkraft entscheidet natürlich gemäß ihrer Persönlichkeitsstruktur, inwieweit die sich auf die Lebenswirklichkeit des Schülers einlässt und die genannte Intervention ausfüllt.

Wieder ergeben sich im Laufe dieser Phase zwei Möglichkeiten. Welche wählt der Schüler? Switcht er in den Modus des gesunden Erwachsenen und lässt sich auf die Tatsachen und Fakten ein oder bleibt er bei seinen Manipulationsstrategien? Wir gehen wieder fiktiverweise von letzterer Konstellation aus.

Schritt 5: Die eigene Haltung definieren, Tatsachen für sich sprechen und Konsequenzen folgen lassen

In der letzten Phase erhält der Lernende schließlich keine Chancen mehr, die Dinge ins falsche Licht zu rücken. Zu viele Möglichkeiten hat er zuvor verstreichen lassen. Der Abschluss des Gesprächs sollte wiederum mit einem ansehnlichen Impuls eingeleitet werden, dieses Mal aber in eher besonnener Weise, um die unvermeidlichen emotionalen Aktivierungen aus den Phasen Zwei bis Vier zu regulieren.

So kann man z. B. zunächst aus der Gesamtsituation aussteigen, indem man mitten im Gespräch verstummt, aufsteht und irgendeine Handlung ausführt, die wiederum auf das Gegenüber befremdlich wirkt (Handy aus der Tasche holen, sich wegdrehen, den PC anschalten o. Ä.). Man beschäftigt sich kurz anderweitig und merkt dann sinngemäß mit klarer Stimme an: „Ich bin von dem Gespräch eben sehr enttäuscht, ich habe mir davon mehr erhofft. Jetzt kann ich nichts mehr für dich tun. Ich gehe fest davon aus, dass du Aktion XY durchgezogen und versucht hast, mich hier zu verarschen. Du hast dich ausführlich dazu entschieden, die Hand, die ich dir heute gereicht habe, auszuschlagen. Mit den Konsequenzen musst du jetzt alleine leben. Wie die genau aussehen – darüber wirst du zeitnah unterrichtet! Du kannst jetzt gehen!“

So pathetisch muss der Ausklang des Gesprächs natürlich nicht formuliert werden. Das war nur ein Beispiel. Wieder liegt es im eigenen Urteilen, welche Bausteine dieser Phase wie und in welchem Umfang und in welcher Formulierung kommuniziert werden.

Lehrkräfte fahren gut damit, dem Schüler ein Hintertürchen offenzulassen, falls er die jeweilige Tat zugibt. Er braucht i. d. R. eine Art „Leckerli“. Dieses „Leckerli“ sollte auch so kommuniziert werden.

5.7 Trojanische Pferde

Die Idee dieser Methode für das 1:1-Setting stammt von Sachse et al. (2011, 63f). *Trojanische Pferde* sollen in unserem Kontext Schüler XY dazu veranlassen, den vorgestellten pädagogisch-psychotherapeutischen Maßnahmen (**Kap. 5.2–5.6**) oder allgemeinen pädagogischen Vorschlägen Folge zu leisten.

Die entsprechende Intervention dockt direkt an der narzisstischen Persönlichkeitsstruktur an und sorgt ggf. dafür, dass *ad hoc* die Motivation zur Kooperation entsteht. Die Kunst besteht darin, den betreffenden Schüler aus seiner Komfortzone zu schubsen, indem man den Eindruck vermittelt, die folgende Übung bzw. der kommende Arbeitsauftrag o. Ä. würde ihm im Umgang mit einem bestimmten aktuellen Problem massiv behilflich sein. D. h., die Intervention XY muss zwingend aus *seiner* Sicht Sinn ergeben, also mit Vorteilen verbunden sein, z. B.:

BEISPIEL

„**Jonas**, du sagst, der Umgang mit Frau Schmitt sei sehr schwierig. Ich kann das nicht beurteilen, ich bin ja nicht in den Situationen anwesend. Stell doch mal eine typische Szene aus dem Unterricht nach, da vorne sind zwei Stühle! Du links, sie rechts. Danach fallen dir sicher neue Strategien ein, wie sich die pädagogische Beziehung zwischen euch beiden besser gestalten lässt.“

Du erinnerst mich an mich selbst!-Intervention: Flankierend zu *Trojanischen Pferden* können Lehrkräfte auch diese Maßnahme einmal in Betracht ziehen. Sie erschafft, wenn sie funktioniert, aufseiten des Heranwachsenden ein Gefühl von Akzeptanz bzw. eine Art Gemeinschaftsgefühl. Dies kann Sympathiebekundungen nach sich ziehen. Im Rahmen dieser Maßnahme pickt sich die Lehrkraft eine narzisstische Verhaltensweise oder charakterliche Macke des Lernenden heraus, die maximal mittleres Konfliktpotenzial mit sich bringt. Dann geht es darum, dem Interaktionspartner Parallelen zu eigenen Lebensphasen aufzuzeigen (insofern sie denn vorliegen). *Die Lehrkraft kennt also einige der Ecken und Kanten des Schülers selbst sehr gut*. Zugegeben, die Intervention ist vergleichbar mit einem Drahtseilakt. Wenn sie aber funktioniert, so öffnet sich das Gegenüber und es kann eine völlig neue Basis der Zusammenarbeit entstehen, die außerdem dem Beziehungsaufbau i. d. R. sehr dienlich sind. Doch es ist Grundvoraussetzung, dass die Erlebnisse des Erwachsenen, die verbalisiert werden, tatsächlich so oder so ähnlich passiert sind; sind sie es nämlich nicht, so besteht die Gefahr, dass das Gegenüber dies bemerkt. Und dann hat die Lehrkraft ihre Glaubwürdigkeit anhaltend verloren. Wie die Intervention gelingen kann, soll an folgenden Beispielen deutlich werden:

- „Weißt du, Oliver, ich kann dich gut verstehen, ich war mal so wie du früher. Da gab es eine Lehrerin, die konnte ich partout nicht leiden. Ich hab mir richtig fiese Sachen für sie überlegt. Im Nachhinein ist mir aber klargeworden, dass das gar nicht persönlich gegen sie gemünzt war! Ich war wegen meiner Eltern frustriert und habs an der Pädagogin ausgelassen.“

- „Tarek, mal unter uns, ich kenne deine Alphatier-Mentalität bestens. Ich war in der 9. Klasse genauso drauf. Ich stand gerne im Mittelpunkt, hatte meine Fans und war bei manchen in der Klasse regelrecht gefürchtet. Und dann hab ich natürlich auch die Schüchternen aufs Korn genommen. Das hat mir den Kick gegeben. Heute bereue ich es aber, da ich manche meiner Klassenkameraden sehr verletzt habe. Und die sehe ich heute noch.“

Es kommt natürlich darauf an, wie der Heranwachsende auf solche Interventionen reagiert. Offenbart er z. B. plötzlich Interesse, so kann man die Ereignisse etwas vertiefen. Dabei ist zu empfehlen, bei Täter-Geschichten immer auch die Opfer-Perspektive empathisch miteinzubeziehen. Manchmal ergeben sich dann Unterhaltungen und lebhafte Diskussionen. Blockt der Schüler hingegen ab oder reagiert mit Desinteresse, geht die Lehrkraft über zu einer anderen Methode.

5.8 Umgang mit schwierigen Interaktionssituationen

In diesem letzten Unterkapitel, das das große Thema *Problemklärung* beschließt, werden weitere praxisbasierte Interventionen und Maßnahmen beschrieben, die Pädagogen in sog. unmittelbaren Grenzsituationen ausprobieren können. Mit Grenzsituationen sind Konstellationen gemeint, die von SuS inszeniert werden und mit einem Extrem an Fremdgefährdung einhergehen bzw. Gefahr laufen, gänzlich zu eskalieren.

Die Lehrkraft im Fadenkreuz: Wird der Erwachsene zur Zielscheibe von narzisstischen Motiven und kommt es im Rahmen dessen zu massiven Provokationen, Einschüchterungsversuchen bzw. Nötigungen, so kann es hilfreich sein, *die aufgewühlten Emotionen des Schülers empathisch zu verbalisieren*, d. h. zu spiegeln. Hierzu braucht es etwas Einfühlungsvermögen und Anteilnahme. Diese Idee stammt von Rosenberg (2016). Ein Beispiel: „Alexander, du bist jetzt unglaublich sauer auf mich, weil ich dir eben die Fünf rausgegeben habe. Ich verstehe das, da wäre ich auch sauer!“ Das beharrliche Spiegeln der Stimmung mit passenden Gefühlsbegriffen (gerne auch in Schülersprache) kann dazu führen, dass das Gegenüber langsam entspannt. Es gilt die Faustformel: Je höher die emotionale Aktivierung auf Schülerseite, desto mehr Zeit muss für das Spiegeln aufgewendet werden! Parallel hierzu bietet sich insbesondere die *deeskalierende kaputte Schallplatte* an. D.h., die Lehrkraft legt sich einen „beruhigenden“ Satz zurecht, der durch Zielorientierung gekennzeichnet ist. Diese Intervention bietet sich dann an, wenn die Lehrkraft mit dem Spiegeln der Gefühle des Schülers nicht weiterkommt. Beispiel: „So, Alex, und jetzt komm bitte wieder runter.“ Funktioniert auch das nicht, so kann die Sachlage langsam brenzlig werden. Es ist dann meistens sinnvoll, die Situation temporär zu verlassen. Aber das ist, insofern die Interaktion tatsächlich diese prä-eskalierende Stufe erreicht hat, gar nicht so einfach zu bewerkstelligen. Verwirrungstaktiken können an dieser Stelle die nötige Zeit verschaffen, um unbeschadet den Raum kurzzeitig zu verlassen und weitere Maßnahmen ergreifen zu können. Ein Tipp für Lehrkräfte in einer solchen misslichen Lage (die man keiner Kollegin und keinem Kollegen wünscht) sieht so aus, dass man *mit einem Schlüsselwort das Gegenüber verwirrt, den Blickkontakt abbricht, sein Handy zückt*, ans Ohr hält und fiktiv einen Anruf entgegennimmt. Beispiel: „Stopp! Moment, da muss ich ran! Ah! Hallo, Herr Schneider…!“ Schon beim Aussprechen der ersten Sätze läuft die Lehrkraft schnurstracks aus dem Klassenraum.

Inszenieren SuS Grenzsituationen mit einem hohen Fremdschädigungspotenzial, so müssen die Vorfälle zeitnah bearbeitet (**Kap. 5.4**) und Konsequenzen in die Wege geleitet werden!

6 Transfer der erarbeiteten Lösungen in den Unterrichtsalltag

In diesem Kapitel werden Praktiken vorgestellt, die die Nachhaltigkeit von den in **Kapitel 5** vorgestellten Methoden zur Problemklärung unterstützen sollen. I. d. R. benötigen nicht alle problematischen SuS das sogenannte Modus-Memo (**Kap. 6.1**), den geheimen Vertrag (**Kap. 6.2**), Hilfeplan (**Kap. 6.3**) oder die themenspezifischen Reflexionsgespräche (**Kap. 6.4**). Sobald die Definition der pädagogischen Beziehung, also die Erwartungen der Lehrkraft an den Heranwachsenden, bei Schüler XY ankommt, reduzieren sich die narzisstischen Auffälligkeiten von alleine. Dennoch ist das keine Garantie dafür, dass es nun keine Rückfälle mehr gibt. Lehrkräfte können die folgenden Maßnahmen auch zur Prävention von Unterrichtsstörungen einsetzen.

6.1 Modus-Memo

Diese psychoedukative Methode ist verortet in der Schematherapie (Young et al. 2008) und wird vor diesem Hintergrund auch in der Arbeit mit Kindern und Jugendlichen eingesetzt (Loose et al. 2013). Das Modus-Memo ist für die Heranwachsenden i. d. R. eine sehr persönliche Angelegenheit. Es kann – in unserem Rahmen didaktisch reduziert – im 1:1-Setting bearbeitet werden, und zwar besonders dann, wenn der Lehrkraft und dem beteiligten Schüler sehr daran gelegen ist, dass die *Erkenntnisse* über die Ursachen von aktuellen Problemen *dauerhaft* zu Verhaltensänderungen auf Schülerseite führen.

Das Memo besteht aus vier vorformulierten Themenbereichen, mit ihnen sind persönliche Fragestellungen verknüpft. Es kann von der Lehrkraft je nach Problemfall beispielsweise vorformuliert und dem Heranwachsenden dann zur Reflexion und zum Ausfüllen vorgelegt werden. Die vier relevanten Inhalte sind:

1. Präzise Modus-Auslösesituation
2. Konkrete Modus-Beschreibung
3. Realitätscheck (objektive Bewertung)
4. Verhaltensalternative inkl. Belohnungsaussicht

Wichtig ist, dass der derzeit aktuelle, zentrale Konflikt, z. B. eine problematische Lehrer-Schüler-Konstellation, weitgehend in das Memo einfließt (die Lehrkraft macht sich entsprechend vorab schlau). Dem Interaktionspartner stellt man die Methode etwa als persönliche Merkkarte vor, die ihm dabei helfen soll, in zukünftigen ähnlichen Situationen ein gewisses Maß an Selbstkontrolle aufrechtzuerhalten. Das Sprachniveau muss zwingend dem des Kindes / Jugendlichen anpasst werden. Ein Beispiel:

1. **Welche aktuelle typische Unterrichtssituation bei Frau Schreiner aktiviert den Aggro-Thomas in dir?** *Mit dieser Frage wird die derzeitige Kontroverse des Lernenden aufgegriffen. Der Heranwachsende kommt möglicherweise zu folgendem Schluss: „Wenn sie mich drannimmt, obwohl ich mich nicht gemeldet habe, und mich dann so herablassend anschaut!" Diese Erkenntnis wird nun wie die folgenden niedergeschrieben und ggf. vorher mit der Lehrkraft konsequent reflektiert.*

2. **Welcher Ich-Anteil von dir wird dann aktiviert? Und wie zeigt er sich dann gewöhnlich im Denken, Fühlen und Verhalten?** *Nun muss sich der Heranwachsende konkret mit den kognitiven, emotionalen und körperlichen Phänomenen auseinandersetzen, die mit der entsprechenden Aktivierung seines (narzisstischen) Ich-Anteils einhergehen. Die Lehrkraft unterstützt durch aktives Zuhören und Paraphrasieren (Rosenberg 2016) diesen Reflexionsprozess. Meist kommt das Gegenüber zu passenden Schlüssen. Beispiel: „Mein Aggro-Ich. Ich denke dann, dass sie mich dissen will. Dann meine ich, ich sollte sie dissen. Das mach ich dann auch. Ich bin aggressiv drauf und mein Körper ist angespannt. Das war früher schon so."*

3. **Was glaubst du, was läuft dann eigentlich ab? Welche anderen Interpretationsmöglichkeiten gibt es?** *Der Realitätscheck fällt vielen Schülern sehr schwer. An diesem Punkt greift die Lehrkraft nach Bedarf massiv ein und vertritt den gesunden Erwachsenenmodus. Gemeinsam mit dem Heranwachsenden versucht sie, aus der Perspektive der Meta-Ebene die Hintergründe (Psychodynamik) der thematisierten Auslöse-Situation zu ergründen. Bei solchen Reflexionen kommen die erstaunlichsten Erkenntnisse heraus. Ein Beispiel: „Ich konnte Frau Schreiner vom ersten Augenblick an nicht leiden. Sofort hat sich mein Aggro-Ich gemeldet. Sie erinnert mich an eine Lehrerin von meiner alten Schule, die konnte ich auch nicht leiden! Ich glaube jetzt, es ist gar nichts Persönliches zwischen uns!"*

4. **Was glaubst du: Was wirst du in ähnlichen Situationen zukünftig tun? Was macht mehr Sinn?** *Auch bei Schritt Vier wird meistens Unterstützung vom Erwachsenen benötigt. Gemeinsam kann man Möglichkeiten abwägen. Es ist jedoch absolut unumgänglich, dass der Schüler die Verhaltensalternative letztlich formuliert. Beispiel: „Wenn ich zukünftig die altbekannte Situation mit Frau Schreiner im Unterricht erlebe, wende ich meinen Blick ab, zähle bis drei und atme währenddessen tief durch. Ich versuche dann, in möglichst ruhigem Ton eine Antwort zu geben. Wenn ich das schaffe, klebe ich mir einen Smiley auf die Memo-Karte. Sobald ich zehn habe, spendiert mir Herr Damm ein Eis am Schulkiosk!"*

Das fertige Memo kann nun z.B. kleinkopiert, laminiert und vom Schüler als Mini-Merkkarte in die Arbeitsunterlagen einsortiert oder auf die Rückseite des Handys geklebt werden, um als Gedächtnisstütze zu dienen.

TIPP

Das Modus-Memo kann und soll bestenfalls dem Schüler ein Anker im Alltag zur Selbstkontrolle sein. Die Lehrkraft erkundigt sich, falls es die zeitlichen Ressourcen hergeben, immer mal wieder nach dessen Relevanz im Schulalltag und verstärkt etwaige Erfolge positiv durch Anerkennung.

6.2 Der geheime Vertrag

Beim *geheimen Vertrag*, wiederum eine sehr intime Praktik, handelt es sich um eine ganz persönliche, informelle Absprache zwischen dem Klassen- oder Verbindungslehrer und Schüler XY. Diese Methode ist angeraten bei denjenigen Lernenden, die bereits ordentlich und häufig über die Stränge geschlagen haben und nicht mehr viele Chancen verdienen. Der Vertrag kann entsprechend eine Art allerletzte Chance für den Betreffenden sein.

Zielformulierung nach dem SMART-Prinzip: Das gerade aktuell dominierende Problem wird mit einer Zielformulierung angegangen, die zukünftig umgesetzt werden soll; sie bildet den Kern des Vertrags. Da diese Methode erst im Endstadium einer Eskalationsspirale zum Einsatz kommt, sind die Arbeitsbegriffe Modus, Test, Psychospiel usw. dem betreffenden Schüler natürlich bekannt. Sie sollten in den Vertrag mitaufgenommen werden.

Bevor sich der Schüler gemeinsam mit der Lehrkraft auf die Suche nach einer möglichst konkreten Zielformulierung auf SMART-Basis macht, erklärt der Erwachsene den SMART-Begriff. Das „S" steht für: *Spezifisch*. D. h., der Schüler wird dazu angehalten, das Ziel möglichst unverblümt, *konkret* und in seiner Sprache zu formulieren. Die genannten Arbeitsbegriffe sollen, wie bereits erwähnt, ihre Berücksichtigung finden. Hinter dem „M" versteckt sich das Kriterium: *Messbar*. Das Ziel muss von außen also beobachtbar und überprüfbar sein. Das „A" ist der Code für den Begriff: *Attraktiv*. D. h., das Ziel sollte mit angenehmen Zukunftsvorstellungen einhergehen und entsprechend einen motivierenden Aspekt beinhalten. „R" heißt: *Realistisch*. In der Regel haben SuS bei der Berücksichtigung dieses Aspekts die meisten Probleme und brauchen die Unterstützung (Realitätscheck) durch die Lehrkraft. Letztlich ist das „T" relevant, es steht für: *Terminiert*. Das Ziel sollte einen festen Zeitrahmen haben, um einen gewissen verpflichtenden Charakter zu generieren. Hier ein Beispiel einer Zielformulierung nach SMART. Es stammt von Marvin (17), Schüler der Berufsfachschule 1.

BEISPIEL

„Ich möchte im Umgang mit meinem Mitschüler **Justin** mein Mobber-Ich bis zum Ende des Schuljahres kontrollieren, d. h. ihn nicht mehr mit Tests und Psychospielen einschüchtern bzw. fertigmachen [spezifisch und terminiert]. Alle zwei Wochen wird Herr Damm sich bei meiner Klassenlehrerin, Justin und mir darüber informieren, ob dieses Ziel erreicht wird [messbar]. Ich bin mir sicher, dass ich dieses Ziel erreichen kann, dabei werden mir die Modus-Merkkarte und meine Modus-Landschaft helfen, die ich vor zwei Monaten auf einem Plakat erstellt habe [realistisch]. Sollte ich mein Ziel erreichen, kann ich im restlichen Schuljahr bessere Leistungen im Unterricht erbringen, wahrscheinlich einen erfolgreichen Abschluss machen und anschließend in die Berufsfachschule 2 kommen. Auch Herr Damm wird dann sehr stolz auch mich sein [attraktiv]."

Der Vertrag wird letztlich von den Parteien unterschrieben und mit einem Handschlag besiegelt. Er verbleibt bei der Lehrkraft und wird bei Bedarf regelmäßig gemeinsam reflektiert (**Kap. 6.3**).

6.3 Der Hilfeplan

Das sogenannte Hilfeplanverfahren ist in der Kinder- und Jugendhilfe gang und gäbe bzw. fest verankert (Rätz et al. 2014). Die gesetzliche Grundlage dieses Verfahrens ist § 36 des Kinder- und Jugendhilfegesetzes. Vorgegeben ist gesetzlich, den Hilfeplanprozess *vor* einer sogenannten Hilfe zur Erziehung (Heimaufenthalt, Erziehungsbeistand, Sozialpädagogische Familienhilfe usw.) durchzuführen.

An diesem Verfahren beteiligt sind neben dem betroffenen Kind bzw. Jugendlichen die Personensorgeberechtigten (i. d. R. die Eltern), mit den Problemen vertraute Personen (Lehrer, Ärzte usw.) sowie entsprechend der Hilfeform weitere Mitwirkende (Erzieher, Sozialpädagogen usw.) und auch mindestens ein Vertreter des Jugendamtes.

Im Hilfeplanverfahren werden im Rahmen von gemeinsamen Gesprächen u. a. der konkrete Hilfebedarf sowie infrage kommende Hilfsangebote reflektiert. Weiter geht es um Ziele der jeweiligen Hilfsmaßnahme sowie um mögliche Schritte und Voraussetzungen zum Erreichen dieser Ziele. Die daraus resultierenden Hilfepläne werden meistens viertel- bis halbjährlich evaluiert.

Transfer in das Praxisfeld Schule: Das Hilfeplanverfahren kann auch in Bildungseinrichtungen als Vorlage für ein ähnliches Vorgehen mit einem Problemfall dienen. Natürlich kann das beschriebene Prozedere nicht 1:1 im Praxisfeld Schule umgesetzt werden; aber doch Teile davon. So sind z. B. im Rahmen einer pädagogischen Konferenz, die anlässlich von massiven Problemen, die Schüler XY verursacht, ohnehin veranstaltet wird, folgende Fragestellungen denkbar (in Anwesenheit des betreffenden Schülers):

- Wie gestaltet sich das aktuelle Problem aus Sicht der beteiligten Personen (inkl. Modus-Perspektive)?
- Welche prosozialen Anteile liegen aufseiten des betroffenen Schülers vor und wie lassen sich diese zukünftig im Unterricht aktivieren?
- Welche Ressourcen liegen im Allgemeinen vor?
- Was genau sind die Ziele des Hilfeplans?
- Was kann der Heranwachsende konkret tun, um die Ziele zu erreichen; was genau die Lehrerinnen und Lehrer, die mit diesem Fall konfrontiert sind?
- Welche Konsequenzen/Maßnahmen werden im Fall von Rückfällen ergriffen?

In Bezug auf die Zielformulierung ist es angeraten, Zwischenziele mithilfe des SMART-Prinzips zu definieren (**Kap. 6.2**). Vierteljährlich können diese dann gemeinsam kritisch reflektiert werden. An derartigen Gesprächen brauchen nur noch der betroffene Schüler sowie der Klassen- und/oder Verbindungslehrer teilzunehmen; das ist ausreichend. Als Arbeitsgrundlage dient der Hilfeplan, der im Rahmen einer solchen pädagogischen Konferenz von der Moderatorin bzw. dem Moderator formuliert, niedergeschrieben und von den beteiligten Personen unterschrieben wird.

6.4 Reflexionsgespräche

Ein regelmäßiger Austausch zwischen dem Klassenlehrer und seiner Gruppe über die Beziehungsqualitäten, Probleme bzw. Konflikte in der Klasse und Schule ist sehr gewinnbringend. Je nach Möglichkeit scheinen 45 bis 60 Minuten pro Woche sinnvoll zu sein. Im Rahmen dieser lockeren Gesprächsrunden sollten je nach Einschätzung der Lehrkraft einige der folgenden Methoden bzw. Materialen in die Darstellungen und Schilderungen konsequent einbezogen werden:

- Selbsteinschätzungs-Fragebögen (**Kap. 4.3**)
- Flipchartarbeit (**Kap. 5.2**)
- einfache Stühlearbeit (**Kap. 5.2**)
- Modusbrillen (**Kap. 5.2**)
- schulbiografisch basierte Videoarbeit (**Kap. 5.2**)
- Modus-Memo (**Kap. 6.1**)
- geheimer Vertrag (**Kap. 6.2**)

In Bezug auf die bevorzugte Sozialform ist zu sagen: es gibt nicht die „beste“ Methode, da jede Klasse bekanntermaßen anders ist. Manche Gruppe bevorzugt dahingehend die Partner- oder Kleingruppenarbeit, eine andere möchte relevante Themen im Plenum anreißen und besprechen.

Das hauptsächliche Ziel solcher Reflexionsrunden besteht darin, den SuS zu mehr Erkenntnis zu verhelfen in Bezug auf die wichtigen Fragen: Wo läuft es gerade nicht so rund? Welche Ich-Anteile, Interaktionsstrategien usw. sind an Konflikt XY beteiligt? Wie genau gestaltet sich mein Selbstanteil an jenem – und was konkret kann ich tun, um diesen Konflikt konstruktiv zu bearbeiten?

7 Der Blick in den Spiegel

Das Beste kommt zum Schluss! Eine doch sehr wichtige Fragestellung tauchte bisher noch nicht auf, nämlich: In welchem Umfang sind eigentlich Lehrkräfte an Unterrichtskonflikten und -störungen mit Narzissten *selbst* beteiligt? Schließlich ist davon auszugehen, dass sich nicht nur Kollusionen zwischen SuS ergeben (**Kap. 3.9**). Eine Fragestellung, die manchem Professionellen auf den ersten Blick wahrlich absurd erscheint. Denn das Problem, so denkt man vorschnell, liegt ja beim Schüler, wenn sich Konflikte ergeben. Zahlreiche Monografien, die sich mit dem Thema *Umgang mit schwierigen Schülern* auseinandersetzen (Winkel 2001, Steinhausen 2006, Greiner 2017), implizieren genau diese angedeutete Einbahnstraßen-Perspektive. Die Argumentationen, Deutungen und Tipps zum Umgang sind in vielen Fach- und Sachbüchern maßgeblich an Lehrkräfte gerichtet, die sich mit herausfordernden Kindern und Jugendlichen auseinandersetzen müssen. Im Rahmen dessen werden theoretische Modelle herangezogen und erklärt, wieso Schüler XY diesen oder jenen Konflikt verursacht; sodann erfolgen Reaktionen. – Eine geradezu beruhigende Wahrnehmung: Die Verantwortung liegt bei den Heranwachsenden!

Nicht wenige Unterrichtskonflikte werden von Lehrkräften selbst inszeniert – unbewusst: Jedoch, es braucht für Beziehungsstörungen i.d.R. *zwei* Parteien. Oft ist die unwillkommene Verhaltensweise des Gegenübers (= Schüler) bereits eine Reaktion auf unvorteilhafte Aktionen des Senders (= Lehrer)! Diese Binsenweisheit aus kommunikationspsychologischer Sicht (Watzlawick 2016) wird zwar immer mal wieder gerne innerpsychisch ausgeblendet, ist aber eine Tatsache, die z.B. auch in der systemischen Pädagogik gang und gäbe ist (Mosell 2016). Dieser unliebsamen Gegebenheit („Ich verursache manchmal selbst Unstimmigkeiten!"), die sicherlich bei vielen das Selbstwertgefühl ankratzt und deshalb eher unwillkommen ist, steht der sogenannte „selbstwertdienliche Reflex" (Dobelli 2014) gegenüber (**Kap. 3.5**). Er ist auf Schüler- und natürlich *auch* auf Lehrerseite vorhanden. Er zeigt sich beispielsweise vor dem Hintergrund des Themas *Lehrer-Schüler-Konflikte* darin, dass Lehrkräfte die Schuld für diese oder jene Unstimmigkeit im Klassenraum letztlich dem Heranwachsenden bzw. seinen psychischen Auffälligkeiten andichten und die Selbstreflexion außenvorlassen. Ein solches „Erklärungsmodell" für zwischenmenschliche Konflikte ist, gelinde gesagt, stark anzuzweifeln (Damm 2018; Nolting 2011; Winkel 2001).

7.1 Grenzen der Selbsterkenntnis

Unserer Selbstwahrnehmung und -beurteilung ist nicht zu trauen. Denn unser Blick auf uns selbst ist verzerrt, gesagt, geschönt (Sachse 2014).

Selbstwertdienliche Verzerrungen 2.0: Wir haben gewöhnlich die Vorstellung, dass wir in unserem Ich wie in einem offenen Buch lesen können. Wir müssen im Prinzip nur Seite X aufschlagen, etwa das Kapitel Lehrerpersönlichkeit, und schon erschließen sich zahlreiche Erkenntnisse über uns selbst; wie wir denken, fühlen, körperlich empfinden — alles kein Problem.

Aus sozialpsychologischer (Dobelli 2014) und neurobiologischer Sicht (Roth 2013) ist aber die eben ausgeführte selbstgefällige Selbstansicht genau das Problem.

Eine realistische Innenschau ist aber ein zentraler Baustein eines professionellen Berufsverständnisses. Hierzu sollten sich Lehrkräfte die durchaus interessanten (Selbst-)Wahrnehmungsfehler öfter mal im Berufsalltag bewusstmachen und kritisch im Auge behalten. Einige, vor dem Hintergrund des Themas relevante Beispiele (Dobelli 2014) möchte ich nennen und kurz beschreiben:

- *„The Authority Bias“*: Im Rahmen dieser Wahrnehmungstendenz werden Meinungen von Personen, die im Beruf über Ihnen stehen, etwa Abteilungs- oder Schulleitungsmitglieder, über einzelne SuS überbewertet und unreflektiert ins eigene Beurteilungssystem übernommen. Das gilt entsprechend auch für narzisstisch motivierte SuS, denen man infolgedessen mit seiner Schwarzmalerei und übertriebenen Sensibilität vielleicht sogar Unrecht tut.
- *„Rückschaufehler“*: Dieser Effekt beruhigt gewissermaßen das Selbstwertgefühl im Rückblick. Unstimmigkeiten und Probleme mit Schüler XY werden entsprechend verzerrt und geschönt, in ihrer Bedeutung abgeschwächt und letztlich als gar nicht so schlimm definiert. Gerade dieses Wahrnehmungsmuster verhindert die reflektierte Auseinandersetzung mit eigenen Vorgehensweisen, die bei vergangenen Konflikten zum Einsatz kamen und eventuell über das pädagogische Ziel hinausgeschossen sind bzw. ineffizient waren.
- *„Halo-Effekt“:* Dieser Mechanismus ist gerade im Umgang mit narzisstisch strukturierten SuS fatal. Im Rahmen dieses Effekts neigt die betroffene Lehrkraft dazu, Einzelmerkmale (Aussehen, Auftreten, Körpersprache usw.) über den Gesamteindruck zu stellen. Sobald also narzisstische Lernende z. B. ein gewisses Charisma an den Tag legen, was nicht selten vorkommt, so kommt vielleicht die Lehrkraft infolge dieses Wahrnehmungsfehlers zu

dem Schluss: „Wer so charismatisch ist, der kann kein schlechter bzw. bösartiger Schüler sein, im Gegenteil!“ Infolgedessen nimmt man etwa Diskreditierungen vonseiten des Egomanen, die die Mitschüler oder gar die Lehrkraft selbst betreffen, gar nicht als Angriffe wahr, sondern vielleicht lediglich als nicht ernstgemeinter Spaß.

Anna Freud lässt Grüßen – Abwehrmechanismen: Auch ein anderes (psychoanalytisches) Konzept hat es verdient, an dieser Stelle Berücksichtigung zu finden. Es handelt sich dabei um die Ausarbeitungen von Anna Freud (1936/1984), ihres Zeichens Tochter des Urhebers der Psychoanalyse. Sie wird an dieser Stelle deshalb erwähnt, weil sie das Konzept der sog. Abwehrmechanismen massiv erweitert und verfeinert hat, von den Grundlagen ihres Vaters ausgehend. Ihr Ansatz dient zweifellos der Professionalisierung unseres Berufsbildes.

Abwehrmechanismen sind unbewusste innerpsychische automatisierte Prozesse gegen Eindrücke, die Angst, Scham und Verletzungen des Selbstwertgefühls (= Ich) auslösen. Ohne diese (unbewussten) innerpsychischen Schutzmaßnahmen würden wir seelisch unausgeglichener durch den Alltag gehen, wären entsprechend anfälliger für psychischen Stress. Andererseits sorgt ein Übermaß an Ausprägung von Abwehrmechanismen dafür, dass die Personen- und Konfliktwahrnehmungen sehr weit weg von den realen Verhältnissen verortet sind.

Warum Lehrkräfte über Einzelheiten dieses Konzepts Bescheid wissen sollten, liegt auf der Hand. Die entsprechenden Erkenntnisse sorgen aufseiten des Professionellen für mehr Fachkompetenz, wenn es um die Analyse von Konflikten mit anderen Personengruppen geht. Mit dieser Perspektive (Meta-Ebene) begreifen Erwachsene auch regelmäßig, dass so mancher Lehrer-Schüler-Konflikt unbewusste, selbst verschuldete Ursachen und ebensolche zwischenmenschliche Auswirkungen hat. Einige Beispiele (König 2007; Freud 1936/1984):

1. Falls Lehrkräfte beispielsweise unter dem Einfluss der sog. *Verleugnung* stehen, werden gegenwärtige Probleme, unter denen der Erwachsende und eventuell auch einzelne SuS in der Klasse aufgrund eines bestimmten narzisstisch strukturierten Heranwachsenden leiden, einfach ausgeblendet, d.h. abgespalten (Stichwort: Dissoziation). Dessen ungeachtet schwelen solche Konfliktherde natürlich im Laufe des Schuljahres weiter und eskalieren hin und wieder. Natürlich leidet auch der Verleugner darunter, etwa in Form des Erlebens von negativem Stress, den er nicht nachvollziehen kann.
2. Der Abwehrmechanismus *Verschiebung*, ebenfalls in unserem Kontext häufig zu beobachten, bedeutet, dass man Frustrationen, die man mit Schüler XY erlebt und mit ihm aufgrund von Ängsten bzw. Unterwerfungstendenzen

nicht klären kann oder will, in Form von aggressiven Impulsen an Schwächeren im sozialen Umfeld abreagiert. D. h., der Frust wird an jemanden herangetragen, der gar nichts mit dem eigentlichen Thema zu tun hat. Man macht also sein eigenes Problem zu dem eines anderen und eröffnet z. B. Stellvertreterkriege. Fazit: Eventuell nehmen Lehrkräfte Konflikte mit narzisstisch strukturierten SuS mit nach Hause und bearbeiten sie dort mit Unbeteiligten.

3. Gleichsam spannend zu beobachten – aber auch manchmal sehr komplex zu begreifen – ist im Praxisfeld Schule der Abwehrmechanismus *projektive Identifizierung*. Im Rahmen dieses sehr interessanten Geschehens spielen innerpsychische und vor allem auch interpersonelle Vorgänge seitens des Betreffenden zusammen. Falls Lehrkräfte diesen Mechanismus inszenieren, wird Schüler XY mithilfe von Tests und Psychospielen unbewusst so beeinflusst, dass er ein bestimmtes (narzisstisches) Verhalten zeigt, was lediglich im unbewussten Sinne des Initiators ist (**Kap. 7.4**). Im Rahmen dessen ist der betreffenden Lehrkraft nicht bewusst, dass sie z. B. eigene narzisstische Tendenzen vor sich selbst abspaltet und auf Schüler XY projiziert – und entsprechend dort triggert.

Wie nehmen SuS die Lehrkraft wahr? Man kann es drehen und wenden, wie mal will: Eher selten nehmen Lehrkräfte im Unterricht sich selbst, die Beziehungsebene im Allgemeinen und die Persönlichkeitsstrukturen der SuS im Speziellen wahr (Damm 2018). Mit ein Grund: Wir werden in der Ausbildung an der Universität und im Referendariat nicht an solche immens wichtige Themen herangeführt.

Daher verwundert es nicht: Wir sind häufig anfällig für Tests, Images und Psychospiele (**Kap. 3.8**). Derartige Interaktionsstrategien triggern, wenn man genau hinschaut und reflektiert, dominante Persönlichkeitsstile unsererseits. Was infolgedessen an Verhaltensmerkmalen unbewusst regelmäßig an Reaktionen erfolgt, wird irgendwann von unseren Klassen geradezu erwartet bzw. provoziert und ausgenutzt (**Kap. 1.2–1.11**).

7.2 Die Zeichen der Zeit erkennen und ehrlich zu sich selbst sein können

Im Rahmen der Professionalisierung der Lehrerrolle, die mit diesem Buch gleichsam angestrebt wird, dürfen sich Lehrkräfte an dieser Stelle einmal folgende konkrete Fragen stellen:

- „Gerate ich regelmäßig mit einem bestimmten Schülertyp aneinander? Wenn ja, mit welchem; und was sagt das über meine Persönlichkeit aus?“
- „Welche SuS finde ich extrem sympathisch (gleicher Persönlichkeitsstil?), welche unsympathisch (gegensätzlicher)?“
- „In welchen Klassen habe ich welche Probleme?“
- „Mit welchen SuS beschäftige ich mich kognitiv außerhalb des Schulbereichs – und warum?“

Fallstricke 1: Wenn Lehrer-Persönlichkeitsstile im Unterricht getriggert werden: Probleme, die sich im Schulalltag ergeben, haben häufig mit der Persönlichkeit der Lehrkraft zu tun, aber natürlich nicht immer. Die Kunst besteht ja gerade im Differenzieren-Können (Damm 2018). Es ist dann aber so, dass bestimmte Schülertypen durch ihre speziellen Interaktionsstrategien (**Kap. 1.2–1.11**) geradewegs dominante Charakterfacetten auf Lehrerseite triggern, um eigene Interessen durchzusetzen. Meist merken die Kinder und Jugendlichen, mit denen man zu tun hat, recht schnell, wie der Erwachsende tickt.

Fallstricke 2: Wenn Lehrer-Persönlichkeitsstile im 1:1-Setting getriggert werden: Nicht viel anders läuft es im eher privaten Beratungs- und Konfliktgesprächs-Setting. Manche SuS sind gerade dann noch manipulativer bzw. ultimativ geschickt darin, die Lehrkraft um den Finger zu wickeln. Im Prinzip können sich Lehrkräfte nie ganz sicher sein, ob sie anlässlich von wichtigen Terminen hinters Licht geführt werden oder nicht. Gerade narzisstische SuS sind dahingehend manchmal wahre Profis. Sobald es ihnen gelingt, erwünschte Persönlichkeitsstile auf Lehrerseite zu triggern, nutzen sie ihre Erkenntnisse aus, um bei Bedarf öfter mal in dieselbe Kerbe zu hauen.

Allein schon aus den genannten Gründen drängt sich ein Update in Sachen (Lehrer-)Selbsterkenntnis geradezu auf! Hand aufs Herz: Jede und jeder hat seine Baustellen bzw. Achillesfersen, die man sich einmal zum Zwecke der Professionalisierung genauer ansehen darf. Eine gute Methode hierzu ist die folgende. Sie ist aber i. d. R. nicht frei von einigen Ecken und Kanten.

7.3 Feedbackbögen einsetzen

Aus eigener (leidiger) Erfahrung weiß ich, wie schmerzhaft die allseits berüchtigten Feedbackbögen sein können (**Kap. 7.4**). Im Laufe meiner Schullaufbahn habe ich übrigens nicht mehr als fünf Lehrkräfte (inkl. mir selbst) kennengelernt, die Mitte und/oder Ende des Schuljahres Bögen zum Ausfüllen bezüglich ihrer Unterrichts- und Beziehungsgestaltung an ihre Schüler ausgegeben, eingesammelt und gewinnbringend verarbeitet haben. Nach meiner Ansicht sind viele Lehrerpersönlichkeiten angesichts der selbstwertdienlichen Verzerrungen (**Kap. 7.1**) nicht so sehr interessiert an einem authentischen Schüler-Feedback. Zu groß ist die Angst vor der Verletzung des Selbstwertgefühls bzw. des Verständnisses ein *guter Lehrer* zu sein.

Nach meiner Erfahrung formulieren die Heranwachsenden übrigens meistens ähnliche Erwartungen dahingehend, was eine gute Lehrkraft ausmacht (Lemme/Körner 2018): Er/sie sollte

- empathisch sein, uns verstehen!
- strukturiert sein!
- niemanden bevorzugen!
- konsequent sein!
- auf unsere Stimmungen eingehen können!
- gerecht sein!
- pünktlich und vorbereitet sein!
- fachlich kompetent sein!
- guten Unterricht machen können!
- authentisch sein und keine Rollen spielen.

Diese und ähnliche Anliegen könnten Lehrkräfte einfließen lassen in eine Rückmeldematrix. Tatsächlich bringt es sehr viel, mal in den Spiegel zu schauen. Die SuS helfen einem ja dabei. Und eins steht fest: Die Heranwachsenden können uns besser beurteilen als wir selbst.

7.4 Wer bin ich – und wenn ja: wie viele?

Die generelle Abneigung bzw. Angst vor der authentischen Rückmeldung von Schülerseite rührt i.d.R. daher, dass die Lehrerrolle individuell, d.h. ganz persönlich ausgefüllt wird und daher mit völlig unterschiedlich gelagerten „wunden (Trigger-)Punkten“ verbunden ist. Jede Lehrkraft hat eine andere Persönlichkeitsstruktur, die mehr oder weniger unbewusst die theoretische und praktische Ausgestaltung der Lehrerrolle bestimmt, sowie unterschiedliche interaktionelle Bedürfnisse und Erwartungen an die eigene Unterrichtsvorbereitung und -gestaltung generiert.

Sich selbst besser kennenlernen: Im Umgang mit narzisstisch strukturierten SuS hat die eigene, ganz subjektive Persönlichkeitsstruktur inkl. der damit verbundenen individuellen Gegenübertragungstendenzen (**Kap. 3.9**) eine ganz große Bedeutung. D.h., stark ausgeprägte Persönlichkeitsstile auf Pädagogenseite generieren ganz typische Erwartungshaltungen auf der Beziehungsebene und somit entsprechende (passende) Verhaltensweisen auf der Gegenseite:

- Lehrkräfte, die im Allgemeinen als *Helfertypen* (**Kap. 1.2**) vor die Klasse treten und letztlich auch kollektiv so wahrgenommen werden, werden von narzisstisch strukturierten Lernenden schnell instrumentalisiert. Letztere werden über kurz oder lang alles daransetzen, die betreffenden Lehrkräfte vor den Karren zu spannen oder aber, je nach Bedürfnislage, mithilfe von massiven Interaktionsstrategien mundtot bzw. schrittweise fertigzumachen (**Kap. 3.8**).
- *Histrionisch strukturierte Lehrkräfte* (**Kap. 1.3**) andererseits können herausfordernden SuS oft die Stirn bieten, sie sind extrovertiert und streitbare Professionelle.
- Die wohl schlechtesten Karten im Umgang mit narzisstischen SuS haben Lehrkräfte mit *selbstschädigendem Charakter* (**Kap. 1.4**). Die Betreffenden werden i.d.R. infolge des Abwehrmechanismus *projektive Identifizierung* diesen oder jenen Heranwachsenden mit narzisstischer Struktur geradezu dazu animieren, ein diskreditierendes Verhalten gegenüber der Lehrkraft an den Tag zu legen. Eine solche Konstellation bedeutet vor allem eins: negativer Stress für die Lehrkraft! Noch bedenklicher: Die Umsetzung des Erziehungs- und Bildungsauftrages wird massiv sabotiert.
- Lehrkräfte mit *sadistischer Struktur* (**Kap. 1.5**) haben meistens nichts im Umgang mit narzisstischen SuS zu befürchten. Da sie so oder so die Klasse fest im Griff haben, lassen sie sich auch nicht durch solche Ausreißer aus der Fassung bzw. aus ihrem Programm bringen.
- Den *dependent strukturierten Lehrkräften* (**Kap. 1.6**) geht es ungleich schlechter. In diesem Fall prallen Welten aufeinander. Die eher introvertierten, einfühlsamen Erwachsenen treffen auf extrovertierte, fordernde Heranwachsende mit einem imposanten Inventar an Manipulationsstrategien. Das kann i.d.R. nur für eine Partei gutgehen – und das ist nicht die Lehrkraft!

Die *schizoid strukturierten Lehrkräfte* (**Kap. 1.7**) sind wiederum in einer eher vorteilhafteren Lage. Ihnen ist naturgemäß Lob und Kritik von Schülerseite eher unwichtig, zweitrangig. Die Betreffenden lassen sich nicht aus der Ruhe bringen. D.h., man lässt sich auch nicht von narzisstischen SuS beeindrucken.

Zwanghaft strukturierte Lehrkräfte (**Kap. 1.8**) hingegen geraten mit narzisstischen SuS i.d.R. sehr oft aneinander. Die Erwachsenen bestehen extrem auf denjenigen Unterrichtsregeln, die gerade von narzisstischen Lernenden bereitwillig gebrochen werden.

Mit *paranoid strukturierten Lehrkräften* (**Kap. 1.9**) haben Narzissten wiederum sehr leichtes Spiel. Die Heranwachsenden merken schnell, wie sensibel der Erwachsene schon auf Kleinigkeiten reagiert und sich entsprechend echauffiert. Dieser Mechanismus lässt sich sehr gut für eigene Zwecke ausnutzen. Und das wird er auch häufig.

Falls Lehrkräfte *Borderline-Tendenzen* (**Kap. 1.10**) offenbaren sollten, so funkt es mit narzisstischen Strukturen meistens auch sehr stark. Der Umgang fühlt sich innerhalb kurzer Zeit vertraut an, z. B. werden schnell ähnliche Interessen und Einstellungen ersichtlich. Beide Parteien haben ein extrovertiertes Temperament, und man „reibt" sich entsprechend gerne u.U. zu häufig, was dann wiederum auf Kosten der Umsetzung des Erziehungs- und Bildungsauftrages gehen kann.

Sehr negativ wirken sich auf Lehrerseite *ängstlich-vermeidende Strukturen* (**Kap. 1.11**) aus. Man wirkt infolgedessen öfter unsicher, schüchtern und introvertiert. Unweigerlich kommt es zu provozierenden Images, Tests und Psychospielen vonseiten der hier thematisierten Zielgruppe, denen die Lehrkraft wenig bis nichts entgegenzusetzen hat, falls sie keine anderen Persönlichkeitsstile in Szene setzen kann.

Outing des Autors: An dieser Stelle möchte ich einmal die Lanze brechen für eine (hoffentlich) weitgehende authentische Selbstreflexion in Hinsicht auf die genannten Fragestellungen, die SuS zu Schuljahresbeginn umtreiben. Aufgrund der Auswertung von entsprechenden Feedbackbögen sowie der jahrelangen Beschäftigungen mit psychotherapeutischen Konzepten bin ich zu folgenden Erkenntnissen bezüglich meiner Persönlichkeitsstruktur gekommen, die natürlich auch die Praxis meiner Rolle als Lehrer in meinem Berufsalltag massiv beeinflusst.

Aufgrund meiner *narzisstischen Charakterfacette* kam es schon zu einigen Unstimmigkeiten im Unterricht, die ich heute tendenziell vermeiden kann. Ich neigte hin und wieder zu zeitintensiven Monologen; das eine Mal ging es um Privates, in einer anderen Situation verknüpfte ich einen bestimmten Unterrichtsinhalt mit meiner Biografie. Nun, prinzipiell kann man das als Lehrkraft mal machen, etwa anlässlich des Beziehungsaufbaus. Aber bekanntermaßen macht die Dosis das Gift. Dennoch muss ich diese Facette im Auge behalten, ansonsten kommt es ruckzuck zu Rückfällen, und dann höre ich mich etwa fünf Minuten gerne selbst reden. Das ist zwar für mich sehr befriedigend, ich habe Publikum, aber auf Schülerseite stellt sich irgendwann die Langeweile ein (das ist manchmal immer noch besser als Unterricht, aus Sicht der Heranwachsenden). Entsprechende Trigger, die die SuS auch heute noch herausfinden und irgendwann bewusst einstreuen, sind Fragen zu meinen Kindern, Büchern, Seminaren, Freizeittätigkeiten und zum 1. FC Kaiserslautern.

Neben solchen Themen triggern mich auch massiv narzisstisch strukturierte SuS. Zu Schuljahresbeginn kann es dann auch mal so richtig „krachen“! Ich habe aber die Erfahrung gemacht, dass mit diesem „Urknall“ und der damit einhergehenden inszenierten pädagogischen Beziehungsklärung meinerseits schnell der „Drops gelutscht“ ist. Hin und wieder provoziere ich auch Heranwachsende, die mir beim ersten Eindruck narzisstisch vorkommen – und im Nachhinein bereue ich das ein bisschen; nämlich dann, wenn sich herausstellt, dass ich mit meiner Einschätzung daneben lag. Dann denke ich mir: naja, der Zweck heiligt die Mittel. Mittlerweile habe ich auch kein Problem damit, mich im Rahmen der Flipchartarbeit zu Schuljahresbeginn (**Kap. 5.2**) als Narzisst zu outen („Übrigens habe ich einen sehr extrovertierten Ich-Anteil namens…“).

Zu meinem Persönlichkeitsinventar gehört weiterhin eine ausgeprägte *zwanghafte Facette*. Diese zeigt sich aber weniger im Unterricht als vielmehr bei der Korrektur von schriftlichen Leistungsfeststellungen zu Hause. Kurz gesagt, ich hasse Rechtschreib- und vor allem Formfehler. Diese Verfehlungen werden natürlich meinerseits rigoros verfolgt und geahndet. Im Unterrichtsalltag wird dieser Ich-Anteil nicht so oft aktiviert, es sei denn, SuS verspäten sich; das geht mir insbesondere auf die Nerven! Umgekehrt hasse ich es auch, mich zu verspäten. Diese Eigenart kann natürlich auch mit narzisstischen (rebellischen) Eigenarten von SuS kollidieren, wie man sich vorstellen kann.

Außerdem möchte ich noch die Relevanz einer gewissen *Borderline-Prise* meinerseits erwähnen. Sie zeigt sich zeitweise in leicht bis (hoffentlich) mittelstark ausgeprägten Stimmungsschwankungen. Die SuS wissen entsprechend nicht immer, was – dennoch hoffentlich im Normbereich liegend – auf sie zukommt. Positiv daran ist, dass eine gewisse grundlegende Aufmerksamkeit auf Schülerseite vorausgesetzt werden kann. Mit dieser Voraussetzung kann man effizient miteinander arbeiten, die SuS sind aufmerksamer! Interessanterweise habe ich auch festgestellt, dass ich einen guten Draht zu SuS habe, die entsprechend selbst Borderline-, aber auch narzisstische Tendenzen offenbaren.

TIPP

Noch einmal: Nehmen Sie sich selbst unter die Lupe. Gehen Sie die **Kap. 1.2** bis **1.11** unter dem hier skizzierten Blickwinkel noch einmal durch und reflektieren Sie eigene Persönlichkeitsanteile, die bisher eventuell zu typischen Lehrer-Schüler-Konflikten oder auch nur zu stets wiederkehrenden Unterrichtsituationen beigetragen haben. Mit dieser „Selbstanalyse“ können Sie eventuell „Graubereiche“ Ihrer Persönlichkeit endlich ausleuchten, die Ihnen bis dato unbewusst waren.

Schlussbetrachtungen: Der Mythos des Sisyphos – Einsichten zum Thema

Albert Camus (1942/2000), seines Zeichens französischer Existenzialist, verglich das Schicksal des modernen Menschen mit dem eines bekannten antiken Helden. Sisyphos wurde laut griechischer Mythologie von den Göttern zu einer sehr grausamen Strafe verurteilt. Er wurde in die Unterwelt verbannt und musste auf ewig einen Felsblock einen Berg hinaufrollen, von dem aus er, fast am Gipfel angekommen, immer wieder hinunter ins Tal rollt. Heutzutage kennt man dieses ertraglose, absurde, sinnlose Thema (ohne zielführendes Ende) unter dem Titel *Sisyphusarbeit*.

Das Absurde im Schulalltag: Umgang mit Narzissten: Camus bezog dieses Prinzip auf existenzphilosophische Fragestellungen und nahm im ganz alltäglichen Leben von uns Normalos entsprechende Absurditäten und Sinnlosigkeiten der Existenz wahr.

Doch das philosophische Fass soll an dieser Stelle gar nicht aufgemacht werden. Es geht hier konkret um unser Praxisfeld: So mancher Lehrkraft kommt der Unterrichtsalltag hin und wieder auch wie eine Sisyphusarbeit vor. Wer mit Narzissten zu tun hat, der weiß, wie grantig, schwer und grobschlächtig sie sich geben und auch „anfühlen". Wir müssen uns dennoch mit ihnen auseinandersetzen, sie bewegen, wir können uns dem nicht entziehen. Die in diesem Buch vorgestellten Methoden helfen Ihnen möglichweise darin, den Felsblock schrittweise nach oben zu wälzen.

Bewusstsein für die pädagogischen Möglichkeiten und Grenzen im Umgang mit Narzissten erschaffen: Dann kommt der große Moment: Wir glauben am Ziel zu sein. Schüler XY hat eine Modus-Karte ausgefüllt, das konfrontative Kegeln überstanden, uns Besserung versprochen – dann passiert es: Der Stein rollt, bereits am Gipfel angekommen, wieder hinunter. Rückfall. Und dann geht das ganze Prozedere wieder von vorne los!

Ich kann Ihnen Mut machen, liebe Leserin, lieber Leser: So mancher Stein bleibt auch mal oben auf der Spitze liegen. Man darf nicht aufgeben, sollte aber auch um seine Grenzen wissen (wir sind keine Psychotherapeuten). D.h., man sollte mit seinen Ressourcen ökonomisch gut umgehen können.

Verlieren Sie nicht Ihren Willen, Ihr Engagement und vor allem nicht Ihren Humor. So sieht es entsprechend Camus (1942/2000, 159f): „Der Kampf gegen Gipfel vermag ein Menschenherz auszufüllen [...]. Wir müssen uns Sisyphos als einen glücklichen Menschen vorstellen.“ Das Prinzip ist wahrscheinlich in unserem Kontext weit überzogen und nicht gänzlich umzusetzen; aber es ist meines Erachtens tendenziell immer noch geeigneter, als im Umgang mit Narzissten den Kopf in den Sand zu stecken.

Danksagung

Ich möchte mich an dieser Stelle bei einigen Personen bedanken, die zum Entstehungsprozess dieses Buches beigetragen bzw. mich dazu inspiriert haben, das Projekt überhaupt anzugehen.

Sehr begeistert haben mich die Arbeiten von *Rainer Sachse*, die auch in einigen Kapiteln zum Thema *Narzissmus* ihre Berücksichtigung gefunden haben. Die Erkenntnisse, die er mit seinem Team im psychotherapeutischen Setting mit Klienten erarbeitet hat, waren tatsächlich sehr gewinnbringend in Hinsicht auf die vorliegende didaktisch-methodische (schemapädagogische) Konzeption zum konstruktiven Umgang mit narzisstischen SuS.

André Kotecki gebührt mein Dank ebenso. Wir reflektieren seit Jahren gewinnbringend über neue pädagogische Interventionen in unseren Praxisfeldern, u. a. auch für narzisstisch strukturierte Heranwachsende. Er kreierte u. a. das *konfrontative Kegeln* sowie die *Eddie Murphy-Methode*. Beide Maßnahmen haben sich in der Praxis überwiegend als gewinnbringend herausgestellt und wurden entsprechend in das vorliegende Projekt aufgenommen (**Kap. 5.5**).

Weiter geht mein Dank an meine geschätzte Freundin *Pia Pfoh-Ziegler*. Sie ist derzeit die Abteilungsleiterin der Fachschule für Sozialpädagogik an meiner Anna-Freud-Schule in Ludwigshafen. Sie hatte stets ein offenes Ohr für aufkommende Fragestellungen bezüglich der Inhalte des Manuskripts, dokumentierte einige der vorliegenden Fallbeispiele und unterstützte mich beim Korrektorat. Auch hielt sie mir hin und wieder den Spiegel während des Produktionsprozesses vor, stellte Verständnisfragen, gab kritische Rückmeldungen zu Formulierungen; für einen narzisstisch strukturierten Autor schwer zu verkraften.

Literatur

APA (American Psychiatric Association) (2015): Diagnostisches und Statistisches Manual Psychischer Störungen DSM-V. Hogrefe, Göttingen

Arnold, R. (2018): Wie man lehrt, ohne zu belehren. 29 Regeln für eine kluge Lehre. 4. Aufl. Carl-Auer, Heidelberg

Arnold, R. (2012): Seit wann haben Sie das? Grundlinien eines Emotionalen Konstruktivismus. 2. Aufl. Carl-Auer, Heidelberg

Bauer, J. (2008): Lob der Schule. Sieben Perspektiven für Schüler, Lehrer und Eltern. Heyne, München

Bauer, J. (2006): Warum ich fühle, was du fühlst. Intuitive Kommunikation und das Geheimnis der Spiegelneurone. Heyne, München

Berne, E. (2002): Spiele der Erwachsenen. Psychologie der menschlichen Beziehungen. 19. Aufl. Reinbek, Rowohlt

Bonelli, R. M. (2016): Männlicher Narzissmus. Das Drama der Liebe, die um sich selbst kreist. 3. Aufl. Kösel, München

Breil, J., Sachse, R. (2018): Klärungsorientierte Psychotherapie der Borderline-Persönlichkeitsstörung. Hogrefe, Göttingen

Buss, D.M. (2004): Evolutionäre Psychologie. 2. Aufl. Pearson Studium, München

Camus, A. (1942/2000): Der Mythos des Sisyphos. Rowohlt, Reinbek

Cierpka, M. (2011): Faustlos. Wie Kinder Konflikte gewaltfrei lösen lernen. Herder, Freiburg i.B.

Damm, M. (2019): Achterbahnfahrten im Klassenraum. Konstruktive Zugänge finden zu Schülerinnen und Schülern mit Borderline-Persönlichkeit. Kallmeyer, Seelze

Damm, M. (2018): Guter Unterricht braucht Beziehungen. Schemapädagogik – ein Ansatz zum Umgang mit verhaltensauffälligen Schülern. Kallmeyer, Seelze

Damm, M. (2015): Psychospiele der Pädagogen 2. Konfliktlösungen in der schulischen Teamarbeit mit Narzissten, Passiv-Aggressiven, Perfektionisten. Ibidem, Stuttgart

Damm, M. (2014): Psychospiele der Pädagogen 1. Konfliktlösungen in der schulischen Teamarbeit mit Misstrauischen, Distanzierten, Symbiotikern. Ibidem, Stuttgart

Damm, M. (2012): Persönlichkeitsstörungen verstehen in der Schule, Schulsozialarbeit und Jugendhilfe 1. Schemapädagogik bei Narzissten, Histrionikern, antisozialen und Borderline-Persönlichkeiten. Ibidem, Stuttgart

Damm, M. (2010): Schemapädagogik. Möglichkeiten und Methoden der Schematherapie im Praxisfeld Erziehung. VS-Verlag, Wiesbaden

Dammann, G., Kernberg, O. F. (Hrsg.) (2018): Schizoidie und schizoide Persönlichkeitsstörung. Psychodynamik – Diagnostik – Psychotherapie. Kohlhammer, Stuttgart

Dilling, H., Mombour, W., Schmidt, M. H. (2015): Internationale Klassifikation psychischer Störungen. ICD-10 Kapitel V (F). Klinisch-diagnostische Leitlinien. 10. Aufl. Hogrefe, Göttingen

Dobelli, R. (2014): Die Kunst des klaren Denkens. 52 Denkfehler, die Sie besser anderen überlassen. dtv, München

Dreikurs, R. (2009): Psychologie im Klassenzimmer. 4. Aufl. Klett-Cotta, Stuttgart

Fiedler, P., Herpertz, S. (2016): Persönlichkeitsstörungen. 7. Aufl. Beltz, Weinheim

Frances, A. (2018): Amerika auf der Couch. Ein Psychiater analysiert das Trump-Zeitalter. DuMont, Köln

Freud, A. (1936/1984): Das Ich und die Abwehrmechanismen. 23. Aufl. Fischer, Frankfurt a. M.

Freud, S. (1914/2017): Zur Einführung des Narzißmus. CreateSpace Independent Publishing Platform, North Charleston, South Carolina

Grawe, K., Donati, R., Bernauer, F. (2001): Psychotherapie im Wandel. Von der Konfession zur Profession. 4. Aufl. Hogrefe, Göttingen

Greiner, L. (2017): Verschieben Sie die Deutscharbeit – mein Sohn hat Geburtstag! Von Helikopter-Eltern und Premium-Kids. Ullstein, Berlin

Haller, R. (2013): Die Narzissmusfalle. Anleitung zur Menschen- und Selbstkenntnis. 10. Aufl. Ecowin Verlag, Salzburg

Hare, R.T. (2005): Gewissenlos. Die Psychopathen sind unter uns. Springer, Berlin

Hattie, J., Zierer, K. (2018): Kenne deinen Einfluss! Visible Learning für die Unterrichtspraxis. 3. Aufl. Schneider Hohengehren, Baltmansweiler

Helmke, A. (2009): Unterrichtsqualität und Lehrerprofessionalität. Diagnose, Evaluation und Verbesserung des Unterrichts. Kallmeyer, Seelze-Velber

Hoffmann, N., Hofmann, B. (2010): Zwanghafte Persönlichkeitsstörung und Zwangserkrankung. Therapie und Selbsthilfe. Springer, Berlin

Jannan, M. (2008): Das Anti-Mobbing-Buch. Gewalt an der Schule – vorbeugen, erkennen, handeln. Beltz, Weinheim

Kernberg, O. F. (1978): Borderline-Störung und pathologischer Narzissmus. Suhrkamp, Frankfurt a. M.

Kilb, R., Weidner, J., Gall, R. (2013): Konfrontative Pädagogik in der Schule. Anti-Aggressivitäts- und Coolnesstraining. 3. Aufl. Beltz, Weinheim

König, K. (2007): Abwehrmechanismen. 4. Aufl. Vandenhoeck & Ruprecht, Göttingen

Körner, J. (2017): Die Psychodynamik von Übertragung und Gegenübertragung. Vandenhoeck & Ruprecht, Göttingen

Kohut, H. (1976): Narzissmus. Suhrkamp, Frankfurt a.M.

Kreismann, J. J., Straus, H. (2012): Ich hasse dich – verlass mich nicht. Die schwarzweiße Welt der Borderline-Persönlichkeit. 6. Aufl. Kösel, München

Kuhl, J., Kazén, M. (1997): Persönlichkeits-Stil und Störungs-Inventar (PSSI). Hogrefe, Göttingen

Lammers, C.-H. (2015): Psychotherapie narzisstisch gestörter Patienten. Ein verhaltenstherapeutisch orientierter Ansatz. Schattauer, Stuttgart

Lelord, F., André, C. (2017): Der ganz normale Wahnsinn. Vom Umgang mit schwierigen Menschen. 17. Aufl. Aufbau, Berlin

Lemme, M., Körner, B. (2018): „Neue Autorität“ in der Schule. Präsenz und Beziehung im Schulalltag. 3. Aufl. Carl-Auer, Heidelberg

Loose, C., Graaf, P., Zarbock, G. (2013): Schematherapie mit Kindern und Jugendlichen. Beltz, Weinheim

Maaz, H.-J. (2014): Die narzisstische Gesellschaft. Ein Psychogramm. dtv, München

McBride, K. (2017): Werde ich jemals genug sein? Heilung für Töchter narzisstischer Mütter. 2. Aufl. G. P. Probst, Lichtenau

Merzeder, C. (2015): Wie schleichendes Gift. Narzisstischen Missbrauch in Beziehungen überleben und heilen. 5. Aufl. Scorpio, München

Millon, T. (2004): Personality Disorders in Modern Life. Miley, New York

Mosell, R. (2016): Systemische Pädagogik. Ein Leitfaden für Praktiker. Weinheim, Beltz

Mummendey, H.-D. (2000): Psychologie der Selbstschädigung. Hogrefe, Göttingen

Nolting, H. P. (2011): Störungen in der Schulklasse. Ein Leitfaden zur Vorbeugung und Konfliktlösung. 9. Aufl. Weinheim, Beltz

Oldham, J., Morris, L. B. (2017): Ihr Persönlichkeitsportrait. 7. Aufl. Westarp, Hohenwarsleben

Petermann, U., Petermann, F. (2012): Training mit aggressiven Kindern. 13. Aufl. Beltz, Weinheim

Petermann, U., Petermann, F. (2017): Training mit Jugendlichen. Aufbau von Arbeits- und Sozialverhalten. 10. Aufl. Hogrefe, Göttingen

Rätz, R., Schröer, W., Wolff, M. (2014): Lehrbuch Kinder- und Jugendhilfe. Grundlagen, Handlungsfelder, Strukturen und Perspektiven. 2. Aufl. Beltz, Weinheim

Rautenberg, W., Rogoll, R. (2001): Werde der, der du werden kannst. Persönlichkeitsentwicklung durch Transaktionsanalyse. 20. Aufl. Herder, Freiburg i.B.

Reich, W. (1933/2010): Charakteranalyse. Anaconda Verlag, Köln

Resch, F., Möhler, E. (2015): Entwicklungspsychologie des Narzissmus. In: Kernberg, O. F., Hartmann, H.-P. (Hrsg.): Narzissmus. Grundlagen – Störungsbilder – Therapie. 3. Nachdruck der Sonderausgabe 2009. Schattauer, Stuttgart, 37–70

Riemann, F. (2017): Grundformen der Angst. 42. Aufl. Ernst Reinhardt, München

Rizzolatti, G., Sinigaglia, C. (2008): Empathie und Spiegelneurone. Die biologische Basis des Mitgefühls. Suhrkamp, Frankfurt a. M.

Roediger, E. (2014): Wer A sagt … muss noch lange nicht B sagen. Lebensfallen und lästige Gewohnheiten hinter sich lassen. 3. Aufl. Kösel, München

Rosenberg, M. (2016): Gewaltfreie Kommunikation. Eine Sprache des Lebens. 12. Aufl. Junfermann, Paderborn

Roth, G. (2015): Bildung braucht Persönlichkeit. Wie lernen gelingt. Klett-Cotta, Stuttgart

Roth, G. (2013): Persönlichkeit, Entscheidung und Verhalten. Warum es so schwierig ist, sich und andere zu ändern. 8. Aufl. Klett-Cotta, Stuttgart

Sachse, R. (2014): Manipulation und Selbsttäuschung. Springer, Berlin

Sachse, R., Breil, J., Sachse, M., Fasbender, J. (2013): Klärungsorientierte Psychotherapie der dependenten Persönlichkeitsstörung. Hogrefe, Göttingen

Sachse, R., Fasbender, J., Sachse, M. (2014): Klärungsorientierte Psychotherapie der selbstunsicheren Persönlichkeitsstörung. Hogrefe, Göttingen

Sachse, R., Kiszkenow-Bäker, S., Schirm, S. (2015): Klärungsorientierte Psychotherapie der zwanghaften Persönlichkeitsstörung. Hogrefe, Göttingen

Sachse, R., Sachse, M. (2017): Klärungsorientierte Psychotherapie der schizoiden, passiv-aggressiven und paranoiden Persönlichkeitsstörung. Hogrefe, Göttingen

Sachse, R., Sachse, M. (2016): Klärungsorientierte Psychotherapie in der Praxis II. Pabst, Lengerich

Sachse, R., Sachse, M., Fasbender, J. (2011): Klärungsorientierte Psychotherapie der narzisstischen Persönlichkeitsstörung. Hogrefe, Göttingen

Schäfer, H., Mohr, L. (Hrsg.) (2018): Psychische Störungen im Förderschwerpunkt geistige Entwicklung. Grundlagen und Handlungsoptionen in Schule und Unterricht. Beltz, Weinheim

Schmidbauer, W. (2018): Das Geheimnis der Kränkung und das Rätsel des Narzissmus. Seelische Verletzbarkeit in der Psychotherapie. Klett-Cotta, Stuttgart

Schmidbauer, W. (2007): Das Helfersyndrom. Hilfe für Helfer. 3. Aufl. Rowohlt, Reinbek

Schulz von Thun, F. (2013): Miteinander reden: 3. Das „Innere Team" und situationsgerechte Kommunikation. 26. Aufl. Rowohlt, Reinbek

Steinhausen, H. C. (Hrsg.) (2006): Schule und psychische Störungen. Kohlhammer, Stuttgart

Telfener, U. (2017): Hilfe, ich liebe einen Narzissten. Überlebensstrategien für alle Betroffenen. Goldmann, München

Torgersen, S. (2015). Entwicklungspsychologie des Narzissmus. In: Kernberg, O. F., Hartmann, H.-P. (Hrsg.): Narzissmus. Grundlagen – Störungsbilder – Therapie. 3. Nachdruck der Sonderausgabe 2009. Schattauer, Stuttgart, 432–435

Tymister, H.J. (Hrsg.) (2003): Lehrer und Schüler lösen Disziplinprobleme. 9. Aufl. Beltz, Weinheim

Wagner, E., Henz, K., Kilian, H. (2016): Persönlichkeitsstörungen. Carl-Auer, Heidelberg

Walter, K-W (1992): Narzißmus und Schule: Zur Aktualisierung der Theorie vom exemplarischen Lehren und Lernen. Peter Lang, Frankfurt a. M.

Wardetzki, B. (2015): Blender im Job. Vom klugen Umgang mit narzisstischen Chefs, Kollegen und Mitarbeitern. Scorpio, München

Wardetzki, B. (2007): Weiblicher Narzissmus. Der Hunger nach Anerkennung. 9. Aufl. Kösel, München

Watzlawick, P. (2016): Menschliche Kommunikation. Formen, Störungen, Paradoxien. 13. Aufl. Hogrefe, Göttingen

Weidner, J. (Hrsg.) (2010): Konfrontative Pädagogik. Konfliktbearbeitung in Sozialer Arbeit und Erziehung. 4. Aufl. VS Verlag, Wiesbaden

Weidner, J., Kilb, R. (Hrsg.) (2011): Handbuch Konfrontative Pädagogik. Grundlagen und Handlungsstrategien zum Umgang mit aggressivem und abweichendem Verhalten. Beltz, Weinheim

Winkel, R. (2001): Schwierige Kinder – problematische Schüler. Schneider, Baltmannsweiler

Winterhoff, M. (2009): Warum unsere Kinder Tyrannen werden. Oder: Die Abschaffung der Kindheit. Goldmann, München

Willi, J. (2001): Die Zweierbeziehung. Spannungsursachen – Störungsmuster – Klärungsprozesse – Lösungsmodelle. 13. Aufl. Rowohlt, Reinbek

Young J., Klosko, J., Weishaar, M. (2008): Schematherapie. Ein praxisorientiertes Handbuch. 2. Aufl. Junfermann, Paderborn

Sachregister

Abwehrmechanismen 151–153
Abwertung 65
Antipathie 81–84

Beziehungsstörungen 63, 67, 150
–, Partnerschaftlichkeit 67
–, Symbiose 67
–, Projektion 38, 67
Bildung 91

DSM-5 55–56

„Eddie Murphy" 133f.
Erziehungs- und Bildungsauftrag 13

Gegenübertragung 81f., 155

Größenfantasien 59

Flipchartarbeit 122
Frustrationstoleranz 24, 47f., 69

Hedonismus 87

ICD-10 54–56
Interaktionsstrategien 30, 71f., 74–81, 113–118
–, Appell 76f., 115–117
–, Image 73f., 113f.
–, Psychospiel 72–75, 77–81, 107, 113–118, 125, 138
–, Test 114f.
Inneres Teile 122f., 127f.

Klärungsorientierte Psychotherapie 51, 91
Kollusion 83ff., 103–107, 150

Metaebene 47, 66, 103, 107, 109, 117
Mobbing 26f., 70ff., 84, 95, 99, 130

Narzissten 14f., 53, 57, 63–66, 83, 86ff., 95, 101, 120f., 134, 150, 159
–, erfolgreiche 57f., 64, 88, 90, 96, 101, 103, 112
–, gescheitete 58f., 60, 64, 87f., 89f., 101, 107
–, erfolglose 59f., 64, 89f., 101, 119

Persönlichkeit 17–19, 95, 127, 154, 158
Persönlichkeitsstil 11, 17f.
–, ängstlich-vermeidender 18, 41–44, 94, 100, 106, 157
–, Borderline 18, 38–41, 84, 94, 100, 106f., 157f.
–, dependenter 29ff., 85, 94, 99, 105, 157
–, helfender 20ff., 64, 83, 85, 87, 93, 98, 104, 156
–, histrionischer 18, 22—24, 84, 93, 133, 156
–. dependenter 29–32, 85, 94, 105
–, paranoider 36ff., 85, 94, 100, 106, 157
–, sadistischer 18, 25, 26–29, 84, 93, 99, 104, 108, 156
–, schizoider 18, 32f., 42, 85, 94, 99, 105, 108, 156
–, selbstschädigender 18, 24ff., 84, 93, 99, 104, 156
–, zwanghafter 18, 34ff., 85, 94, 100, 105, 108f., 156, 158
Persönlichkeitsstörung 19f., 63
–, narzisstische 12, 14, 54ff., 57, 83

Schemapädagogik 50ff., 73, 96, 102
Schematherapie 51, 91, 144
Stühlearbeit 51
–, einfache 122
–, empathisch-konfrontative 134ff., 139ff.
–, Täter-Opfer-Perspektive 131f.
SMART-Prinzip 146f
Sympathie 81ff., 97, 102ff., 131

Übertragung 81f., 93, 106

Verhaltensmerkmale 70ff., 153
–, narzisstische S. 56f.

Verzerrungen 81
–, selbstwertdienliche 82, 112, 151f.

Wahrnehmungsverzerrungen 81

Leseprobe

Leseprobe aus

**Thomas Müller:
Kinder mit auffälligem Verhalten unterrichten**

4.1 Situationen der Übersteigerung

Schüler, die sich selbst schaden

Sebastian verhält sich oft überdreht und wirkt übermäßig gut gelaunt. Immer aber, wenn die Lehrkraft ihm ein Arbeitsblatt auf den Tisch legt, zerreißt Sebastian es – oft, ohne nur einen einzigen Blick darauf geworfen zu haben. Lässt sich Sebastian auf Arbeit ein und kommt nicht weiter, so kann es passieren, dass er mit dem Kopf gegen den Tisch oder die Wand schlägt. Mehrfach hat er sich auf der Toilette mit seinem Gürtel so stark am Hals gewürgt, dass er blau angelaufen ist. In klärenden Gesprächen ist von Sebastians guter Laune nichts mehr zu spüren: Er wirkt oft sehr traurig und niedergeschlagen. Immer wieder behauptet Sebastian, dass er nichts könne und ein Versager sei. Auf die Frage, warum er die Lehrkraft nicht um Hilfe bittet, wenn er nicht weiterweiß, kann er keine Antwort geben.

Erzieherische Überlegungen

Das Beispiel von Sebastian steht für viele Kinder, deren Frustrationstoleranz so niedrig ist, dass sie ihre Arbeitsmaterialien zerstören. Die Angst zu versagen und die damit verbundene Erwartung zu scheitern, sind so groß, dass sie mit ihrer Arbeit nicht beginnen können.

Das Zerstören selbst kann verschieden aufgefasst werden: einerseits als Selbstschutz, nach dem Motto „Ich beginne keine Arbeit mehr, dann kann ich auch nicht versagen.“, andererseits aber auch als Ausdruck eines ver-innerlichten Selbstbildes, nach dem Motto „Ich bin eh so schlecht und wertlos, ich brauche gar nicht anfangen, denn ich weiß schon, wie es ausgeht: Ich versage!“. Das Zerstören des Arbeitsmaterials und hier im Beispiel in gesteigerter Form die Selbstverletzung bringen die Zerstörung des eigenen Ichs zum Ausdruck. Kinder wie Sebastian haben oft über Jahre hinweg massive Ablehnung und Abwertung erfahren, nicht selten in Verbindung mit Gewalt. Dieses „Gefüge“ wird nach und nach verinnerlicht und als Selbstbild übernommen. Besonders tragisch ist das dann, wenn Kinder eigentlich über ein gutes kognitives Potenzial verfügen, dieses aber nicht ausschöpfen können, weil sie sich in der Abwärtsspirale aus eigener Abwertung, Frustrationserwartung und negativem Selbstbild verstricken.

Situationen wie diese sind für Lehrkräfte in mehrfacher Hinsicht schnell frustrierend: Zum einen ist es nicht motivierend, wenn alles, was man sich für einen Schüler überlegt hat, zerstört oder abgewertet wird. Man ist dann schnell selbst enttäuscht und verletzt. Diese Verletzung kann für Schüler spürbar werden und dazu führen, dass sich Situationen wie die hier geschilderte wiederholen und verstärken. Zum anderen scheinen Schüler wie Sebastian kaum erreichbar für pädagogische Bemühungen. Ihre Hilflosigkeit kann geradezu ansteckend wirken.

Unterrichtliche Überlegungen

Im Unterricht stellen sich Schüler wie Sebastian als äußerst herausfordernd dar. Auf der einen Seite gilt es,

Leseprobe

mit der Frustration, der „Zerstörungswut“ und dem selbstverletzenden Verhalten zurechtkommen: Der Schüler soll beruhigt, geschützt und zur Arbeit motiviert werden. Dem gegenüber steht möglicherweise das Uneinverständnis der Lehrkraft im Umgang mit Arbeitsmaterialien und ein Erschrecken über das selbstverletzende Verhalten. Hinzu kommen die anderen Schüler, die einerseits selbst sehr erschrocken sein können, andererseits entsetzt sind, wie mit Schulsachen umgegangen wird, und die nun eine aus ihrer Sicht nachvollziehbare und angemessene Reaktion der Lehrkraft erwarten.

Schüler wie Sebastian stellen Lehrkräfte auch mit Blick auf den Leistungsanspruch der Grundschule vor große unterrichtliche Herausforderungen: Die Taktung von inhaltlich-stofflicher Arbeit und Leistungsüberprüfungen ist eng, und Schüler mit starkem Frustrationslevel erleben das „System Grundschule“ nicht selten als Negativverstärker ihres Selbstbildes und ergeben sich entweder völlig in ihre Situation oder wehren sich mit Zerstörung und Selbstverletzung.

(...)